AF881369

Thomas Vacca

Das vermögenswerte Persönlichkeitsbild

Thomas Vacca

Das vermögenswerte Persönlichkeitsbild

Tectum Verlag

Thomas Vacca
Das vermögenswerte Persönlichkeitsbild

ISBN 978-3-8288-3926-7
Zugl. Dissertation Justus-Liebig-Universität Gießen,
Fachbereich Rechtswissenschaft
Umschlaggestaltung: Tectum Verlag

Druck und Bindung: CPI buchbücher.de, Birkach
Printed in Germany

Besuchen Sie uns im Internet
www.tectum-verlag.de

MIX
Papier aus verantwortungsvollen Quellen
FSC
www.fsc.org
FSC® C083411

Bibliografische Informationen der Deutschen Nationalbibliothek
Die Deutsche Nationalbibliothek verzeichnet diese Publikation
in der Deutschen Nationalbibliografie; detaillierte bibliografische
Angaben sind im Internet über http://dnb.ddb.de abrufbar.

Vorwort

Die vorliegende Untersuchung wurde im Wintersemester 2016/2017 vom Fachbereich Rechtswissenschaft der Justus-Liebig-Universität Gießen als Dissertation angenommen. Sie entstand während meiner Tätigkeit als Rechtsanwalt sowie als wissenschaftlicher Mitarbeiter an der Professur für Bürgerliches Recht und Rechtsphilosophie der Justus-Liebig-Universität Gießen.

Mein Dank gebührt an erster Stelle meinem akademischen Lehrer, Herrn Prof. Forster, der die Arbeit durch zahlreiche Gespräche stets fördernd begleitete. Herrn Prof. Adolphsen danke ich für die äußerst zügige Erstellung des Zweitgutachtens. Herzlich danken möchte ich Herrn Prof. Schapp und Herrn Rechtsanwalt Schneider-Rothhaar für die vielen fruchtbaren Diskussionen und Anregungen.

Am Gelingen dieser Arbeit haben darüber hinaus Anteil Max Ungerberg, Saskia Bley und Martin Kresov-Hahnfeld.

Mein innigster Dank gilt meinen Eltern, die mir besonders in den letzten Phasen der Bearbeitung die nötige Kraft gegeben haben und denen ich dieses Buch widme.

Essen, im April 2017 Dr. Thomas Vacca

Inhaltsverzeichnis

2. Abschnitt

Das Recht am Persönlichkeitsbild im System des Bürgerlichen Rechts

2. Teil

Das Recht am Persönlichkeitsbild im Anspruchssystem des Bürgerlichen Rechts

„Wir müssen also zugeben, dass sich der Inhalt des Persönlichkeitsrechts ebenso wenig abschließend festlegen lässt, wie das Wesen der Persönlichkeit, die ständig über sich hinaus ins Irrationale strebt, die nach den Sternen greift und deren Ziel im Unendlichen liegt.“[1]

Einleitung

A. Einführung

Im Zeitalter der Kommunikation ist das Informationsinteresse der Menschen groß.[2] Das Bedürfnis, zu jeder Zeit an jedem Ort, über lokale wie globale Geschehnisse stets im Bild zu sein, wird durch die Medien in einem bisher unbekannten Umfang befriedigt. Neben der Zeitung, dem Fernsehen und dem Radio ist es das Internet, das als Medium die Verbreitung von Informationen in unserem Alltag revolutioniert hat. Durch den weltweiten Verbund von Rechnernetzwerken ist eine gesellschaftliche Umwälzung im Hinblick auf den Zugang und die Verbreitung von Informationen eingetreten, die sich wie der Buchdruck anschickt, einen epochalen Wandel in der Mediennutzung und in dem Kommunikationsverhalten einzuläuten.

Hiervon beflügelt nimmt das Interesse der Allgemeinheit an der Berichterstattung über bestimmte Personen zu.[3] Nichts beschäftigt den Menschen mehr als der Mensch, so scheint es. Die Kommerzialisierung des Lebens in all seinen Facetten wird zum alltäglichen Gegenstand von Fernsehformaten, sozialen Netzwerken, Bewertungsportalen und Weblogs. Millionen von Menschen treten unter Preisgabe von Angaben aus

---

1 *Hubmann,* Das Persönlichkeitsrecht, S. 135.

2 *„Seit Erlass des Volkszählungsurteils ist die Informationsgesellschaft Wirklichkeit geworden“,* vgl. *Ronellenfitsch,* Der Vorrang des Rechts auf informationelle Selbstbestimmung nach Art. 1 Abs. 1 i.V.m. Art. 2 Abs. 1 GG vor dem AEUV, Vortrag vom 09.12.2008, Frankfurt am Main; BVerfGE 65, S. 1 ff. – *Volkszählung.*

3 So kann aufgrund des Gebots demokratischer Transparenz und Kontrolle ein gesteigertes Informationsinteresse der Bevölkerung am Verhalten von Politikern bestehen, wenn über einen Ministerpräsidenten zutreffend berichtet wird, dass er sich der wirtschaftlichen Verantwortung für seine uneheliche Tochter entzogen und hingenommen hat, dass seine ehemalige Geliebte unberechtigt Sozialleistungen für das Kind bezogen hat, BGH GRUR 2015, S. 92.

ihrem Privatleben in Kontakt und kommunizieren miteinander.[4] Im Zuge hiervon schicken sich die Medienunternehmen an, weniger die sachliche Informierung der Öffentlichkeit über bestimmte Ereignisse im Fokus zu haben, als vielmehr die Intention, durch die Vermarktung personenbezogener Daten einen erheblichen Gewinn zu erwirtschaften.[5]

Unter Einsatz der Preisgabe von Intimitäten aus dem Leben Prominenter, der Präsentation sensationsträchtiger Enthüllungskampagnen sowie unter Verbreitung von Exklusivfotos kämpfen die Medien um Auflagen, Anzeigen und Einschaltquoten.[6] Medienunternehmen sind genau kalkulierende Wirtschaftsunternehmen und angesichts eines zunehmend aggressiver werdenden Konkurrenzkampfes untereinander wird der Kampf um aktuelle und interessante Berichterstattungen stetig härter.[7] Dabei ist zu konstatieren, dass die Rücksichtslosigkeit im Umgang mit fremden Persönlichkeitsrechten stetig zunimmt,[8] was sich an der Zunahme von presserechtlichen Streitigkeiten verifizieren lässt.[9]

Grund hierfür ist mit, dass die moderne Technik es in der beschleunigten Fortschrittswelt ermöglicht, Informationen, die Auskunft über Menschen geben, in Daten- und Bildsystemen digital abzulegen.[10] Die Besonderheit digital gespeicherter Daten besteht darin, dass sie keine

---

4 *Schertz,* Der Schutz des Individuums in der modernen Mediengesellschaft, NJW 2013, S. 721. In diesem Zusammenhang wird von der sogenannten Post-Privacy-Gesellschaft gesprochen.

5 *Vacca,* Im Namen der Medien ergeht folgendes Urteil, Jura 2013, S. 594.

6 *Prinz,* Der Schutz der Persönlichkeitsrechte vor Verletzung durch die Medien, NJW 1995, S. 817.

7 *Siebrecht,* Der Schutz der Ehre im Zivilrecht, JuS 2001, S. 337.

8 So hat sich die Anzahl der deutschen Publikumszeitschriften in den Jahren von 1985 bis 1995 von 349 auf 658 erhöht, vgl. „Der Papierkrieg", Die Woche v. 27.1.1995, S. 42.

9 Hiernach gab es bei der 24. Zivilkammer des LG Hamburg, die für die Gegendarstellungsverfahren gegen die Hamburger Verlage und damit für Spiegel, Stern und Bild örtliche Instanz ist, im Jahr 1990: 462 Pressesachen, 1991: 542 Pressesachen, 1992: 680 Pressesachen, 1993: 761 Pressesachen, 1994. 762 Pressesachen. Bei der 28. Zivilkammer des LG Köln gab es im Jahr 1990: 60 Pressesachen, 1991: 91 Pressesachen, 1992: 103 Pressesachen, 1993: 181 Pressesachen, 1994: 145 Pressesachen, *Prinz,* NJW 1995, S. 817.

10 *Marquardt,* Die Philosophie der Geschichten und die Zukunft des Erzählens, S. 52.

Originale kennen und beliebig oft ohne Qualitätseinbuße kopiert werden können. Zudem sind sie kombinierbar, altern nicht und sind für ihre Fixierung auf ein bestimmtes Medium nicht angewiesen. Über das Internet als Transportkanal können sie sodann sekundenschnell weltweit verschickt und als Ware gehandelt werden.

Eine Begleiterscheinung dieser technischen Entwicklung ist, dass die Mediengesellschaft durch das Herstellen von zunehmend allumfassender und permanenter Öffentlichkeit frühere kulturelle und psychologische Barrieren beseitigt, die den Einzelnen noch vor Neugier, Indiskretion und sonstigen immateriellen Verletzungen sicherten.[11] Menschliches Leben in Würde und Freiheit erfordert einen geschützten Bereich, der Privatheit, Intimität und Geheimnis zulässt. Die Gefahren des Eindringens in die vorbenannten Sphären wachsen mit den Möglichkeiten des Missbrauchs von Öffentlichkeit. Im Maß der Möglichkeiten ihrer Verletzungen wächst zugleich die Notwendigkeit eines leistungsfähigen Persönlichkeitsrechtsschutzes.

Einbrüche in verfassungsrechtlich geschützte Sphären können gleichermaßen durch die Massenmedien, Mitbürger und/oder die staatliche Hand erfolgen. Heute überwachen und registrieren weltweit Kameras das Verhalten von Bürgern auf Schritt und Tritt. Aufgrund der Steigerung der Qualität von Bild- und Tonaufnahmegeräten, der Digitalisierung von Daten und der Miniaturisierung von Teleobjektiven, Spionen und Kamerahandys muss der Einzelne es nicht einmal bemerken, das ausgemachte Ziel von Ausforschungs- und Kontrollinteressen zu sein.

Vor dem skizzierten Hintergrund stellt sich die Frage, wie ein Persönlichkeitsrechtsschutz auszusehen hat, der es erlaubt, effektiv gegen Gefahren vorzugehen, die geeignet sind, sich abträglich auf die Privatheit, die Freiheit und das Persönlichkeitsbild eines Menschen auszuwirken.[12]

---

11 Vgl. *Schapp/Schur,* Einführung in das Bürgerliche Recht, S. 107, Rdn. 218.

12 Vgl. *Mitsch,* Jura 2006, Saddam Hussein in Unterhose, S. 117.

B. Problemstellung und Stand der Forschung

Der Schutz der Persönlichkeit stellt sich in der aktuellen Rechtsentwicklung als eines der umstrittensten Themen dar.[13] Hierbei gilt der Streit nicht dem „ob", denn über die Schutzbedürftigkeit der Menschenwürde als fundamentaler in Art. 2 I, 1 I GG verankerter Persönlichkeitsschutz herrscht weitestgehend Einigkeit.[14] Von exponierter Bedeutung ist vielmehr das „wie" des umfassenden Persönlichkeitsrechtsschutzes. Wie dieser im Einzelfall auszusehen hat, um die veränderten technischen, gesellschaftlichen Gegebenheiten in den juristischen Teildisziplinen systemkonform einfangen zu können, zeigt sich als eine der größten Herausforderungen der gegenwärtigen Rechtswissenschaften.

Das BVerfG führt aus, dass mit der Menschenwürde als oberstem Prinzip des Grundgesetzes und tragendem Konstitutionsprinzip der soziale Wert und Achtungsanspruch des Menschen verbunden ist. Dieser verbietet es, den Menschen zum bloßen Objekt des Staates zu machen oder ihn einer Behandlung auszusetzen, die seine Subjektqualität prinzipiell in Frage stellt.[15] So kann eine Verletzung des Achtungsanspruchs nicht nur in der Erniedrigung, Brandmarkung, Verfolgung oder Ächtung von Personen, sondern auch in der Kommerzialisierung menschlichen Daseins liegen.[16]

Das Wesen der Person ist in ihrer Würde und Freiheit zu sehen. Diese Werte bestimmen den Inhalt des Persönlichkeitsrechts, das die Verletzung von Ehre, Ansehen, Selbstbestimmung und sozialer Geltung der Person verbietet.[17] Die in Art. 1 I GG garantierte Menschenwürde untersagt daher eine Behandlung der Person als bloßes Objekt, ihre Benutzung als Instrument für die Erreichung bestimmter Ziele und ihre Ökonomisierung.

Vor diesem Hintergrund ist das allgemeine Persönlichkeitsrecht ins Leben gerufen worden. Es wurde aus den Verfassungsnormen Art. 2 I,

---

13 *Peukert*, Persönlichkeitsbezogene Immaterialgüterrechte?, ZUM 2000, S. 711 ff.; *Götting*, Sanktionen des postmortalen Persönlichkeitsrechts, GRUR 2004, S. 801 ff.

14 BGHZ 24, S. 72, 78.

15 BVerfGE 45, S. 187 ff.

16 BVerfG NJW 1998, S. 519, 521.

17 BVerfGE 45, S. 187 ff.

1 I GG entwickelt und gewährleistet die Achtung der Würde des Menschen, den Schutz seines Ansehens, seine Autonomie, Identität und Individualität.[18] Es gibt Schutz für den gesamten Raum privater Lebensgestaltung und gewährt den Anspruch darauf, im privaten Bereich in Ruhe gelassen zu werden („right of privacy").[19] Es garantiert einen letzten unantastbaren Bereich privater Lebensgestaltung, der der öffentlichen Gewalt entzogen ist.[20] Es gewährleistet außerdem die Freiheit der Entfaltung der Persönlichkeit in allen Angelegenheiten (Art. 2 I GG).[21]

Die erste wegweisende Entscheidung des BGH zum allgemeinen Persönlichkeitsrecht datiert aus dem Jahr 1954.[22] *Hubmann* trug mit seiner im Jahr 1953 erschienenen Habilitationsschrift maßgeblich dazu bei, dem Persönlichkeitsrechtsschutz die Bahn zu brechen.[23] Bis zum heutigen Tag hat kaum ein anderes Recht im deutschen Privatrecht einen vergleichbar ereignisreichen Werdegang hinter sich wie das allgemeine Persönlichkeitsrecht.[24]

Seine Besonderheit begründet sich mitunter darin, dass der Schutzumfang und der Inhalt, anders als in der deutschen Rechtsordnung üblich, nicht durch Gesetze, sondern maßgeblich durch die Rechtsprechung definiert und ausgefüllt werden. In der Konsequenz führt dies zu dem für die deutsche Rechtsordnung ungewöhnlichen Ergebnis, dass der Schutz des Individuums im Kern nicht durch Gesetze, sondern in den letzten 60 Jahren durch zahlreiche Gerichtsentscheidungen seine Gestalt erhielt.

---

18 BGHZ 13, S, 334; 24, S. 72, 78.

19 BGHZ 106, S. 229 – *Briefkastenwerbung*; BGH NJW 1996, S. 1128.

20 BVerfGE 6, S. 32. 41.

21 *Britz*, Freie Entfaltung durch Selbstdarstellung, S. 6 f.; BGHZ 13, S. 334 – *Leserbrief.*

22 BGHZ 13, S. 334 – *Leserbrief.*

23 Während sich die 1. Auflage von *Hubmanns* Habilitationsschrift im Schwerpunkt noch mit der Begründung des allgemeinen Persönlichkeitsrecht befasste, liegt in der 2. Auflage von 1967 das Hauptaugenmerk auf der Herausarbeitung der geschützten Persönlichkeitsgüter und Aufstellung von Tatbeständen der Persönlichkeitsverletzung.

24 An dieser Stelle wird auf die mit der Geschichte des allgemeinen Persönlichkeitsrechts untrennbar verbundenen Namen wie *Schacht, Wagner, Gründgens, Kohl, Strauß, Soraya, Böll, Marlene Dietrich, Kinski und Wulff* hingewiesen.

Der Fundus an Monographien zum zivilrechtlichen Persönlichkeitsschutz ist beachtlich. Bereits der Blick auf die Titel der wissenschaftlichen Arbeiten der letzten Jahre und Jahrzehnte zum bürgerlichrechtlichen Persönlichkeitsschutz offenbart die gewählte Stoßrichtung. Es geht um das Herausarbeiten des Vermögenswertes des allgemeinen Persönlichkeitsrechts. Exemplarisch hierfür können etwa die Arbeiten von *Götting*,[25] *Ahn*,[26] *Biene*,[27] *Gregoritza*,[28] *Hartl*[29] und *Lichtenstein*[30] genannt werden.

Die Berechtigung für die Annahme, dass dem Persönlichkeitsrecht ein vermögenswerter Gehalt innewohnt, gibt freilich das Gesetz selbst vor. In § 22 S. 2 KUG, das als eine besondere Ausprägung des allgemeinen Persönlichkeitsrechts gilt, ist bestimmt, dass die Einwilligung in die Verbreitung eines Bildnisses als erteilt angesehen wird, wenn der Abgebildete für die Abbildung eine Entlohnung erhielt.

Aktuell werden in der wissenschaftlichen Forschung verstärkt die Konsequenzen des postmortalen Persönlichkeitsschutzes durch das allgemeine Persönlichkeitsrecht untersucht.[31] Insbesondere die Verstrickungen, die sich seit der Entscheidung in Sachen *Marlene Dietrich* mit der Anerkennung der sogenannten vermögenswerten Bestandteile des allgemeinen Persönlichkeitsrechts einstellen, werden näher beleuchtet.[32]

Wenngleich kaum ein anderes Recht des deutschen Privatrechts eine so glänzende Entwicklung wie das allgemeine Persönlichkeitsrecht vorweisen kann, so ist doch das im Wege der richterlichen Rechtsfortbildung vom BGH mit Rücksicht auf den verfassungsrechtlichen Schutz der Persönlichkeit (Art. 2 I, 1 I GG) entwickelte privatrechtliche allgemeine Persönlichkeitsrecht, das als sonstiges Recht i.S.v. § 823 I

---

25 *Götting,* Persönlichkeitsrechte als Vermögensrecht.

26 *Ahn,* Der vermögensrechtliche Zuweisungsgehalt des Persönlichkeitsrechts.

27 *Biene,* Starkult, Individuum und Persönlichkeitsgüterrecht.

28 *Gregoritza,* Die Kommerzialisierung der Persönlichkeitsrechte Verstorbener.

29 *Hartl,* Persönlichkeitsrechte als verkehrsfähige Vermögensgüter.

30 *Lichtenstein,* Der Idealwert und der Geldwert.

31 *Stender-Vorwachs,* Vererblichkeit eines Geldentschädigungsanspruchs wegen Persönlichkeitsrechtsverletzung, NJW 2014, S. 2831 ff.; *Beuthien,* Vereitelt der Tod die Genugtuung?, GRUR 2014, S. 957 ff.

32 BGH NJW 2000, 2195 ff. – *Marlene Dietrich.* Weitergehend hierzu unten 3. Teil, A, II.

BGB anerkannt ist, bei genauer Betrachtung nicht frei von Schwächen.[33]

Lenkt man den Fokus auf den Schutz der Persönlichkeit vor Verletzungen durch die Medien, insbesondere auf die durch sie verbreiteten unwahren Tatsachenbehauptungen, zeigt sich, dass das allgemeine Persönlichkeitsrecht nur unvollständig und unbefriedigend ist.[34] Beim Anspruch auf Geldentschädigung ist zu konstatieren, dass diesem keine Präventions- und Sanktionswirkung zukommt, da die Medienunternehmen bei der Vornahme etwaiger Persönlichkeitsrechtsverletzungen bereits die Zahlung eines Schmerzensgeldes einzupreisen pflegen.[35] Einem rechtswidrigen Zugriff auf den wirtschaftlichen Wert einer bekannten Persönlichkeit kann nicht effektiv entgegengetreten werden, da die Persönlichkeit nicht zum Vermögen einer Person gehört und folglich nicht das Objekt eines Vermögensrechts sein kann, auf das der Betroffene sich berufen kann.

Untersuchungen der gerichtlich zugesprochenen Entschädigungssummen nach Verletzungen des allgemeinen Persönlichkeitsrechts zeigen, dass die gesellschaftliche Stellung des Opfers die Höhe der ausgeworfenen Beträge in einer nicht zu rechtfertigenden Weise zu bestimmen scheint. Mit steigendem Bekanntheitsgrad des Opfers steigt auch die ausgeurteilte Entschädigungssumme. Die Rechtsprechung sieht sich hier dem Vorwurf sachlich nicht zu rechtfertigender Ungleichbehandlungen ausgesetzt.[36]

Mit der als Meilenstein in der Rechtsprechung bezeichneten Entscheidung *Marlene Dietrich*[37] hob der BGH hervor, dass das Persönlichkeitsrecht dem Schutz ideeller, aber auch kommerzieller Interessen dient. Dem Träger des allgemeinen Persönlichkeitsrechts stehe ein Schadensersatzanspruch zu, wenn in die sogenannten vermögenswerten

---

33 *Medicus/Petersen,* Bürgerliches Recht, S. 311, Rdn. 615; *Vacca,* Im Namen der Medien ergeht folgendes Urteil, Jura 2013, S. 595. Weitergehend hierzu unten 2. Teil, 2. Abschnitt, B, II, 2.

34 *Prinz,* Der Schutz der Persönlichkeitsrechte vor Verletzung durch die Medien, NJW 1995, S. 818.

35 Grundlegend BVerfG NJW 1973, S. 1221 – *Soraya.*

36 Vgl. *v. Bar,* Schmerzensgeld und gesellschaftliche Stellung des Opfers bei Verletzung des allgemeinen Persönlichkeitsrechts, NJW 1980, S. 1724 ff.

37 BGH NJW 2000, 2195 ff. – *Marlene Dietrich.*

Bestandteile des Persönlichkeitsrechts durch eine unbefugte Verwendung kennzeichnender Persönlichkeitsmerkmale (personality merchandising) schuldhaft eingegriffen wird.

Wenngleich das vielfach positiv aufgenommene Urteil vom Ergebnis her zu begrüßen ist, bietet es doch Ansatzpunkte für Kritik. So lassen sich in seiner Begründung begriffliche Unstimmigkeiten aufzeigen, da nicht hinreichend deutlich zwischen der Person und der Persönlichkeit unterschieden wird.[38] Indem das Gericht davon ausgeht, dass das Persönlichkeitsrecht nicht nur ideelle, sondern auch sogenannte vermögenswerte Bestandteile umfasse,[39] übersieht es, dass die menschliche Persönlichkeit mit all ihren Merkmalen ausschließlich ideeller Natur ist.[40]

Vor diesem Hintergrund bietet es sich an, eine andere Herangehensweise zu wählen.[41] Hierfür schickt sich das Recht am Persönlichkeitsbild an, dem zivilrechtlichen Persönlichkeitsschutz zu dienen. Vergleichbar mit dem Recht am Namen (§ 12 BGB) und dem Recht am äußeren Abbild der Person (§ 22 KUG) bezieht es sich auf einen außerhalb der Person befindlichen, gegenständlichen Ausfluss der Persönlichkeit. Dem Persönlichkeitsbild, das sich etwa in einer charakteristischen Sprechweise, Körperhaltung, Stimmfarbe und/oder Art zu singen zeigen kann, wird eine rechtliche erfassbare Qualität als unkörperlicher Gegenstand zugesprochen.[42]

---

38 *Beuthien,* Was ist vermögenswert, die Persönlichkeit oder ihr Image?, NJW 2003, S. 1222.

39 So bereits *v. Gierke,* Deutsches Privatrecht, S. 706, der davon ausging, dass Persönlichkeitsrechte einen vermögensrechtlichen Inhalt aus sich heraus entfalten oder in sich aufnehmen können. Vgl. auch *Götting,* Persönlichkeitsrechte als Vermögensrechte, S.7; *Simon,* Das allgemeine Persönlichkeitsrecht und seine gewerblichen Erscheinungsformen, S. 169 ff.

40 So auch *Beuthien,* Was ist vermögenswert, die Persönlichkeit oder ihr Image?, NJW 2003, S. 1222.

41 Für einen Lösungsansatz in geraffter Form vgl. *Vacca,* Im Namen der Medien ergeht folgendes Urteil, Jura 2013, S. 595.

42 *Beuthien,* Was ist vermögenswert, die Persönlichkeit oder ihr Image?, NJW 2003, S. 1221.

Das Persönlichkeitsbild, *Beuthien* spricht auch vom sogenannten Image,[43] das sich aus den personenbezogenen Daten eines Menschen zusammensetzt, nimmt für sich in Anspruch, als ein Konglomerat schützenswerter Persönlichkeitsausflüsse die soziale Geltung widerzuspiegeln, derer der Mensch für die Achtung seiner Würde bedarf.[44]

Beuthien unternimmt den Versuch, das Recht am Persönlichkeitsbild im Einzelnen über die Vorschriften §§ 812, 687, 823, 1922 BGB systemkonform in die Systematik des Bürgerlichen Rechts zu überführen.[45] Als ein Immaterialgüterrecht soll es den reibungslosen Zugang zur Herausgabe des Verletzererlöses ermöglichen sowie als Vermögensrecht einen umfassenden postmortalen Persönlichkeitsschutz gewährleisten.[46]

Der Begriff des Persönlichkeitsbildes[47] ist indes nicht neu. Vielmehr ist das Persönlichkeitsbild mit der Geschichte des allgemeinen Persönlichkeitsrechts untrennbar verwoben und findet bereits in der für das allgemeine Persönlichkeitsrecht grundlegenden Entscheidung *Leserbrief* im Jahr 1954 Erwähnung.[48] Nach Ansicht des Gerichts wurde hier durch die Vermittlung eines *„falschen Persönlichkeitsbildes“* die persönlichkeitsrechtliche Sphäre eines Rechtsanwalts als Verfasser eines Leserbriefs verletzt.

In der Entscheidung *Mephisto* befand das Gericht, dass der Autor *Klaus Mann* in seinem Roman ein *„verfälschtes, grob ehrverletzendes Persönlichkeitsbild“ des* verstorbenen Schauspielers *Gustaf Gründgens* zeichnete.[49] In der Entscheidung *Eppler* prüfte das Gericht, ob das Persönlichkeitsbild eines Politikers durch Behauptungen verfälscht und verletzt sein könne.[50]

---

43 *Beuthien,* Was ist vermögenswert, die Person oder ihr Image?, NJW 2003, S. 1221.

44 Weitergehend hierzu unten 2. Teil, 2. Abschnitt, A, I.

45 *Beuthien/Schmölz,* Persönlichkeitsschutz durch Persönlichkeitsgüterrechte, S. 39 ff.

46 *Beuthien,* Das Recht am Persönlichkeitsbild, S. 325, Rdn. 46.

47 Zum Persönlichkeitsbild als Wertmaßstab für die Abgrenzung des von der Rechtsordnung geschützten Persönlichkeitsrechts s. KG, Urteil v. 14.05.1968 – 9 U 74/68.

48 BGHZ 13, S. 334 – *Leserbrief.*

49 BGH NJW 1968, S. 1773–1778 – *Mephisto.*

50 NJW 1980, S. 2070 – *Eppler.*

Auch im Schrifttum[51] findet das Persönlichkeitsbild Erwähnung. So lassen sich in der Habilitationsschrift *Hubmanns* Ausführungen zum Persönlichkeitsbild und zu Rechten an Persönlichkeitsgütern finden.[52] Er führt aus, dass jeder vom anderen verlangen könne, dass er die durch persönliche Leistung geschaffene Existenz respektiere und der Wirtschaftsordnung widersprechende Eingriffe unterlasse.[53]

C. Gang der Darstellung

Die vorliegende Arbeit untersucht im Schwerpunkt, ob das von *Beuthien* konzipierte Recht am Persönlichkeitsbild in die Systematik des Bürgerlichen Rechts eingepflanzt werden kann. Darüber hinaus wird geprüft, ob es in der Lage ist, im Zeitalter der Medien als eine flexible und belastbare Rechtskonstruktion aufzutreten, die dem Persönlichkeitsschutz dient.[54]

Hierfür werden die in der Literatur, Rechtsprechung und in den Nachbarwissenschaften versprenkelt auftretenden Ausführungen zum Persönlichkeitsbild und Image zusammengetragen und verglichen. In diesem Kontext werden die Entwicklungen und Merkmale des allgemeinen und besonderen Persönlichkeitsrechts aufgezeigt und dem Recht am Persönlichkeitsbild gegenübergestellt.

Um sich auf sicherem Boden zu bewegen, gilt es zunächst, sich über die Bedeutung des Begriffs Persönlichkeit im Rechtssinne Klarheit zu verschaffen. Dem schließt sich die Darstellung der Vermarktungsformen von Persönlichkeitsmerkmalen an, gefolgt von den personenbezogenen Daten als Wirtschaftsgut (1. Teil, 1. Abschnitt).

Hiernach folgt die Untersuchung, was in der Rechtsprechung, dem Schrifttum und in anderen Wissenschaften unter dem Persönlichkeitsbild und Image verstanden wird. Anschließend wird der Versuch unternommen, das Recht am Persönlichkeitsbild in das System der privatrechtlichen Güterordnung zu setzen. Hierfür werden das allgemeine

---

51 In seiner Dissertation im Jahr 1963 hat sich *Ramelow* ebenfalls mit dem Lebens- und Persönlichkeitsbild eingehend auseinandergesetzt, Der Lebensbildschutz, S. 28.

52 *Hubmann,* Das Persönlichkeitsrecht, S. 220 ff.

53 *Hubmann,* Das Persönlichkeitsrecht, S. 224. Weitergehend hierzu unten 2. Teil, 2. Abschnitt, A, V, 1.

54 Kritisch hierzu *Götting,* Sanktionen des postmortalen Persönlichkeitsrechts, GRUR 2004, S. 805.

Persönlichkeitsrecht und das Persönlichkeitsgüterrecht nach *Beuthien* und *Hubmann* näher beleuchtet (1. Teil, 2. Abschnitt).

Im Mittelpunkt der Betrachtung steht das Recht am Persönlichkeitsbild im Anspruchssystem des Bürgerlichen Rechts. Im Einzelnen wird es hierfür in die Systematik der ungerechtfertigten Bereicherung (§ 812 I S. 1 Alt. 2 BGB), der Geschäftsführung ohne Auftrag (§ 687 II, 681 S. 2, 667 BGB) und der unerlaubten Handlung (§ 823 I BGB) eingebettet (2. Teil).

Im letzten Teil der Arbeit werden Überlegungen angestellt, wie das Recht am Persönlichkeitsbild dem postmortalen Persönlichkeitsschutz über § 1922 BGB dienen kann, um dann letztlich mit einer Gesamtwürdigung zu schließen (3. Teil).

1. Teil

Die Persönlichkeit und das Recht am Persönlichkeitsbild

Die Entwicklung eines zivilrechtlich wirksamen Schutzes der Persönlichkeit und von Persönlichkeitsmerkmalen vor unerlaubten Eingriffen und unberechtigten Vermarktungen erfordert die Feststellung, was überhaupt unter der Persönlichkeit zu verstehen ist.[55] Hierfür soll vorab ein Überblick darüber gegeben werden, welche Inhalte im juristischen Schrifttum der menschlichen Persönlichkeit zukommen.

1. Abschnitt

Die Persönlichkeit sowie Formen und Gegenstände ihrer Vermarktung

Um zu ermitteln, welcher Sinngehalt der Persönlichkeit in der Rechtswissenschaft zukommt, bietet es sich an, auch einen Blick auf die Bedeutung des Begriffs in den Nachbardisziplinen zu werfen. Sodann soll der Frage nachgegangen werden, wie die Vermarktungsmöglichkeiten von Persönlichkeitsmerkmalen erfolgen und wie Informationen mit Persönlichkeitsbezug kommerzialisiert werden können.

A. Der Begriff der Persönlichkeit

I. Die Bedeutung der Persönlichkeit im Bürgerlichen Recht

Der Begriff der Persönlichkeit findet im BGB in den Vorschriften des 5. Buches Erwähnung. So ist von ihr in den Normen §§ 2105 II, 2162 II, 2178 BGB die Rede. Bei näherer Betrachtung zeigt sich, dass § 2105 BGB die konstruktive Vorerbenberufung regelt und das Pendant zu § 2104 BGB bildet.[56] § 2105 II BGB geht von der objektiv unbestimmten Persönlichkeit des Erben in den Fällen aus, dass die Persönlichkeit des Erben durch ein erst nach dem Erbfall eintretendes Ereignis bestimmt werden soll oder wenn die Einsetzung einer zur Zeit des Erbfalls

---

55 Vgl. *Biene,* Starkult, Individuum und Persönlichkeitsgüterrecht, S. 6.

56 *Palandt-Weidlich,* § 2015, Rdn. 1.

noch nicht gezeugten Person oder einer zu dieser Zeit noch nicht entstandenen juristischen Person als Erbe anzusehen ist. § 2162 BGB bezweckt die Verhinderung der Verewigung der Vermächtniswirkung.[57] § 2178 BGB regelt den Anfall bei einem noch nicht gezeugten oder bestimmten Bedachten. Unter der Persönlichkeit i.S.v. §§ 2105 II, 2162 II, 2178 BGB ist folglich der zur Zeit des Erbfalls noch nicht bestimmte Erbe gemeint.[58]

II. Die Bedeutung der Persönlichkeit im Verfassungsrecht

Um den Persönlichkeitsbegriff für die Entwicklung eines Persönlichkeitsrechtsschutzes fruchtbar zu machen, wird der Fokus auf seine Bedeutung im Verfassungsrecht gelenkt. Unter Persönlichkeit i.S.v. Art. 2 I GG wird wertneutral die individuelle[59] personale Identität verstanden, die sich im Wechselspiel externer und eigener Einflüsse bildet.[60]

Dem Gedanken folgend, dass Art. 2 I GG von der individuellen Selbstentfaltung und von der Autonomie des Einzelnen ausgeht, soll dem Menschen die Entfaltung von dem ermöglicht werden, was in ihm angelegt ist. Das Recht auf freie Entfaltung der Persönlichkeit[61] und die Menschenwürde sollen jedem Einzelnen einen autonomen Bereich privater Lebensgestaltung sichern.[62]

---

57 *Palandt-Weidlich*, § 2162, Rdn. 1.

58 *Palandt-Weidlich*, § 2105, Rdn. 1.

59 Die Individualität als ein Wesensmerkmal der Persönlichkeit ist ein zentraler Begriff in der abendländischen Wissenschaft, *Pfeifer*, Individualität im Zivilrecht, S. 6. Als Untersuchungsgegenstand tauchte er zuerst in der Philosophie bei *Aristoteles* und *Platon* auf, *Park*, Das Problem der Individualität, S. 4; *Tarnas*, Idee und Leidenschaft, S. 11, 69. Zur DNA als biologischer Grundbaustein der individuellen Existenz, *Lorenz*, Allgemeines Persönlichkeitsrecht und Gentechnologie, JZ 2005, S. 1123.

60 *Britz*, Freie Entfaltung durch Selbstdarstellung, S. 1, 9 ff. Hiernach sei die Identität nicht nur deshalb individuell, weil sie einer Einzelperson zugerechnet wird und darum einzigartig ist, sondern auch weil sie auf die betroffene Person selbst als Triebkraft der Identitätsentfaltung zurückweist.

61 Ähnlich fällt die juristische Begriffsbestimmung in der Schweiz aus, wo der Eigenwert und die Einzigartigkeit des Menschen seine Persönlichkeit ausmachen, vgl. *Deschenaux/Steinauer*, Personnes physiques et tutelle, S. 161 ff. Zur Frage der Definition der Persönlichkeit in der amerikanischen Rechtswissenschaft, *Eberle*, Human Dignity, S. 963 ff.

62 BVerfGE 79, S. 256, 268.

Nach Art. 2 I GG ist die Persönlichkeit als ein Bestandteil des lebenden Menschen anzusehen. So wird nach einer Ansicht die Persönlichkeit als ein mit seelischem Empfinden, Bewusstsein, freiem Willen sowie individuellen geistigen und musischen Anlagen versehenes, humanbiologisches Steuerungssystem des Menschen angesehen.[63] Hiernach geht Art. 2 I GG von einem natürlichen Begriff der Persönlichkeit aus, der auch in der Psychologie vorzufinden ist.[64]

Gestützt auf die Erkenntnisse der Neurowissenschaft und Psychologie betrachtet die moderne Philosophie den Menschen als biologisches Wesen mit geistigen Fähigkeiten, die auf natürlichen Eigenschaften beruhen.[65] Das sogenannte Ich-Gefühl und Selbstbild erwachsen aus der Abgrenzung der eigenen Person von der Außenwelt und ihrer Spiegelung im anderen.[66]

Durch Art. 1 GG als tragendes Konstitutionsprinzip erhält der Staat den Schutzauftrag, den Einzelnen gegen Angriffe durch Dritte in seiner Würde zu schützen.[67] In der Werteordnung des GG ist die Menschenwürde der oberste Wert.[68] Art. 1 I GG zielt auf den Schutz des Menschen unter exponierter Achtung seiner Würde ab, die auf der Einzigartigkeit[69] seiner humanbiologischen Anlagen beruht.

---

63 *Beuthien/Schmölz,* Persönlichkeitsschutz durch Persönlichkeitsgüterrechte, S. 10.

64 In der Psychologie bezieht sich die Persönlichkeit auf die einzigartigen psychologischen Merkmale eines Individuums. Dem Begriff Persönlichkeit liegen bis zu 50 Definitionen zugrunde, *Allport,* Persönlichkeit, S. 44 ff.

65 Vgl. zur Person in der altindischen Philosophie Indiens im Zeitalter der Veden, *Easwaran,* S. 320: *„... Haut, Fleisch, Wirbelsäule, Haare, Kopf, Blutgefäße, Nerven: Diese bilden das äußere Selbst, den Körper, der Geburt und Tod unterliegt. Das innere Selbst nimmt die Außenwelt wahr. Es kennt alle Feinheiten der Sprache, findet Gefallen an Tanz, Musik und allen schönen Künsten, ist handlungsfähig. Das ist der Geist, die innere Person."*

66 *Newen,* Selbstbild, Spektrum der Wissenschaft, S. 6.

67 Für ihr Vorliegen bedarf es nicht zwingend der Erfüllung inhaltlicher Anforderungen, BVerfGE 12, 53; *Britz,* Freie Entfaltung durch Selbstdarstellung, S. 19. Hierzu weiterführend auch *Dürig,* Die Menschenauffassung im Grundgesetz, JR, 1952, S. 260 ff.

68 *Jehring* geht von einer *„Persönlichkeit von Gottes Gnaden"* mit einem Anrecht auf *„freie schöpferische Thätigkeit"* aus, *Pleister,* Persönlichkeit, Wille und Freiheit im Werke *Jehrings,* S. 31, 39.

69 Die Einzigartigkeit und Besonderheit des Menschen werden in den westlichen Gesellschaften als elementare Bestandteile der Persönlichkeit angesehen, vgl. *Huntington,* Kampf der Kulturen, S. 102. Bereits im 13. Jahrhundert wurde der

B. Die Formen der Vermarktung

Es lässt sich bereits festhalten, dass die Persönlichkeit selbst unstofflich und für Dritte nicht unmittelbar wahrnehmbar ist.[70] Als der Persönlichkeit zugehörig werden all die Merkmale verstanden, die einen Menschen als unverwechselbares, selbstbestimmtes und selbstverantwortliches Individuum ausmachen.[71] Unter Zugrundelegung des dargelegten naturwissenschaftlichen Verständnisses, das die Persönlichkeit als humanbiologisches Steuerungssystem des Menschen ansieht, kann sie in der Konsequenz nicht der unmittelbare Gegenstand einer Vermarktung sein.[72] Die Persönlichkeit ist kein handelbares Wirtschaftsgut, sondern sie ist ideeller Natur.[73]

Gleichwohl ist zu erkennen, dass eine Vermarktung von Persönlichkeits-, respektive Identitätsmerkmalen,[74] tatsächlich stattfindet. Dieses Faktum, das vielfach unter der Überschrift *„Kommerzialisierung der Persönlichkeit“*[75] diskutiert wird, spiegelt wider, was als Zerrreißprobe zwischen dem gebotenen Schutz der Persönlichkeit als verfassungsrechtlichem Grundwert und den Bedürfnissen des Rechtsverkehrs an einer Nutzung von Zeichen immaterieller Herkunft verstanden wird.[76]

Versuch unternommen, aus der christlichen Ethik die Individualität als Wert herzuleiten, *Weischedel,* Recht und Ethik, S. 29. Nach der Naturrechtslehre von *Thomas von Aquin* ist die Wesenheit des Menschen göttlich gewollt, *Evers,* Der Richter und das unsittliche Gesetz, S. 41.

70 *Beuthien/Schmölz,* Persönlichkeitsschutz durch Persönlichkeitsgüterrechte, S. 11.

71 *Beuthien,* Das Recht am Persönlichkeitsbild, S. 309, Rdn. 2.

72 *Beuthien,* Was ist vermögenswert, die Persönlichkeit oder ihr Image? NJW 2003, S. 1222; *Beuthien/Schmölz,* Persönlichkeitsschutz durch Persönlichkeitsgüterrechte, S. 11. Vgl. *Biene,* Starkult, Individuum und Persönlichkeitsgüterrecht, S. 16, der bzgl. der Vermarktung der Persönlichkeit von *„praktischer Unmöglichkeit“* spricht.

73 *Beuthien/Schmölz,* Persönlichkeitsschutz durch Persönlichkeitsgüterrechte, S. 27.

74 *Ahn,* Der vermögensrechtliche Zuweisungsgehalt des Persönlichkeitsrechts, S. 20. In diesem Zusammenhang Biene, Starkult, Individuum und Persönlichkeitsgüterrecht, S. 16, der eine Diskussion über die Kommerzialisierbarkeit nur dann für möglich hält, wenn der Begriff Persönlichkeit synonym zu dem Begriff Identität verstanden wird.

75 *Biene,* Starkult, Individuum und Persönlichkeitsgüterrecht, S. 6, 11, 19; *Freitag,* Die Kommerzialisierung von Darbietung und Persönlichkeit des ausübenden Künstlers, S. 29. Teils wird auch die Bezeichnung Persönlichkeitsvermarktung gewählt, *Seemann,* Prominenz als Eigentum, S. 27, 33.

76 MüKo-*Rixecker*, Anh. zu § 12, Rdn. 32.

Im Folgenden wird von der Identität als ein zentrales Wesensmerkmal der Persönlichkeit ausgegangen und es werden Identitätsmerkmale als Attribute der Persönlichkeit gleichbedeutend mit Persönlichkeitsmerkmalen aufgefasst.[77]

Identitätsmerkmale sind erforderlich, um Aussagen über bestimmte Menschen an die Adressaten einer Botschaft zu senden. Sie enthalten eine immanente Aussagekraft, da sie die Persönlichkeit des Einzelnen in ihrer Individualität und sozialen Geltung verkörpern und repräsentieren.[78]

Im Zuge der Ökonomisierung werden Merkmale der Persönlichkeit zum Zweck der Gewinnerzielung freiwillig oder unerlaubt zum Gegenstand von Angebot und Nachfrage. Zur Förderung des Absatzes von Waren und Dienstleistungen bedient man sich des attraktiven Konterfeis prominenter Personen aus Sport, Politik und Unterhaltung. Aus den positiven Attributen wie Erfolg, Charisma, Zuverlässigkeit, Ehrgeiz, Humor, die den medial bekannt gemachten Personen zugesprochen werden, wird zielgerichtet Kapital geschlagen.

Beträchtlich fallen die Geldsummen aus, die für die Verwendung von Identitätsmerkmalen entrichtet werden.[79] Die gezahlten Vergütungen belaufen sich, abhängig vom Bekanntheitsgrad der Person, bis auf mehrstellige Millionenbeträge.[80] Die Formen der Vermarktung von Persönlichkeitsmerkmalen sind dabei vielfältig. Grenzenlos scheint die Kreativität zu sein, die für die gewinnbringende Kommerzialisierung von Persönlichkeitsmerkmalen eingesetzt wird.[81] Daher werden die Formen der Kommerzialisierung von Persönlichkeitsmerkmalen nicht als abschließend angesehen.

---

77 Im Schrifttum ist auch von Identitätskennzeichen die Rede, *Götting*, Persönlichkeitsrechte als Vermögensrechte, S. 70, 102.

78 *Schulze-Wessel*, Die Vermarktung Verstorbener, S. 69.

79 Gleichwohl ist die Vermarktung von Prominenz kein ausschließliches Phänomen der Informations- und Mediengesellschaft. Bereits im 18. Jahrhundert wurde die kommerzielle Ausnutzung bekannter Personen betrieben, vgl. *Seemann*, Prominenz als Eigentum, S. 37 ff. Im 19. Jahrhundert kam es zu der berühmten Entscheidung in Sachen *Bismarck*, RGZ 74, S. 170 ff. Ausführlich hierzu *Seifert*, Postmortaler Schutz des Persönlichkeitsrechts und Schadensersatz, NJW 1999, S. 1889 ff.

80 *Seemann*, Prominenz als Eigentum, S. 55 f.

81 *Ahn*, Der Vermögensrechtliche Zuweisungsgehalt des Persönlichkeitsrechts, S. 21.

Bei dem Versuch, die Vermarktungsmöglichkeiten von Identitätsmerkmalen aufzulisten und zu systematisieren, sticht die Vermarktung in der Werbung und im Merchandising hervor.[82] Um Waren und/oder Dienstleistungen erfolgreich verkaufen zu können, werden diese auf unterschiedliche Arten und Weisen beworben.

I. Werbung

Die Werbung mit bekannten Personen setzte bereits im 19. Jahrhundert ein. Waren es damals vor allem Adlige, Monarchen und Staatsmänner, die für Werbezwecke herangezogen wurden, sind es im 21. Jahrhundert Prominente aus dem Sport-, Musik-, Comedian-, Film- und Entertainmentbereich. Werbung mit Prominenten wurde schon in den 20'er Jahren des 20. Jahrhundert in den USA durchgeführt. So verpflichtete *Unilever* zur Markteinführung seiner *Lux Toilettenseife* amerikanische Filmstars wie *Joan Crawford* und *Ginger Rogers*.[83]

Mit dem Wirtschaftswunder in den 50'er Jahren des 20. Jahrhunderts wurden in Deutschland erstmals Stars eingesetzt, um Käufer zum Erwerb bestimmter Produkte zu motivieren. *Marlene Dietrich* gilt als erster Filmstar, der als Werbeträger eingespannt wurde.[84] Die Werbeindustrie wusste damals bereits um die Wirksamkeit ihrer Botschaften, wenn sie Prominente samt ihren positiven Eigenschaften einsetzte. Die Effektivität geht dabei vor allem zurück auf die visuelle Bekanntheit von Prominenten (Eyecatcher-Funktion), den Sympathiegrad (Me-too-Effekt), die subjektive Werbeeignung (Produkt-Fit) und das Image-Profil.[85] Schätzungen gehen davon aus, dass die deutsche Industrie allein im Jahr 2000 ca. EUR 22 Milliarden für den Bereich der Werbung ausgab.[86]

Die Vermarktung prominenter Sportler nimmt stetig zu. So hat der spanische Fußballverein *Real Madrid* im Jahr 2002 eine eigene Ver-

82 *Biene,* Starkult, Individuum und Persönlichkeitsgüterrecht, S. 25 ff. *Schulze-Wessel,* Die Vermarktung Verstorbener, S. 82 ff.

83 *Olsson,* Die Vermarktung von Prominenten, S. 318 ff.

84 *Olsson,* Die Vermarktung von Prominenten, S. 318.

85 *Olsson,* Die Vermarktung von Prominenten, S. 320.

86 *Gauß,* Der Mensch als Marke, S. 19 ff.

marktungsfirma gegründet, welche die Werberechte der Spieler verwertet.[87] Sportler wie *Luis Figaro* und *Zinedine Zidane* traten ihre Bild- und Marketingrechte an den Club ab und wurden an den Gewinnen der Marketinggesellschaft beteiligt.[88] *Figo* warb 2002 für den portugiesischen Öl- und Gasversorger *Galp Energia* gegen eine Gage von ca. EUR 4,5 Millionen pro Jahr. Im Jahr 2003 kaufte *Manchester United* den Fußballprofi *David Beckham* ein, worauf der *Disney* Konzern *Real Madrid* EUR 25 Millionen für die Rechte bot, die Geschichte *Real Madrids* als Zeichentrickserie darstellen zu dürfen.[89] *Beckham* selbst erhielt für eine viertägige Werbetour in Japan EUR 7,5 Millionen.[90]

Auch im Rennsportbereich wie in der Formel 1 und der DTM werden die Persönlichkeitsrechte bekannter Fahrer intensiv verwertet. So sieht ein sogenannter Fahrervertrag vor, dass der DTM-Rennfahrer seinem Partner, sofern seine Tätigkeit als Rennfahrer und nicht seine Privatsphäre berührt ist, im Rahmen der DTM das ausschließliche Recht einräumt, sein Bildnis, seinen Namen – auch Spitz- oder Künstlernamen – das von ihm gesprochene Wort uneingeschränkt nutzen und verwerten zu dürfen. Hierzu gehört auch die Verwertung im Fernsehen, Internet, mobilen Diensten sowie in Video- und Computerspielen.

Der Fahrer hat zudem jederzeit seine Autogrammunterschrift im Originalschriftzug, als Faksimile oder in gedruckter Form für Zwecke der Öffentlichkeitsarbeit, gegebenenfalls auch in Verbindung mit Werbung Dritter, zur Verfügung zu stellen.

Die Rechteeinräumung ist grundsätzlich begrenzt auf die Laufzeit des abgeschlossenen Vertrages. Die zeitliche Begrenzung gilt aber nicht für die mediale und multimediale Nachverwertung in Form von Archivbildern. Außerdem gilt für die Vermarktung und den Vertrieb von Produkten eine Abverkaufsfrist von 5 Jahren.

In Deutschland ist es die Agentur *V.I.P. AG* in Hamburg, die Stars aus Sport, Film und TV vermarktet. Im selben Geschäftsfeld bewegen sich die Agentur *Promikativ* in Aschaffenburg sowie die Agentur *Star*

---

87 Der Spiegel v. 21.01.2002, S. 144 ff.
88 Der Spiegel v. 21.01.2002, S. 144 ff.
89 Der Spiegel v. 15.09.2003, S. 68.
90 Der Spiegel v. 15.09.2003, S. 68.

PR in Berlin.[91] In den USA hat sich die Agentur *Roger Richman Agency* in Beverly Hills auf die Vermarktung toter Hollywood Stars spezialisiert. Hierzu gehören etwa die Erben der Hollywood-Ikonen *Marilyn Monroe, Steve McQueen, Marlene Dietrich* und *Albert Einstein.*[92]

Die vorangestellten Ausführungen zeigen, dass der Werbung ein Bündel von Aufgaben zukommt. Ihre Kernfunktionen bestehen darin, gezielt auf bestimmte Produkte aufmerksam zu machen, einen Kaufreiz auszuüben, die Unterschiede von Produkten herauszustellen, eine Nachfrage herbeizuführen und eine Botschaft zu transportieren. Als Abschlusshandlung ist der Erwerb des entgeltlichen Produktes angestrebt. Auf dem Weg dorthin produziert die Werbung mehr oder weniger einheitliche und differenzierte Beschreibungen, Impressionen und Deutungen von ihrem Objekt.

Die Werbung als persuasive Kommunikation und *„systematische Synthese aus Dichtung und Wahrheit"* bedient sich für die Erreichung ihres Zwecks verschiedener Stilmittel.[93] Stilisierung, Über- und Untertreibung und Schönung des Produkts sollen als strategische Inszenierungsmittel den Werbegegenstand in einem günstigen Licht erstrahlen lassen. Für die Schaffung neuer Nachfrage und um die gewünschte Unterscheidbarkeit des Produkts von der Konkurrenz erreichen zu können, werden berühmte Personen für Werbezwecke eingesetzt.[94] Genauer gesagt wird sich ihrer charakteristischen Persönlichkeitsmerkmale bedient.

Durch die Verquickung von Produkt und positiv besetzten Attributen einer berühmten Person tritt eine Übertragung[95] von Prominenz auf den Werbegegenstand ein. Bei dem Transfer geht es darum, die in den positiv besetzten Attributen von Berühmtheiten verkörperten Ideale auf das angepriesene Produkt zu übertragen und hierdurch diesem ein bestimmtes Profil zu verleihen.

---

91 *Gauß,* Der Mensch als Marke, S. 21.

92 Der Spiegel v. 06.12.1999, S. 271.

93 *Willems/Kautt,* Theatralität der Werbung, S. 102.

94 *Ahn,* Der vermögensrechtliche Zuweisungsgehalt des Persönlichkeitsrechts, S. 22.

95 BGHZ 143, S. 214, 223 – *Marlene Dietrich.* Das mit dieser bestimmten Eigenschaft versehene Produkt lässt den Verbraucher glauben, sich mit dem Konsum seinem Ideal annähern zu können. Vgl. auch *Henning-Bodewig,* Wettbewerbsrechtliche Probleme der Werbung mit Prominenten, BB 1983, S. 605.

Der Werbegegenstand erlangt in der Konsequenz nun die Aufmerksamkeit, die bereits dem Prominenten zu Teil wurde.[96] Die freigesetzte Werbewirkung wird dann gezielt genutzt, um die erwünschte Werbebotschaft in den Medien zu lancieren.

II. Merchandising

Eine andere Marketingmethode stellt das Merchandising dar.[97] Hierbei werden die Identitätsmerkmale von berühmten Personen zu einem wesentlichen Teil der beworbenen Ware.[98] Hierzu gehören etwa Poster, T-Shirts, Sammelbilder, Getränke, Medaillen, PKW, Mode und Kosmetikartikel.[99]

Mit Blick auf die vom Internationalen Büro der „World Intellectual Property Organisation" veröffentlichte Studie handelt es sich um *„die Bearbeitung oder Sekundärnutzung der wesentlichen Persönlichkeitsmerkmale einer Figur durch den Schöpfer der fiktiven Figur bzw. durch die natürliche Person oder durch einen oder mehrere dazu berechtigten Dritte hinsichtlich verschiedener Waren und/oder Dienstleistungen zum Zweck der Schaffung des Verlangens bei den in Betracht kommenden Verbrauchern, aufgrund der Affinität des Verbrauchers mit der Figur derartige Waren zu erwerben und/oder derartige Dienstleistungen in Anspruch zu nehmen."*

---

96 Vgl. zum ungewollten Einsatz von Persönlichkeiten in der Werbung LG Hamburg, AfP 2006, 585 ff. – *Joschka Fischer.* Zur Lizenzgebühr für die Werbung mit den Namen Prominenter, *Höch,* Weißer Rauch aus Straßburg, K&R 2015, S. 230 ff.

97 Auch als sogenanntes character merchandising bezeichnet, *Ahn,* Der Vermögensrechtliche Zuweisungsgehalt des Persönlichkeitsrechts, S. 24; *Biene,* Starkult, Individuum und Persönlichkeitsgüterrecht, S. 27. Zu den rechtsstaatlichen Grundlagen des Merchandising vgl. *Schertz,* Merchandising, S. 4, Rdn. 1 ff.; *Pfeifer,* Individualität im Zivilrecht, S. 195 f.; *Sosnitza,* Die Zwangsvollstreckung in Persönlichkeitsrechte, JZ 2004, S. 992 ff. In den USA stieg der Umsatz mit Merchandising in den Jahren von 1980 bis 1992 von knapp 10 auf 62 Milliarden Dollar, *Battersby/Grimes,* The law of merchandising and character merchandising, §§ 1–10 f.

98 *Ahn,* Der Vermögensrechtliche Zuweisungsgehalt des Persönlichkeitsrechts, S. 24.

99 Vgl. Sammelbilder von Fußballprofis, BGHZ 49, 288 f. – Ligaspieler; T-Shirts, Armbanduhren, Anstecker, BGHZ 143, 214 – *Marlene Dietrich*; Medaille mit Bildnis, BGH NJW 1996, S. 593 – *Willy Brandt.*

Beim Merchandising stehen die Prominenten nicht neben den Produkten, sondern vereinigen sich mit ihnen.[100] Aus der emotionalen Nähe zu der berühmten Person entschließt sich der Konsument zum Kauf der angebotenen Ware, um seinem Vorbild näher zu sein. Vielfach tritt hierbei der praktische Nutzen des Produkts hinter den durch den Prominenten propagierten Idealen zurück.[101] Im Fokus steht vielmehr die „Memorabilia"- und/oder „Devotionalien-Funktion."[102]

Vorreiter in dieser Sparte war die amerikanische Filmindustrie, insbesondere die Science-Fiction Trilogie *Star Wars* des Regisseurs *George Lucas*, bei der auf Puppen der Filmfiguren und Modelle der Raumfahrzeuge gesetzt wurde. Mittlerweile wird mit dem Merchandising von Filmfiguren und Sponsoringverträgen mit *Coca Cola* und *McDonald's* mehr Umsatz erzielt, als an den Kinokassen selbst.[103]

III. Erzeugnisse der Massenmedien

Unterschiedlich fallen die Bezeichnungen für eine weitere Form der Vermarktung von Identitätsmerkmalen aus. Unter sogenannte journalistische und künstlerische Erzeugnisse[104] oder auch als sogenannte Erzeugnisse der Massenmedien[105] fällt die mediale Verwertung der Lebensereignisse von berühmten Personen wie auch von unbekannten Bürgern.[106] Kennzeichnend ist für diese Kategorie, dass die Zustimmung des Inhabers des Persönlichkeitsrechts für die Kommerzialisierung der vermarktungsfähigen Identitätsmerkmale in den meisten Fällen nicht erforderlich ist.[107] Der Fokus liegt hier auf der publizistischen

100 *Ahn,* Der vermögensrechtliche Zuweisungsgehalt des Persönlichkeitsrechts, S. 25.

101 *Ahn,* Der Vermögensrechtliche Zuweisungsgehalt des Persönlichkeitsrechts, S. 25.

102 *Biene,* Starkult, Individuum und Persönlichkeitsgüterrecht, S. 26, 27, der das Merchandising in der Musikbranche als besonders profitabel hervorhebt.

103 *Gauß,* Der Mensch als Marke, S. 20.

104 *Biene,* Starkult, Individuum und Persönlichkeitsgüterrecht, S. 26.

105 *Ahn,* Der Vermögensrechtliche Zuweisungsgehalt des Persönlichkeitsrechts, S. 26.

106 *Hoppe,* Gewinnorientierte Persönlichkeitsverletzung in der europäischen Regenbogenpresse, ZEuP 2000, S. 29, 31.

107 *Biene,* Starkult, Individuum und Persönlichkeitsgüterrecht, S. 27.

Ausnutzung des Wertes einer Person, der dem öffentlichen Interesse an ihrem Leben entspringt.[108]

Eine exponierte Stellung kommt in diesem Zusammenhang den Exklusivvereinbarungen zu. Medienunternehmen schließen mit einzelnen Zeitzeugen Exklusivverträge ab, um über bestimmte Vorfälle, die von allgemeinem Interesse sind, exklusiv zu berichten. Die veröffentlichten Berichte, z.B. Kriminalprozesse, werden hierbei profitabel vermarktet.[109] Zu den Medien, in denen die Lebensereignisse transportiert und aufbereitet werden, gehören vornehmlich[110] die Boulevardblätter, Klatschmagazine, wie auch das Fernsehen, das neben den Printmedien in eigens dafür gedrehten Sendungen[111] über die Schicksale von Menschen berichtet. Das avisierte Ziel ist dabei nicht in der künstlerischen Darstellung der eigenen Lebensgeschichte zu erblicken, sondern in dem erklärten Profitstreben durch die Offenlegung höchstpersönlicher Erfahrungen.[112]

Auch in Dokumentarfilmen und (auto-) biographischen Werken werden Informationen zugänglich gemacht, die eine Vielzahl von Interessenten zum Kauf animieren sollen.[113]

---

108 *Ahn,* Der Vermögensrechtliche Zuweisungsgehalt der Persönlichkeitsrechte, S. 27; *Biene,* Starkult, Individuum und Persönlichkeitsgüterrecht, S. 26; *Neben,* Triviale Personenberichterstattung als Rechtsproblem, S. 87.

109 OLG München, AfP 1981, S. 347 f. – *Vera Brühne;* OLG Hamburg, ZUM-RD 1998, S. 116 – *Monika Weimar.*

110 Die Aufzählung ist nicht als abschließend zu verstehen. Dem Internet z.B. kommt als Informationsvermittler aufgrund der gesteigerten Datendurchsatzrate eine immer größere Bedeutung zu, vgl. hierzu das Angebot durch Mediatheken, RSS Ticker und Applikationen.

111 Vgl. *Neben,* Triviale Personenberichterstattung als Rechtsproblem S. 33.

112 *Ahn,* Der vermögensrechtliche Zuweisungsgehalt der Persönlichkeitsrechte, S. 29, mit Verweis auf *Busch,* AfP 2004, S. 207.

113 Vgl. hiezu etwa BVerfGE 30, S. 173 – *Mephisto.*

C. Der Schutz und die Perpetuierung von Persönlichkeitsmerkmalen

Mit der Darstellung der Formen der Vermarktung von Identitätsmerkmalen und der Darlegung des Bezugs zwischen Ökonomie und menschlichen Persönlichkeitsmerkmalen stellt sich die Frage, was diese mit dem zivilrechtlichen Schutz der Persönlichkeit zu tun haben. Hierfür sollen die bestehenden rechtlichen Instrumentarien näher beleuchtet werden, derer sich der Betroffene im Einzelfall bedienen kann, um gegen die Verbreitung von Informationen, die über ihn Auskunft geben, vorzugehen.

Der Mensch als ein soziales Wesen, das dank seiner Anlagen zu Emotionalität, Vernunft und Bewusstsein fähig ist, sucht die Interaktion und Kommunikation mit den Mitmenschen. Jeder Mensch lebt in einer Welt sozialer Begegnungen, die ihn in direkten oder indirekten Kontakt mit anderen Personen bringen.

Hierbei will der Mensch in der Gesellschaft seine soziale Stellung selbst frei gestalten können. Art. 2 I GG schafft als rechtliche Grundlage für den Einzelnen die Möglichkeit, sich individuell selbst entfalten zu können.[114] Der verfassungsrechtliche Schutzauftrag sieht vor, die Autonomie des Einzelnen in eigenen Angelegenheiten vor Eingriffen anderer zu sichern, die Integrität der Persönlichkeit zu schützen und den Menschen selbst darüber befinden zu lassen, bestimmte Interessen zu verfolgen.

Im Zuge dessen hat der Mensch das Bedürfnis, selbst zu entscheiden, ob er Informationen, die Rückschlüsse auf seine Persönlichkeit zulassen, preisgeben möchte. Informationen über die Persönlichkeit können z.B. in Ton- und Filmaufnahmen, in schriftlichen Aufzeichnungen und Abbildungen enthalten sein.[115]

Der BGH führt aus, dass jede Rechtsordnung angehalten ist, gesellschaftlichen Entwicklungen und Veränderungen in sich aufzunehmen und ihnen einen angemessenen Ordnungsrahmen zu bieten. Allerdings

114 Siehe zur Verknüpfung von Privatheit und Informationsfreiheit, *Tinnefeld*, Sapere aude!, NJW 2007, S. 625 ff. Hierzu auch *Arendt*, The Human Condition, S. 45.

115 *Beuthien/Schmölz*, Persönlichkeitsschutz durch Persönlichkeitsgüterrechte, S. 12.

muss eine Rechtsordnung auch den Forderungen, die sich aus einer fortschreitenden Kommerzialisierung ergeben, dort entgegentreten, wo höherrangige rechtliche Prinzipien dies gebieten.[116]

I. Das Recht am eigenen Bild (§§ 22 ff. KUG)

Eine schwerwiegende Beeinträchtigung der Persönlichkeit ist in der Verletzung des Rechts am eigenen Bild zu erkennen.[117] Die besondere Intensität des Eingriffs liegt in der unbefugten Bildveröffentlichung, die sich als eine Anmaßung einer Herrschaft über ein fremdes Persönlichkeitsrecht darstellt,[118] denn das Abbild einer Person steht als Stellvertreter für sie und dient als Identifizierungsmerkmal, indem es zur Wiedererkennung der Person im Rechts- und Wirtschaftsverkehr führt.[119] Indem das Bildnis zugleich Ausdruck und Wiedergabe der Person in ihrer Individualität ist, kommt dieser der Schutz auf Anonymität zu, weder durch Bildverbreitung, noch in sonstiger Weise an die Öffentlichkeit gezerrt zu werden.[120]

Das Recht am eigenen Bild ist im KUG geregelt. Dieses sieht vor, dass Bilder nur mit Einwilligung (§ 22 S.1 KUG), oder unter den Voraussetzungen von § 23 I Nr. 1–4 KUG, ohne dass berechtigte Interessen des Abgebildeten[121] nach § 23 II KUG verletzt werden, oder unter den Voraussetzungen des § 24 KUG verbreitet oder öffentlich zur Schau gestellt werden dürfen.[122] Das Recht gewährleistet grundsätzlich dem Abgebildeten die Befugnis, darüber zu entscheiden, ob und in welcher Weise er der Öffentlichkeit im Bild vorgestellt wird.[123]

Das Recht am eigenen Bild dient dem Schutz der freien Betätigung der Persönlichkeit, die auf der durch die Verfassung garantierten Frei-

---

116 BGH ZUM 2000, 582, 587.

117 Vgl. vertiefend zum umfassenden Schutz des Bildnisses *Schulze-Wessel*, Die Vermarktung Verstorbener, S. 75 ff.

118 BGH NJW 1974, 1947.

119 *Scanzoni*, Zur Entwicklung und Theorie des Rechts am eigenen Bild, S. 25.

120 BVerfG NJW 2000, 1021; BGHZ 131, S. 332.

121 Zur Kritik an der Ausnahme von § 22 KUG für Personen der Zeitgeschichte als sogenanntes privilegium odiosum vgl. *Arndt*, Umwelt und Recht, NJW 1945, S. 1846.

122 *Palandt-Sprau*, § 823 Rdn. 117 f.

123 BGH WRP 2004, S. 1494 f.

heit der Selbstbestimmung fußt. Die §§ 22, 23 KUG dienen dem Persönlichkeitsschutz des Abgebildeten, nicht dem Schutz des Urheberrechts des Abbildenden.[124] Das Schutzbedürfnis des Abgebildeten ergibt sich aus der Möglichkeit, das Erscheinungsbild eines Menschen in einer bestimmten Situation von diesem abzulösen, datenmäßig zu fixieren und jederzeit vor einem unüberschaubaren Personenkreis zu reproduzieren.[125]

Mangels Einwilligung in die Veröffentlichung nach § 22 S. 1 KUG kommt es für die Beurteilung der Zulässigkeit der Berichterstattung nach dem abgestuften Schutzkonzept der §§ 22, 23 KUG, das sowohl mit verfassungsrechtlichen Vorgaben[126] als auch mit der Rechtsprechung des EGMR im Einklang steht, darauf an, ob es sich nach § 23 I Nr. 1 KUG um Bildnisse aus dem Bereich der Zeitgeschichte handelt, deren Verbreitung keine berechtigten Interessen des Abgebildeten verletzt (§ 23 II KUG).[127]

§ 22 S. 1 KUG legt fest, dass Bildnisse[128] grundsätzlich nur mit der Einwilligung[129] des Abgebildeten verbreitet oder öffentlich zur Schau

---

124 BVerfGE NJW 2001, S. 1921, 1923.

125 BVerfGE NJW 2005, S. 883 f. *Libertus,* Determinanten der Störerhaftung für Inhalte in Onlinearchiven, MMR 2007, S. 143, 148.

126 BVerfGE 120, S. 180, 201 ff.

127 So kann das Bild eines Mieterfestes ein Bildnis der Zeitgeschichte sein (§ 23 I KUG), das aufgrund eines nur beschränkten Adressatenkreises nur geringe Beeinträchtigung für die Abgebildeten aufweist, BGH GRUR-Prax 2014, S. 306.

128 Charakteristisch ist der Gesichtszug des Menschen, der als Erkennungskriterium herangezogen werden kann, OLG Hamburg, AfP 1993, 590, 591. Es genügt aber auch, wenn der Abgebildete durch Merkmale, die sich aus dem Bild ergeben und die gerade ihm eigen sind, erkennbar ist oder seine Person durch den beigefügten Text oder durch Zusammenhang mit früheren Veröffentlichungen erkannt werden kann.

129 Die Rechtswidrigkeit der Verletzungshandlung kann generell durch eine rechtfertigende Einwilligung i.S.d. § 22 S. 1 KUG entfallen. Diese kann ausdrücklich, stillschweigend oder durch konkludentes Handeln erfolgen, vgl. BGH, Urteil v. 11.11.2014, Az VI ZR 9/14. Im Arbeitsrecht gilt nach dem BAG die Besonderheit, dass die Einwilligung des Arbeitnehmers in Fotografien durch den Arbeitgeber in Schriftform zu erfolgen hat, BAG, Urteil v. 11.12.2014, Az 8 AZR 1010/13. Zum Widerruf der Einwilligung, *Ludyga,* Widerruf einer Einwilligung zur Verbreitung und Veröffentlichung von eigenen Bildnissen durch Dritte, MMR 2017, S. 159 ff.

gestellt werden dürfen.[130] Zu beachten ist aber, dass bereits das Anfertigen von Fotos eine Persönlichkeitsrechtsverletzung darstellen kann. So gab das AG Bonn der Klage aufgrund einer Verletzung des Rechts am eigenen Bild statt und verurteilte den Beklagten, es zu unterlassen, den Kläger ohne seine Zustimmung abzulichten.[131]

Ein Bildnis ist die Wiedergabe des äußeren Erscheinungsbildes, bzw. jede Abbildung einer Person, die deren äußere Erscheinung in einer für Dritte erkennbaren Weise wiedergibt.[132]

Unerheblich ist das Medium, durch das der Betroffene im Bild dargestellt wird. Hierunter fallen Zeichnungen, Skizzen, Gemälde, Fernsehbilder, Plastiken, Fotografien und virtuelle Bildnisse. Als Verletzungshandlung nennt § 22 S. 1 KUG das Verbreiten und die öffentliche Zurschaustellung eines Bildnisses.[133]

In diesem Zusammenhang ist in den Blickpunkt der wissenschaftlichen Erörterung die Frage genommen worden, unter welchen Voraussetzungen die Herstellung und Veröffentlichung von Sachaufnahmen rechtmäßig sind. Diskutiert wird, ob es ein Recht am Bild an der eigenen Sache gibt.[134]

Die Rechtsprechung bestimmt, dass grundsätzlich keine Beeinträchtigung des Eigentums nach §§ 903, 1004 BGB gegeben ist, wenn eine Sache fotografiert wird,[135] da der Fotografiervorgang als Realakt die Verfügungsbefugnis des Eigentümers unberührt lasse.[136] Nach Ansicht des BGH fehle es an der erforderlichen Einwirkung auf das Eigentum, denn trotz des Fotografierens könne der Eigentümer mit der Sache nach Belieben verfahren und werde nicht in seinem Besitz gestört.[137]

Ausnahmen gelten indes für zwei Fälle: Wenn die Aufnahmen ohne Zustimmung von befriedetem Besitztum aus erfolgen und/oder wenn

130 Zur Rechtsnatur der Einwilligung., *Helle,* Die Einwilligung beim Recht am eigenen Bild, AfP 1985, S. 94; *Lettl,* Allgemeines Persönlichkeitsrecht und Medienberichterstattung, WRP 2005, S. 1052.

131 AG Bonn, Urteil v. 28.01.2014, Az 109 C 228/13.

132 BGHZ 143, 214, 228

133 Zum Recht am eigenen Bild in der Falllösung s. *Vacca,* Die verhängnisvolle Freizeitveranstaltung, NJW 2010, S. 393 ff.

134 OLG Düsseldorf NJW 2004, S. 619.

135 BGH ZUM 1989, S. 516.

136 BGH NJW 1989, S. 2251 f.

137 BGH NJW 1989, S. 2251 f.

es durch die Aufnahme zu einer Persönlichkeitsrechtsverletzung kommt.[138] Kann eine Sache nur unter der Bedingung gefilmt oder fotografiert werden, dass ein privates Grundstück betreten wird, kann der Eigentümer die Gewährung der Aufnahmen an bestimmte Voraussetzungen wie die Zahlung eines Entgelts binden oder aber sie verbieten.[139]

Stellt das Ablichten einer Sache keine Eigentumsbeeinträchtigung gemäß §§ 903, 1004 BGB dar, bleibt, abgesehen von einer möglichen Verletzung der Privatsphäre, das Hausrecht des Eigentümers als gesetzliche Grundlage für die Geltendmachung eines Unterlassungsanspruchs. Hausrecht im Sinne von § 123 StGB meint die Gesamtheit der rechtlichen Befugnisse, über den Aufenthalt Dritter innerhalb der dem Herrschaftsbereich einer Person zugeordneten geschützten räumlichen Bereiche tatsächlich frei bestimmen zu können.[140] Das Hausrecht ist insoweit ein Teilbereich persönlicher Handlungsfreiheit. Diese Bewertung steht im Einklang mit der vom BGH vorgenommenen Parallelwertung zu § 59 UrhG, nach der eine Veröffentlichung immer dann zulässig ist, wenn sie in den engen Grenzen des Urheberrechts hätte erfolgen können.[141]

Da über § 1004 BGB neben dem Eigentum auch alle absoluten Rechte geschützt werden, kann sich die Rechtswidrigkeit der Aufnahmen auch aus einer Verletzung des allgemeinen Persönlichkeitsrechts ergeben.[142]

In Bezug auf die Herstellung von Sachaufnahmen kommt eine Verletzung der räumlich-gegenständlichen Privatsphäre in Betracht.[143] Diese ist dann tangiert, wenn Gegenstände gefilmt oder fotografiert werden, die so eng mit einer Person verbunden sind, dass damit in die höchstpersönlichen Lebensumstände des Besitzers eingedrungen wird.[144] Dies kann dann der Fall sein, wenn die Wohnung und/oder die

---

138 *Lammek/Ellenberg,* Zur Rechtmäßigkeit der Herstellung und Veröffentlichung von Sachaufnahmen, ZUM 2004, S. 716.

139 BGH NJW 1975, S. 778; *Prinz/Peters,* Medienrecht, S. 606, Rdn. 887.

140 NJW 1982, S. 2740.

141 *Lammek/Ellenberg,* Zur Rechtmäßigkeit der Herstellung und Veröffentlichung von Sachaufnahmen, ZUM 2004, S. 716.

142 OLG Düsseldorf NJW 1994, S. 1971; *Helle,* Besondere Persönlichkeitsrechte im Privatrecht, S. 56.

143 *Prinz/Peters,* Medienrecht, S. 607, Rdn. 888.

144 *Helle,* Besondere Persönlichkeitsrechte im Privatrecht, S. 56.

Geschäftsräume des Betroffenen von innen gefilmt und/oder fotografiert werden. Nur die Zustimmung des Betroffenen kann dann den Tatbestand ausschließen.[145]

Wie die Herstellung, so ist auch die Veröffentlichung von Sachaufnahmen grundsätzlich zulässig. Dies gilt dann nicht, wenn schon die Herstellung nach § 1004 BGB hätte untersagt werden können. Folglich ergibt sich die Rechtswidrigkeit der Veröffentlichung von Sachaufnahmen bereits aus der Unzulässigkeit ihrer Herstellung. Ist es zu einer rechtswidrigen Veröffentlichung von Sachaufnahmen gekommen, können dem Verletzten grundsätzlich Ansprüche auf Unterlassung der weiteren Veröffentlichung, auf Schadensersatz bzw. sonstige Entschädigung in Geld sowie Beseitigungsansprüche und Auskunftsansprüche zustehen.

§ 22 S. 2 KUG bestimmt, dass die Erteilung der Einwilligung zur Verbreitung oder zur öffentlichen Zurschaustellung des Bildnisses als erteilt gilt, wenn der Abgebildete dafür eine Entlohnung erhalten hat. Somit steht es dem Abgebildeten frei, ob er sein Bildnis wirtschaftlich verwerten möchte oder nicht. Folglich weist das Recht am eigenen Bild als ein Abwehr- und als ein Verwertungsrecht[146] eine Doppelnatur auf.

Von diesem Verwertungsrecht kann Gebrauch gemacht werden, wenn das Bildnis durch ein physisches Medium – in welcher Form auch immer – eine Fixierung erfahren hat.[147] Das angefertigte Bildnis[148] ist

---

145 *Lammek/Ellenberg,* Zur Rechtmäßigkeit der Herstellung und Veröffentlichung von Sachaufnahmen, ZUM 2004, S. 717.

146 Der BGH bezeichnet das Recht am eigenen Bild auch als vermögenswertes Ausschließlichkeitsrecht, BGH GRUR 1992, S. 557.

147 Siehe hierzu § 201a StGB, dessen strafwürdiger Unrechtskern im dauerhaften bildlichen Festhalten einer momentanen, vergänglichen Erscheinung einer Person gesehen wird, *Kühl,* Zur Strafbarkeit unbefugter Bildaufnahmen, AfP 2004, S. 190. Das Herstellen von Bildaufnahmen i.S.v. § 201a I StGB umfasst alle Handlungen, mit denen das Bild auf einem Bild- oder Datenträger abgespeichert wird, *Heuchemer/Paul,* Die Strafbarkeit unbefugter Bildaufnahmen, JA 2006, S. 616, 617. *Hoppe,* Bildaufnahmen aus dem höchstpersönlichen Lebensbereich, GRUR 2004, S. 990, 993.

148 Zutreffend ist das Objekt des Rechts am eigenen Bild nicht das jeweilige Foto, Porträtgemälde usw. als körperlicher Gegenstand, sondern das mit dem Auge wahrnehmbare Erscheinungsbild des Betroffenen als gedankliches Gebilde, *Helle,* Besondere Persönlichkeitsrechte im Privatrecht, S. 48. Das konkrete Foto ist dann

nun ein von der abgebildeten Person getrennter materialisierter Teil[149], der durch seine Objektqualität zum Gegenstand wird und dadurch Rechtsschutz genießt.[150]

II. Das Recht am eigenen Namen (§ 12 BGB)

Als das wohl wichtigste Mittel, durch das die Persönlichkeit ihre Individualität wahrt, wird der Name angesehen.[151] Er ist das Medium, durch das die Person in der Öffentlichkeit auftritt, im Verkehrsleben ihre Leistungen anbietet und einen Eigenwert erfährt.[152] Der Name i.S.v. § 12 BGB ist ein sprachliches Merkmal zur ständigen Bezeichnung einer Person oder eines Unternehmens zur Unterscheidung und individualisierenden Kennzeichnung des Namensträgers von anderen Personen und Unternehmen.[153]

Das BVerfG führt aus, der Name sei Ausdruck der Individualität und Identität mit der Folge, dass die Rechtsordnung ihn zu respektieren und zu schützen habe. Im Hinblick auf die Preisgabe der Namen von Funktionsträgern im gerichtlichen Verfahren gilt etwa indes, dass die Persönlichkeitsrechte eines Verteidigers und eines Staatsanwalts, die in einem gerichtlichen Strafverfahren mitgewirkt haben, der Nennung ihres Namens an Pressevertreter nicht entgegen stehen.[154]

In einem anderen Fall entschied der BGH, dass die volle Namensnennung eines prominenten Friseurs im Rahmen einer Wortberichterstattung über die Verhaftung seines Filialleiters zulässig sei.[155] Auch die

---

entweder der Gegenstand, in dem der Betroffene sein Recht am eigenen Bild verwirklicht, oder der Gegenstand, mit dessen Herstellung und Verwendung der Täter das Recht verletzt.

149 Zur Ubiquität von vergegenständlichten persönlichen Attributen s. *Pfeifer,* Individualität im Zivilrecht, S. 142. Zutreffend ist insoweit die Feststellung, dass nicht das eigene Bild als solches derelinquiert werden kann, sondern lediglich das Medium, etwa der Datenträger, auf dem das Abbild der Person abgelegt ist, *Pfeifer,* Persönlichkeitsbezogene Immaterialgüterrechte?, ZUM 2000, S. 710.

150 § 37 II KUG spricht von den Bildnissen als Exemplare, die Gegenstand der Vernichtung sind, wenn sie widerrechtlich hergestellt, verbreitet oder vorgeführt wurden. Der Vernichtungsanspruch bezieht sich auf die veröffentlichten Vervielfältigungsstücke.

151 *Krüger,* Der Name der Frau nach bürgerlichem Recht, AcP 156, S. 232.

152 *Hubmann,* Das Persönlichkeitsrecht, S. 276.

153 BGHZ 25, S. 163 ff.

154 BVerwG NJW 2014, S. 807.

155 BGH, Urteil v. 13.01.2015 Az –VI ZR 386/13.

Verwendung der Vornamen von Prominenten, ohne deren Einwilligung, für eine satirische Werbung, stelle keinen Verstoß dar.[156]

Andererseits ist der Schutz des Namens dann erforderlich, wenn eine missbräuchliche Verwendung eines fremden Namens zu Reklamezwecken vorgenommen wird oder der Eindruck vermittelt werden soll, der Namensträger habe zu einer bestimmten Verwendung seines Namens seine Zustimmung erteilt.[157]

In der Entscheidung *Graf Zeppelin,*[158] in der es um die eigenmächtige Eintragung des Namens *Graf Zeppelin* als Warenzeichen ging, gab das Gericht der Klage des Grafen, die Werbung mit seinem Namen zu versagen, statt. Allein der Betroffene habe das Recht, seinen Namen als Warenzeichen zu verwenden.[159]

Die Bedeutung des Namens ist vielfältig. Sie wird im Wesentlichen in seiner Unterscheidungs-, Identitäts- und Ordnungsfunktion gesehen.[160] Dies gilt für die natürliche Person als auch für die Firma als den Handelsnamen des Kaufmanns (§ 17 I HGB).

Für den Vornamen gilt, dass er eine individualisierende Funktion im staatlichen-administrativen Ordnungsinteresse hat, dabei aber vornehmlich im Interesse des Namensträgers steht, der sich durch mit seinem Namen identifiziert und nach außen darstellt. Er dient sowohl der Unterscheidung innerhalb der Familie als auch von anderen Trägern desselben Familiennamen und kennzeichnet somit den Träger als eigene Persönlichkeit.[161]

Soweit der namensrechtliche Schutz die Privatsphäre und die Identität des Namensträgers schützt, handelt es sich um ein Persönlichkeitsrecht. Steht hingegen der unternehmens- und kennzeichenrechtliche Schutz im Vordergrund, ist § 12 BGB zugleich als Immaterialgüterrecht einzustufen, wenngleich eine strikte Trennung vielfach nicht möglich ist. Hierin ist die Doppelnatur des Namensrechts erkennbar.

---

156 EGMR Urteil v. 19.02.2015 (Beschw. Nr. 53495/09).

157 OLG Karlsruhe NJW-RR 1986, S. 58.

158 RGZ 74, 308 ff.

159 RGZ 74, 311.

160 *Bosch,* Zur Pflicht einen gemeinsamen Familiennamen zu führen, FamRZ 1988, S. 809, 810; Kaiser, Gemeinsamer Ehename und Pseudonym, FUR 1990, S. 366 ff., *Klippel,* Der zivilrechtliche Schutz des Namens, S. 355 ff.

161 Vgl. BGHZ 30, S. 132. 135.

Bei näherer Betrachtung von § 12 BGB zeigt sich somit, dass der Name als ein Rechtsobjekt dem Namensträger als ein subjektives Recht zugesprochen wird.[162] Somit ist der Name kein angeborenes natürliches Persönlichkeitsgut. Ein und derselbe Name kann mehrere Personen kennzeichnen. Zudem kann eine Person unabhängig von einem Namen existieren, nicht aber ohne ein äußeres Erscheinungsbild.

Dass Vor- und Nachnamen lediglich als Rechtsobjekte dem Namensträger zugeteilt werden, wird deutlich an dem NamÄndG. So kann der Familienname eines deutschen Staatsangehörigen auf Antrag geändert werden (§ 1 NamÄndG), wenn hierfür ein wichtiger Grund besteht (§ 3 I NamÄndG). Gleiches gilt für den Vornamen (§ 11 NamÄndG). Das Recht auf den Schutz des bürgerlichen Pflichtnamens wird durch einen gesetzlichen oder staatlichen Zuweisungsakt erworben.[163]

Die genauere Untersuchung des Namensschutzes zeigt, dass zwischen den Referenzebenen des Namens als Zeichen[164] und der Person als Bezeichnetem zu unterscheiden ist. Aus dieser Aufspaltung folgt, dass der Namensschutz vom Schutz der dahinter stehenden Persönlichkeit erst einmal zu trennen ist.

Der Namensschutz ist Identitätsschutz und nicht Persönlichkeitsschutz, denn der Schutz vor Beeinträchtigungen des durch den Namen repräsentierten Eigenwertes der Person in der Öffentlichkeit und vor Namensnutzung zum Zweck der Persönlichkeitsausnutzung ist außerhalb von § 12 BGB anzusiedeln.

§ 12 BGB zielt somit vorrangig auf den Schutz des Namens als Zeichen ab, der einer Person lediglich verliehen wurde. Der Name ist ein

162 *Götting*, Persönlichkeitsrechte als Vermögensrechte, S. 70 f., 102.

163 Nach § 1 NamÄndG wird die Namensänderung als antragsgebundener, rechtsgestaltender Staatsakt angesehen, dessen Vornahme im Ermessen der Behörde steht, LG Frankenthal FamRZ 1965, S. 142, 143. Zur Verweigerung der Eintragung eines Prostituiertennamens als Künstlernamens wegen fehlender Kunstausübung vgl. VG Berlin, NJW 2015, S. 811. Zur Grenzziehung des Rechts der Eltern, dem Kind einen bestimmten Namen geben zu dürfen, OLG Bremen, NJW-RR, 2014, S. 1156 ff. – *Waldmeister*.

164 Wird im geschäftlichen Verkehr ein Name auf Gegenstände aufgebracht, liegt darin ein namensmäßiger Gebrauch, wenn dadurch eine fehlerhafte Zuordnung des Namens provoziert wird, vgl. BGHZ 126, 287, 296.

der Person von außen zugeteiltes Gut,[165] das sich als persönlichkeitsstiftendes Merkmal – wie das angefertigte Bildnis – als außerhalb von der Person befindlich darstellt.

III. Das Recht am eigenen Wort (§ 823 BGB)

Die Sprache wird als das wichtigste Ausdrucksmittel des Menschen verstanden, durch die er der Umwelt seine Gedanken, Gefühle und Einstellung vermitteln kann.[166] Das Recht am gesprochenen und geschriebenen Wort beinhaltet die Befugnis, selbst über die eigene Darstellung der Person in der Kommunikation mit anderen zu bestimmen.

Hierzu gehört im Einzelnen das Recht, zu bestimmen, ob der Inhalt eines Gesprächs nur dem Gesprächspartner, einem bestimmten Personenkreis oder der Öffentlichkeit zugänglich sein soll.[167] So entschied das OLG Hamburg, dass ein Autor es nicht hinnehmen muss, dass eine Nachricht, die er privat einem Leser über *Facebook* schrieb, von diesem später, ohne seine Zustimmung, in einer öffentlich zugänglichen Gruppe bei *Facebook* veröffentlicht wird.[168]

Die Veröffentlichung persönlicher bzw. nicht öffentlicher Nachrichten ohne Zustimmung des Verfassers stellt regelmäßig einen Eingriff in sein Persönlichkeitsrecht dar. Derjenige, der hierdurch in seinem Persönlichkeitsrecht verletzt ist, kann Ansprüche auf Unterlassung, Auskunft und Schadensersatz geltend machen, denn das allgemeine Persönlichkeitsrecht in der Ausprägung der Vertraulichkeitssphäre und des Rechts auf informationelle Selbstbestimmung schützt das Interesse des Kommunikationsteilnehmers daran, dass der Inhalt privater Nachrichten nicht an die Öffentlichkeit gelangt (vgl. Art. 2 I, 1 I GG; § 823 I BGB, Art. 8 I, 10 I EMRK).[169]

---

165 *Pfeifer,* Individualität im Zivilrecht, S. 185. Somit kann es auch in gewissem Umfang ausgetauscht werden, *Götting,* Persönlichkeitsrechte als Vermögensrechte, S. 70 f., 102.

166 *Hubmann,* Das Persönlichkeitsrecht, S. 309.

167 BGH NJW 2003, S. 1727.

168 OLG Hamburg, Beschluss v. 4.02.2013 – Az 7 W 5/13.

169 BGH NJW 2015, S. 782 ff.

Ebenfalls umfasst ist der Schutz vor Zuschreibung von Äußerungen, die die soziale Geltung anderer Personen beeinträchtigen, die der Betroffene jedoch nicht tat.[170] Gleiches gilt für das ungenehmigte, gezielte Aufnehmen eines Gesprächs bzw. das Mithören durch Dritte,[171] insbesondere mit integrierten Mikrophonen, z.B. in Mobilgeräten oder Brillen von *Google.* Im Hinblick auf die Veröffentlichung eines vertraulich gesprochenen und aufgezeichneten Wortes gilt, dass sie nicht per se rechtswidrig ist. Vielmehr hat auch hier eine Gesamtabwägung der widerstreitenden Interessen stattzufinden.[172]

Der BGH[173] und das BVerfG[174] erkennen für das geschriebene und gesprochene Wort ein nach § 823 I BGB geschütztes Persönlichkeitsrecht an. Geschützt wird das vom Menschen gesprochene Wort in seiner Schallgestalt als Ausdruck der Persönlichkeit des Sprechers.[175]

Das Wort nimmt, wenn es geäußert wird, aus dem forum internum des Erklärenden herausgelöst, in geschriebener oder gesprochener Form, Platz im Forum der Außenwelt. Damit ist es zugleich von der Person und ihrer Persönlichkeit getrennt.[176] Dies erkennt auch § 201 StGB an, wenn es das gesprochene Wort gegen das Abhören mit technischen Mitteln und gegen die Fixierung schützt.

Allein der Person, die als Wortschöpfer tätig wurde, steht die Befugnis zu, das Recht am eigenen Wort für eine wirtschaftliche Verwertung zu öffnen oder nicht. Ihr Recht am eigenen Wort stellt sich als ein Ausschließlichkeitsrecht dar, das sich auf ein Rechtsobjekt bezieht, das

---

170 *Palandt-Sprau,* § 823 Rdn. 120.

171 BAG NJW 2010, S. 104

172 LG Köln, Beschluss v. 7.10.2014 – 28 O 433/14 – *Kohl-Protokolle.*

173 BGHZ 31, S. 308, 314. Briefe, Tagebücher, sonstige Schriften und andere Werke können Urheberschutz genießen, wenn sie die Gestaltungshöhe einer geistigen Schöpfung i.S.d. § 2 UrhG erreichen.

174 BVerfGE 34, 238, 246.

175 *Hubmann* differenziert bei dem gesprochenen Wort weiter zwischen Stimme, sprachliche Formulierung, Inhalt und Wortklang, Das Persönlichkeitsrecht, S. 311.

176 Vgl. hierzu die Ausführungen *Poppers* zur Wissenschaftslehre in entwicklungstheoretischer und in logischer Sicht, *„Aber die sprachliche Formulierung bedeutet, dass etwas, was vorher Teil meiner Persönlichkeit, meiner Erwartung [...] war, nunmehr objektiv vorliegt. Der ausgesprochene Satz [...] wird durch die sprachliche Formulierung von meiner Person losgelöst. Sie wir damit unabhängig [...] Sie ist objektiviert.“* Alles Leben ist Problemlösen, S. 22 f.

sich in seiner perpetuierten Form als ein Gegenstand außerhalb von ihr darstellt.

IV. Das Recht an der eigenen Stimme (§ 823 BGB)

Dem Recht am eigenen Wort steht das Recht an der eigenen Stimme thematisch nahe, das erst in jüngster Zeit Beachtung durch die Rechtswissenschaft erfahren hat.[177] Die menschliche Stimme, die sich als durch die Stimmlippen modulierter Schall darstellt, ist wie das eigene Bild ein natürliches Gut, das der Person anhaftet, sie prägt und von anderen Personen unterscheidet.

Als akustisch unmittelbar wahrnehmbar ist die Stimme ein vermittelter Ausdruck der Persönlichkeit, der als Informationsträger eine Kennzeichnungskraft zukommt. Die dem Einzelnen anhaftende Stimme ist eigen und unverwechselbar. Bestehen Ähnlichkeiten zwischen einzelnen Stimmen, so lassen sich diese im Wege von akustischen Messungen unterscheiden. Diese werden z.B. bei der kriminaltechnischen Identifizierung von Personen angewendet.[178]

Die Verbindung, genauer gesagt die Zuordnung, von einer Stimme zu nur einer bestimmten Person, stellt sich in der Praxis als Einfallstor für Verletzungsfälle am Recht an der Stimme dar. So kann zum einen die Konstellation vorliegen, dass eine fehlerhafte Zuordnung von Stimme und Person, etwa bei Filmschauspieler und Synchronstimme, vorliegt. Zum anderen kann die unerlaubte Verwendung einer bestimmten Stimme als Kennzeichen, etwa für Werbezwecke, vorliegen.

So klagte im Jahre 1989 der Sohn des verstorbenen Schauspielers *Heinz Erhardt* mit Erfolg gegen die Nachahmung von Stimme und typischer Redewendungen seines Vaters durch einen Imitator zu Werbezwecken.[179] Das Gericht führte hierzu aus, dass es *Heinz Erhardt* als Künstler gelungen sei, ein unverkennbares allgemein bekanntes Persönlichkeitsprofil zu gewinnen, was auf die ihm eigene sprachliche Darstellung in Wort und Stimmklang zurück ginge.

---

177 *Freitag,* Die Kommerzialisierung von Darbietung und Persönlichkeit des ausübenden Künstlers, S. 150; *Schierholz,* Der Schutz der menschlichen Stimme vor Übernahme und Nachahmung, S. 85 f.

178 BGHSt 34, 39, 47.

179 OLG Karlsruhe AfP 1996, 282; OLG Hamburg GRUR 1989, 666.

Charakteristische Sprachelemente werden als Teil der Persönlichkeit angesehen und verdienen daher den rechtlichen Schutz, wenn es darum geht, *„sie davor zu bewahren, zur Förderung materieller Interessen in der Werbung ausgebeutet zu werden.“*[180] Im Jahre 1979 entschied das LG München einen Fall, bei dem ein Schauspieler Tonträger mit dem *Lied der Deutschen* und dem *Lied der Bayern* besprochen hatte. Dieser klagte gegen die Verwendung beider Aufnahmen in einer Wahlwerbung für die *CSU*.[181]

Im Bereich des Hörfunks entschied die Rechtsprechung, dass ein Anspruch aus § 823 I BGB i.V.m. dem allgemeinen Persönlichkeitsrecht mangels spezialgesetzlicher Grundlage in Betracht kommt.[182] Grund hierfür sei, dass auch der Form der sprachlichen Darstellung in Wort und Stimmklang ein dem § 22 KUG vergleichbarer Schutz zuzusprechen sei.[183] Der Form der sprachlichen Darstellung in Wort und Stimmklang soll allerdings nur dann ein Schutz zukommen, wenn eine nur dem Betroffenen eigene Form der sprachlichen Darstellung in Wort und Stimmklang festzustellen sei.[184]

Die genauere Betrachtung zeigt, dass der Schutz der Stimme drei Aspekte beinhaltet: Den Schutz der Originalität, den Schutz der Vertraulichkeit und den Schutz der Wahrheit des Geäußerten.[185] Rechtlich relevant und schützenswert wird die Stimme dann, wenn das mündlich Geäußerte eine individuelle Entäußerung darstellt und die Schutzschwelle von § 2 II UrhG überschritten ist. Handelt es sich um die Wiedergabe einer individuellen Entäußerung, der etwa ein künstlerischer Charakter zukommt, greift der Schutz gem. §§ 73 ff. UrhG.[186] In diesem Fall ist der Schutzkreis der Originalität tangiert.

Im Hinblick auf Synchronsprecher gilt etwa, dass sie einen Anspruch darauf haben, namentlich im Vor- oder Abspann des Filmwerks

---

180 OLG Hamburg GRUR 1989, 666.
181 LG München, Ufita 87, S. 342.
182 LG München I, Urteil v. 20.12.2006 – Az 9 O 3430/06.
183 OLG Hamburg GRUR 1989, S. 666.
184 LG München I, Urteil v. 20.12.2006 – Az 9 O 3430/06.
185 *Pfeifer* spricht von drei Schutzkreisen, Individualität im Zivilrecht, S. 162.
186 BGH GRUR 1988, S. 308.

genannt zu werden. Der Anspruch leitete sich aus dem im UrhG verankerten Prinzip ab, dass der Urheber das Recht auf Anerkennung seiner Urheberschaft am Werk hat (vgl. §§ 13, 74 I S. 2 UrhG).[187]

Als besonders intensiver Eingriff werden die Aufzeichnung und die Weitergabe, d.h. die Fixierung des Geäußerten durch Aufnahmegeräte, angesehen.[188] Der BGH spricht hier zutreffend plastisch, wenn er für die Tonbandaufzeichnung die Begrifflichkeit „Verdinglichung" des gesprochenen Wortes wählt. In diesem Fall greift der Schutz nach § 823 II BGB, § 201 StGB, der durch das allgemeine Persönlichkeitsrecht ergänzt wird.[189] Hier ist der Schutzkreis der Vertraulichkeit berührt.[190]

Die Untersuchung der vorbenannten Verletzungsfälle zeigt, dass die Stimme des Einzelnen ein natürliches Gut und das Ergebnis einer Tathandlung ist. Erst durch das Zusammenwirken der beiden Stimmbänder im Kehlkopf und den Ansatzräumen erlangt die Stimme ihre Körperhaftigkeit und Objektivierung, durch welche sie für den Urheber und für seine Mitmenschen als Schöpfung wahrnehmbar wird.

Zu diesem Zeitpunkt ist sie bereits von ihrem Schöpfer in die Außenwelt entlassen worden. Somit zeigt sich die Stimme, wie auch das eigene Bild, als Ausdruck der Persönlichkeit des Einzelnen. Die eingesetzte Stimme ist ein von der Person losgelöstes Wesensmerkmal, das durch seine Verdinglichung zum Rechtsobjekt wird und als dieses des Schutzes durch die Rechtsordnung bedarf.[191]

---

187 LG Berlin, Urteil v. 4.11.2014 – Az 15 O 153/14.

188 BGH NJW 1987, S. 2667; BGHSt 14, S. 358, 360.

189 *Pfeifer,* Individualität im Zivilrecht, S. 163.

190 Geht es um den Schutz der Wahrheit des Gesprochenen, so kann die Individualität der Person selbst betroffen sein. Hierzu weiterführend *Pfeifer,* Individualität im Zivilrecht, S. 163 ff.

191 Die Aufzählung ist mit dem Recht am eigenen Bild, Namen, Wort und Stimme nicht als abschließend zu verstehen. Als weitere Ausflüsse der Persönlichkeit können auch der Fingerabdruck, Gesichtskonturen, die Iris und die handschriftliche Signatur angesehen werden. Darüber hinaus wird vom Recht an der eigenen Unterschrift, vom Körper als Werbefläche (Werbe-Tattoo) und vom Recht am eigenen Datenbestand gesprochen.
Zum menschlichen Genom, vgl. *Deutsch,* Haftung für unerlaubte bzw. fehlerhafte Genomanalyse, VersR 1991, S. 1205 ff. Haben diese eine Gegenstandsform angenommen, etwa in Form der Speicherung durch biometrische Messverfahren, so sind auch diese verkörperten Daten verkehrsfähig. Hierzu gehören die biometrischen Reisepässe mit Funkchips (RFID), deren Daten in den Speicherbausteinen

D. Personenbezogene Daten als Gegenstände der Vermarktung

Die Herausstellung von Persönlichkeits- und Identitätsmerkmalen zeigt, dass den Zeichen einer Persönlichkeit ein wirtschaftlicher Wert zukommen kann. Angaben, die Auskunft über eine Person geben, werden verwertbar und zum Gegenstand von Angebot und Nachfrage. Hierunter fallen das Bildnis, der Name, das gesprochene Wort und die Stimme eines Menschen. Sie allesamt geben Auskunft über die dahinterstehende Person und befinden sich mit ihrer Perpetuierung außerhalb vom Identitätsmerkmalträger.[192]

I. Personenbezogene Daten und Persönlichkeitsmerkmale

Im Fortgang der Arbeit soll dargelegt werden, dass es sich bei den der Manifestation zugänglichen Persönlichkeitsmerkmalen um personenbezogene Daten handelt, die zum Gegenstand von Angebot und Nachfrage werden können.

Unterschiedlich fallen dabei die Begrifflichkeiten für die Zeichen aus, die für eine Person und ihre Persönlichkeit stehen. Als personenbezogene Daten, personengebundene Daten,[193] persönlichkeitsbezogene Informationen,[194] persönlichkeitsbezogene Aspekte[195] oder Informationen mit nahem Persönlichkeitsbezug[196] wird bezeichnet, was Auskunft über eine einzelne Person gibt.

Beuthien versteht unter Informationen mit nahem Persönlichkeitsbezug biosoziale Daten, die zum Zwecke der medialen Vermarktung angeboten werden. Als Beispiel werden menschliche Abbilder und schriftliche Aufzeichnungen genannt, die Träger von Informationen

---

kopiert und zur illegalen Einreise missbraucht werden können, *Tinnefeld,* Sapere aude!, NJW 2007, S. 629.

192 Im Hinblick auf künstliche Körperteile, wie z.B. Haarteile und Prothesen, gilt, dass sie Sachen sind. Dagegen sind echte Implantate, z.B. eingepflanzte Herzschrittmacher, die dauerhaft mit dem menschlichen Körper verbunden werden, als Körperteil anzusehen. In der Folge werden sie vom Persönlichkeitsrecht überlagert und verlieren ihre Sacheigenschaft und Eigentumsfähigkeit, vgl. LG Mainz MedR 1984, S. 199 f.

193 BGH NJW 2009, S. 2888 – *Spick mich.*

194 *Biene,* Starkult, Individuum und Persönlichkeitsgüterrecht, S. 11.

195 *Biene,* Starkult, Individuum und Persönlichkeitsgüterrecht, S. 11.

196 *Beuthien/Schmölz,* Persönlichkeitsschutz durch Persönlichkeitsgüterrechte, S. 12.

über die Persönlichkeit sind. Diese werden nach seiner Ansicht von den Mitmenschen zu einem gedanklichen Bild über die Persönlichkeit verarbeitet und zusammengefügt, das sich im Laufe der Zeit erweitere, vergrößere, intensiviere und sich schließlich zu einem öffentlichen Persönlichkeitsbild von einer fremden Persönlichkeit verdichte.[197]

Dieses umfasse den Lebenswandel, berufliche, sportliche und andere Tätigkeiten, wie auch sonstige Ereignisse, die mit der Person, auch ohne ihr Zutun, verbunden sind. Dieses Bündel an Daten, das sich aus Informationen mit einem nahen Persönlichkeitsbezug zusammensetze, sei einer natürlichen Person zugehörig und könne als außerhalb des Identitätsmerkmalträgers und seiner Persönlichkeit befindlich zum Gegenstand von Angebot und Nachfrage im Rahmen medialer Vermarktung werden.[198]

Das Wort, der Name, das Bild und sonstige Informationen, die persönlichkeitsbezogene Aspekte beinhalten, werden als ein marktgängiges Gut angesehen, mit dem sich ganze Wirtschaftszweige beschäftigen.[199] Stets vermitteln die Informationen dabei Wissen, ermöglichen dem Empfänger Unterschiede zu erkennen und sich eigene Bilder und Vorstellungen über Gegebenheiten und Personen zu bilden.[200]

Wird der Fokus auf den Begriff Daten gelegt, so zeigt sich, dass der Gesetzgeber diesen an vielen Stellen verwendet. Im Strafrecht findet er etwa in den Vorschriften §§ 202a, 202b, 202c, 238, 263a, 268, 269, 274, 303a und 303b StGB Erwähnung.

§ 3 I BDSG bringt eine Legaldefinition für personenbezogene Daten. Hierunter werden Einzelangaben über persönliche oder sachliche Verhältnisse einer bestimmten oder bestimmbaren natürlichen Person (Betroffener) verstanden.

Auch Daten, die Aussagen über eine Sache enthalten, können personenbezogen sein. Als persönliche Verhältnisse im Sinne der Norm gelten Angaben über den Betroffenen, seine Identifizierung und Charakterisierung. Hierzu werden gezählt: Familienstand, Geburtsdatum,

197 *Beuthien/Schmölz,* Persönlichkeitsschutz durch Persönlichkeitsgüterrechte, S. 14 ff.
198 *Beuthien,* Was ist vermögenswert, die Persönlichkeit oder ihr Image? NJW 2003, S. 1222 f.
199 *Biene,* Starkult, Individuum und Persönlichkeitsgüterrecht, S. 11.
200 Information rührt aus dem Lateinischen vom Wort informatio her, worunter Abformung, Vorstellung und Deutung. verstanden wird.

Staatsangehörigkeit, Erscheinungsbild, Aussehen, Gesundheitszustand und Überzeugungen.

Werturteile können ebenfalls Angaben über persönliche Verhältnisse sein,[201] wie auch Fotografien,[202] Fingerabdrücke, Röntgenbilder,[203] und/oder Angaben auf einem Fahrtenschreiber.[204]

Personenbezogene Daten können Auskunft über die Beschaffenheit von Identitätsmerkmalen einer natürlichen Person geben.[205] Diese Daten lassen sich auch als biosoziale Daten[206] verstehen. Der Gesetzgeber gibt umfassend vor, welche Daten des Einzelnen schutzbedürftig sind. Diese umfassen inhaltlich, was unter Informationen mit nahem Persönlichkeitsbezug, persönlichkeitsbezogene Aspekte oder persönlichkeitsbezogene Informationen verstanden wird. Zwecks Einheitlichkeit soll im Folgenden die vom Gesetzgeber gebrauchte Bezeichnung von den personenbezogenen Daten verwendet werden.

II. Personenbezogene Daten als Wirtschaftsgüter

Für manifestierte Identitätsmerkmale eines Menschen gilt, dass sie mit der Abtrennung von der Person durch ihre Fixierung verkehrs- und umlauffähig werden.[207] Dabei hängt die Verkehrsfähigkeit eines Gutes faktisch davon ab, ob dem Gut ein Geldwert zukommt. Nur in diesem Fall wird ein Interesse daran bestehen, das Gut gegen Entgelt in den Rechtsverkehr einzubringen. Die Frage, ob ein realisierter Wert,[208] wie personenbezogene Daten, zu einem Wirtschaftsgut mit Geldwert werden kann, vermag hingegen nicht die Rechtsordnung, sondern nur der Markt zu beantworten, denn das Recht kann Wirtschaftsgüter nur regulieren, sie aber nicht erschaffen.[209]

---

201 *Gola/Schomerus,* Bundesdatenschutzgesetz, § 3, Rdn. 6.

202 VG Hamburg, DUD 1981, S. 57.

203 LG Göttingen, NJW 1979, S. 601.

204 BAG, RDV 1988, S. 197.

205 Etwa das Aussehen, der Fingerabdruck und das Röntgenbild, vgl. § 3 I BDSG. Somit beschreiben personenbezogene Daten zugleich auch die Identitätsmerkmale einer natürlichen Person näher.

206 *Beuthien/Schmölz,* Persönlichkeitsschutz durch Persönlichkeitsgüterrechte, S. 14.

207 *Hubmann,* Das Persönlichkeitsrecht, S. 220.

208 *Hubmann,* Das Persönlichkeitsrecht, S. 220 f.

209 Zutreffenderweise kann auch Diebesgut ein Wirtschaftsgut darstellen, *Biene,* Starkult, Individuum und Persönlichkeitsgüterrecht, S. 12.

Güter im ökonomischen Sinn können materielle und immaterielle Gegenstände sein, die zur Bedürfnisbefriedigung geeignet sind. In diesem Zusammenhang stellen sich die personenbezogenen Daten als der Rohstoff dar, der in den Erzeugnissen der Medien verarbeitet wird.[210] Die Nachfrage nach den Medienerzeugnissen durch die Konsumenten und die Werbetreibenden wird durch die Medienunternehmen befriedigt.[211] Indem Medienkonsumenten bereit sind, für den Erwerb der Medienerzeugnisse ein Entgelt zu entrichten, werden die in den Medienerzeugnissen verarbeiteten personenbezogenen Daten zu einem Wirtschaftsgut.[212]

Der Vermögenswert eines Wirtschaftsguts wird hierbei durch unterschiedliche Faktoren bestimmt. Während den freien Gütern,[213] die in beliebiger Menge und ohne Aufwendungen verfügbar sind, kein Tauschwert zukommt, sind wirtschaftliche Güter durch ihre Knappheit gekennzeichnet. Besteht ein vermehrtes Bedürfnis nach einem wirtschaftlichen Gut, so steigt mit der Nachfrage auch sein Vermögenswert. Je mehr von einem Gut zur Verfügung steht, desto geringer wird auch sein Preis.

Wenngleich sich das Zeitalter der Kommunikation durch seine technischen Möglichkeiten zur Reproduktion und Multiplikation von digitalen Daten auszeichnet,[214] so verlangen die Medienkonsumenten doch nach stetig neuen Medienerzeugnissen, die sich erst aus den personenbezogenen Daten gewinnen lassen.[215] Aus der Asymmetrie zwischen den vermehrten Verwendungsmöglichkeiten von umlauffähigen Identitätsmerkmalen auf der einen Seite und ihrer beschränkten Verfügbarkeit auf der anderen Seite, resultiert die Knappheit, die verarbeitete personenbezogene Daten zu einem wirtschaftlichen Gut macht.[216]

---

210 *Biene,* Starkult, Individuum und Persönlichkeitsgüterrecht, S. 12.

211 *Beuthien/Schmölz,* Persönlichkeitsschutz durch Persönlichkeitsgüterrechte, S. 18.

212 Zum Wert von persönlichen Daten vgl. *Wandtke,* Ökonomischer Wert von persönlichen Daten, MMR 2017, S. 7 ff.

213 Auch als öffentliches Gut bezeichnet.

214 *Ahn,* Der vermögensrechtliche Zuweisungsgehalt des Persönlichkeitsrechts, S. 34.

215 Teils wird das Verlangen in dem Interesse an prominenten Gesichtern und Namen gesehen, *Seemann,* Prominenz als Eigentum, S, 21; *Franck,* Ökonomie der Aufmerksamkeit, S. 151.

216 *Ahn,* Der vermögensrechtliche Zuweisungsgehalt des Persönlichkeitsrechts, S. 33.

III. Billigung des entstandenen Vermögenswerts

Es lässt sich konstatieren, dass verarbeitete personenbezogene Daten zu wirtschaftlichen Gütern werden können, denen ein Vermögenswert zukommt. Gleichwohl stellt sich die Frage, ob die Rechtsordnung diesen an den personenbezogenen Daten entstandenen Vermögenswert auch anerkennt, denn nicht alles, was zum Gegenstand von Angebot und Nachfrage werden kann, wird von der Rechtsordnung auch gebilligt.

Eine Ausnahme gilt für die Gruppe res extra commercium.[217] Nach § 90 BGB sind Sachen im Sinne des Gesetzes nur körperliche Gegenstände. Dabei sind Sachen grundsätzlich verkehrsfähig, da sie zum Objekt privatrechtlicher Verpflichtungs- und Verfügungsgeschäfte werden können. Jedoch kann die Verkehrsfähigkeit ausgeschlossen oder eingeschränkt sein, etwa aufgrund der Natur der Sache, durch Widmung für öffentliche Zwecke oder durch die Widmung für kirchliche Zwecke.

Soll hingegen näher bestimmt werden, was gegen die Kommerzialisierung von personenbezogenen Daten spricht, so bedarf es der Anwendung anderer Kriterien, denn die menschlichen Identitätsmerkmale, als immaterielles Gut, verschließen sich der Zuteilung in eine der aufgeführten Kategorien. Die Extrakommerzialität umlauffähiger personenbezogener Daten lässt sich mangels Zuordnung aus diesen Gruppen nicht ableiten.

Teils wird auf § 138 BGB und § 134 BGB rekurriert,[218] denn die dem Einzelnen durch die Rechtsordnung eingeräumte grundsätzliche Befugnis, im Wege der Privatautonomie Rechtsverhältnisse frei zu begründen, inhaltlich zu gestalten und abzuschließen, findet ihre Grenze in den schutzwürdigen Interessen des jeweils anderen Teils. Deshalb wird die Privatautonomie durch zahlreiche zwingende Vorschriften und Verbotsgesetze begrenzt.

Hauptzweck von § 138 BGB ist es, Missbräuchen der Privatautonomie entgegenzuwirken[219] und die Geltung von Rechtsgeschäften zu verhindern, die für die Rechtsgemeinschaft unerträglich sind, weil sie

---

217 *Walzer,* Sphären der Gerechtigkeit, S. 157 ff. Dies gilt z.B. für Menschen, Ehrungen, politische Ämter, Strafjustiz und die Freistellung vom Militärdienst.

218 Vgl. zwecks Übersicht *Ahn,* Der vermögensrechtliche Zuweisungsgehalt des Persönlichkeitsrechts, S. 47.

219 BGH NJW 1998, S. 2531 f.

gegen deren ethische Wertvorstellungen, die sogenannten guten Sitten, verstoßen (§ 138 BGB).[220] Dabei sieht § 138 BGB explizit vor, dass es Güter und Interessen gibt, die ihrem Wesen nach nicht kommerzialisierbar sind.[221] Diese werden auch in einem abgewandelten Sinne als res extra commercium bezeichnet.

Hier ergibt sich die Sittenwidrigkeit aus der Verknüpfung der Verpflichtung zu einem Tun oder Unterlassen gegen Bezahlung eines Entgelts. Unter res extra commercium werden höchstpersönliche Güter und Interessen gefasst, wobei es höchstpersönliche Verhaltensweisen gibt, die nach allgemeiner Rechtsauffassung bereits ihrem Wesen nach einer rechtsgeschäftlichen Bindung nicht zugänglich sind.[222]

In der Rechtsprechung lassen sich zahlreiche Entscheidungen hierzu finden. Als sittenwidrig und nichtig werden z.B. die arbeitsrechtliche Verpflichtung, empfängnisverhütende Mittel zu verwenden,[223] Schmiergeldvereinbarungen,[224] die Vereinbarung eines Schweigegeldes über einen Ehebruch[225] sowie die Verschaffung von öffentlichen Ämtern, Titeln, Orden und/oder staatlichen Auszeichnungen[226] eingestuft.

Die Aufzählung zeigt, dass Bezugspunkt von § 138 BGB stets eine vertragliche Vereinbarung ist. Die Vorschrift bestimmt, wann das Rechtsgeschäft als sittenwidrig und in der Konsequenz als nichtig einzustufen ist. Liegt hingegen kein Rechtsgeschäft vor, so kann mangels Anwendbarkeit der Norm dieser auch kein rechtlicher Bewertungsmaßstab entnommen werden. Dies gilt z.B. in Fällen ungerechtfertigter Bereicherung[227] und des Geldersatzes,[228] wo es des Abschlusses eines Vertrages nicht bedarf.

---

220 Palandt-Ellenberger, § 138, Rdn. 1.

221 Palandt-Ellenberger, § 138, Rdn. 56.

222 Scherner, Allgemeiner Teil, S. 229.

223 BGH NJW 1986, S. 2043.

224 BGH NJW 1962, S. 1099, OLG Hamburg MDR 1970, S. 47; RGZ 86, S. 146 ff.

225 Palandt-Ellenberger, § 138, Rdn. 56.

226 BGH NJW 1994, S. 187 f.; RGZ 86, S. 98 f.

227 Zur Unterscheidung zwischen der Vermarktungsbefugnis und der Vermarktungsfähigkeit menschlicher Identitätskennzeichen und der damit einhergehenden Frage, ob eine Kondiktion erfolgen kann, wenn die Nutzung von Persönlichkeitsmerkmalen nicht nur unbefugt, sondern auch mit einem Gesetzes- oder Sittenverstoß einhergeht, *Magold*, Personenmerchandising, S. 482 f.

228 *Ahn*, Der vermögensrechtliche Zuweisungsgehalt des Persönlichkeitsrechts, S. 48.

Ebenso wenig fruchtbar ist es in diesem Zusammenhang auf § 134 BGB abzustellen.[229] Die Norm ordnet an, dass ein Gesetzesverstoß die Nichtigkeit des Rechtsgeschäfts zur Folge hat, sofern die Auslegung des Verbotsgesetzes nicht zu einem anderen Ergebnis führt. Ein gesetzliches Verbot im Sinne der Norm ist gegeben, wenn ein von der Rechtsordnung seiner Art nach grundsätzlich zugelassenes Rechtsgeschäft wegen seines konkreten Inhalts oder wegen der Modalitäten seines Zustandekommens untersagt wird.[230]

Wie auch § 138 BGB verlangt § 134 BGB für seine Anwendbarkeit, dass ein Rechtsgeschäft vorliegt. Zudem bedarf es eines bereits vorformulierten gesetzlichen Verbots, auf dass Rückgriff genommen wird. Vorliegend geht es aber gerade darum, auf einer Stufe, die der vorbenannten Norm vorgeschaltet ist, zu entscheiden, ob die Rechtsordnung die Billigung des an den personenbezogenen Daten entstandenen Vermögenswertes versagt oder gestattet. Somit hilft § 134 BGB an dieser Stelle nicht weiter.

Andere Ansichten stellen auf die aus Art. 14 GG abgeleitete Eigentumsgarantie als Argument für die Schutzwürdigkeit des Vermögenswertes ab. Jedoch stellt sich hier die Frage, ob aus Art. 14 GG überhaupt Argumente für die Billigung der Kommerzialisierung personenbezogener Daten hergeleitet werden können.[231]

Der in Art. 14 I 1 GG verbürgten Garantie des Eigentums[232] kommt die Funktion zu, dem Träger des Grundrechts einen Freiheitsraum im vermögensrechtlichen Bereich zu sichern und ihm dadurch eine eigenverantwortliche Gestaltung seines Lebens zu ermöglichen.[233] Geschützt wird der konkrete Bestand an vermögenswerten Gütern in der Hand des Eigentümers vor ungerechtfertigten Eingriffen.[234]

---

229 Ebenso *Ahn,* Der vermögensrechtliche Zuweisungsgehalt des Persönlichkeitsrechts, S. 47.

230 *Palandt-Ellenberger,* § 134, Rdn. 5.

231 *Ahn,* Der vermögensrechtliche Zuweisungsgehalt des Persönlichkeitsrechts, S. 47; Götting, Persönlichkeitsrechte als Vermögensrechte, S. 139 f.

232 BVerfGE 68, S. 222 f.

233 BVerfGE 50, S. 339.

234 BVerfGE 68, S. 222.

Als Rechtsinstitut ist das Privateigentum insbesondere durch die grundsätzliche Verfügungsbefugnis über das Eigentum gekennzeichnet.[235] Als ein elementarer Bestandteil der Verfügungsbefugnis ist die Freiheit anzuerkennen, das Eigentum veräußern zu können.[236]

Die Institutsgarantie verbietet es, dass die Sachbereiche der Privatrechtsordnung entzogen werden, die zum elementaren Bestand grundrechtlich geschützter Betätigung im vermögensrechtlichen Bereich gehören[237] und verpflichtet den Staat, das Eigentum im Sinne von Art. 14 GG normativ zu schützen. In diesem Zusammenhang wird auch von der Garantie des Habens gesprochen.[238]

Unter den Schutz von Art. 14 GG fallen grundsätzlich alle vermögenswerten Rechte, die dem Berechtigten von der Rechtsordnung zugeordnet sind.[239] Geschützt sind nur die Rechtspositionen, die einem Rechtssubjekt bereits zustehen.[240] Über die Bedingungen, unter denen die Rechtsordnung dem Einzelnen die vermögenswerten Rechte zuspricht oder versagt, ist hiermit aber nichts gesagt. Der Gesetzgeber kann dem Träger des Grundrechts von Art. 14 GG lediglich den vermögensrechtlichen Bereich sichern, der ihm bereits zusteht.

Somit lässt sich aus Art. 14 GG keine Antwort auf die Frage herleiten, ob denn die Verbindung von personenbezogenen Daten und Vermögenswert überhaupt zulässig ist. Hierbei handelt es sich um eine Wertungsfrage, die geklärt werden muss, und zwar bevor man sich an Art. 14 GG wendet, um die Heranziehung eines subjektiven Rechts für den Schutz des Vermögenswertes zu rechtfertigen.[241]

Vielfach wird in Schrifttum und Rechtsprechung die verfassungsrechtliche Garantie der Menschenwürde als Maßstab für die Wertungsfrage herangezogen.[242] Art. 1 GG als Bekenntnis zur Würde des Menschen und unveräußerliches Menschenrecht ist eine richtungweisende

---

235 BVerfGE 24, S. 389.

236 BVerfGE 79, S. 290.

237 BVerfGE 24, S. 389.

238 *Wendt,* Eigentum und Gesetzgebung, S. 136.

239 BVerfGE 24, S. 389.

240 BVerfGE 20, S. 34.

241 *Götting,* Persönlichkeitsrechte als Vermögensrechte, S. 139 f.

242 So auch *Ahn,* Der vermögensrechtliche Zuweisungsgehalt des Persönlichkeitsrechts, S. 67.

Wertentscheidung und Norm des objektiven Verfassungsrechts, die den obersten Wert[243] und höchsten Rechtswert[244] innerhalb der verfassungsmäßigen Rechtsordnung[245] darstellt.[246] Sie fungiert als tragendes Konstitutionsprinzip des Grundgesetzes und modal ausgerichtete Basisnorm.[247]

Dabei dient die in ihr verankerte Menschenwürdegarantie, die auf den Schutz der elementaren Substanz der menschlichen Persönlichkeit ausgerichtet ist, zugleich dem Schutz von Individualität, Identität und Integrität. Mit dem in Art. 79 III GG enthaltenen Verfassungsrechtssatz, den selbst der Verfassungsgesetzgeber weder materiell ändern noch einschränken kann, wird ein absolutes Recht auf Unterlassung jeden Eingriffs in die dem Menschen um seiner selbst willen zukommenden Würde und auf Schutz gegen Eingriffe Dritter gewährt.

Obgleich die Menschenwürde als intrinsischer und untrennbar mit dem Individuum verbundener Wert dem Einzelnen nicht genommen werden kann, da sie dem Menschen angeboren und folglich unverlierbar ist,[248] so kann doch ihr Achtungsanspruch durch die Kommerzialisierung des menschlichen Daseins verletzt sein. Verletzungen des menschlichen Daseins hat das BVerfG in den Fällen angenommen, bei denen der Name oder andere Identitätsmerkmale von bekannten Personen im Zusammenhang mit Reklame für bestimmte Produkte ohne deren Zustimmung verwendet wurden.[249]

Die Gerichte gehen dabei von der Annahme aus, dass Identitätskennzeichen stellvertretend für die Identität und die Individualität und in der Konsequenz für den Identitätsmerkmalträger selbst stehen, mit

243 BVerfGE 5, S. 85, 204.

244 BVerfGE 45, S. 187, 227.

245 Zur Unterscheidung zwischen der universellen Idee der Menschenwürde als einem moralischen Motiv für verfassungsrechtliche Regelungen und der Menschenwürdegarantie als Staatsfundamentierungsnorm, *Hofmann,* Die versprochene Menschenwürde, S. 369 ff.

246 BVerfGE 45, S. 187, 227. Die fundamentale Bedeutung der Norm lässt sich anhand ihrer exponierten Stellung als an der Spitze der Verfassung stehend erkennen, wie auch an der entschlossenen Formulierung des Antastungsverbots und der Bestandsgarantie nach Art. 79 III, vgl. *Hinrichs,* „Big Brother" und die Menschenwürde, NJW 2000, S. 2173 f.

247 *Höfling,* Die Unantastbarkeit der Menschenwürde, JuS 1995, S. 857 f.

248 OLG Hamm, JZ 1969, S. 269.

249 BGHZ 26, S. 349 ff. – *Herrenreiter;* BGHZ 35, S. 363 ff. – *Ginseng.*

dem sie untrennbar verbunden sind. Folglich haben auch die Identitätsmerkmale (An-)Teil an der Würde des Identitätsmerkmalträgers.

Den Entscheidungen liegen die Bedenken zugrunde, dass mit einer unzulässigen Vermarktung von Identitätsmerkmalen der Identitätsmerkmalträger zum bloßen Kommerzialisierungsobjekt herabgestuft und in seiner Würde verletzt wird.[250] Wenngleich die Entscheidungen im Ergebnis überzeugen können, so stellt sich doch die Frage, in welchen Fällen die Verbindung von personenbezogenen Daten und Vermögenswert gegen die Menschenwürdegarantie nach Art. 1 I GG verstößt und als unzulässig eingestuft werden muss.

Bei der Beantwortung dieser Frage stellt sich schon die Bestimmung der Bedeutung der menschlichen Würde als erste Herausforderung dar. Soll die Würde in Fällen der unberechtigten Verwendung von personenbezogenen Daten tangiert sein, so bedarf es einer positiven Begriffsbestimmung,[251] die zumindest ihre wesentlichen Merkmale aufzeigt. Bei aller Schwammigkeit und Unbestimmtheit des Begriffs von der Menschenwürde wird doch der Eigenwert des Menschen wiederholt als Wesensmerkmal hervorgehoben.[252]

Nach *Kant* wird dieser im Vernunftbesitz und der Selbstbestimmungsfähigkeit[253] begründet, wodurch dem Menschen in der Natur

250 *Schack,* Zur Frage, ob bei postmortaler Verletzung des Persönlichkeitsrechts ein Schadensersatzanspruch des Erben in Betracht kommt, JZ 2000, S. 1060 ff.

251 Bisher war das BVerfG bei der inhaltlichen Bestimmung der Menschenwürde zurückhaltend. Es definiert die Menschenwürde ex negativo, also vom Verletzungsvorgang her, durch die Beschreibung von Verletzungsfällen wie Erniedrigung, Brandmarkung, Verfolgung und Ächtung, BVerfGE 1, S. 97, 104. Hierzu *Riedel,* Gentechnologie und Embryonenschutz als Verfassungs- und Regelungsproblem, EuGRZ 1986, S. 469.

252 Teils wird versucht, die Würde des Menschen als eine besondere Qualität oder Eigenschaft des Individuums zu verstehen, die diesem von seinem Schöpfer oder von der Natur mitgegeben ist, *Dürig,* Die Menschenauffassung des Grundgesetzes, JR 1952, S. 259 ff.

253 Hierzu vertiefend *Huster,* Individuelle Menschenwürde oder öffentliche Ordnung?, NJW 2000, S. 3477 f.

seine einzigartige Stellung zukommt.[254] Diese nur ihm gegebene Fähigkeit[255] verlange die Achtung seines Eigenwerts und eine dieser Fähigkeit gemäße Behandlung des Menschen.[256]

Hiervon ausgehend hat *Dürig* die Objektformel entwickelt, die das bisher bedeutendste Kriterium[257] für die verfassungsrechtliche Menschenwürdegarantie darstellt. Sie besagt, dass die Menschenwürde dann getroffen ist, wenn der Mensch zum Objekt, zu einem bloßen Mittel und zur vertretbaren Größe herabgewürdigt wird.[258] Die Subjektqualität des Menschen ist in Frage gestellt[259] und sein Subjektstatus dann negiert, wenn die seine Subjektivität konstituierenden Fähigkeiten schwer beeinträchtigt werden, oder wenn die ihm als Subjekt gebührende Achtung unterbleibt.[260]

Somit stellt sich die Frage, ob in Fällen der Vermarktung von Identitätsmerkmalen zugleich eine Verneinung der Subjektqualität ihres Trägers zu erkennen ist. Dies scheint nicht zwingend der Fall zu sein.[261]

---

254 Hierzu *Hufen,* Erosion der Menschenwürde?, JZ 2004, S. 313 ff.; *Gern,* Menschenwürde und gute Sitten, NJW 1983, S. 1585 ff.; *Hoerster,* Zur Bedeutung des Prinzips Menschenwürde, JuS 1983, S. 93.

255 Somit wird die Würde als eine Qualität, als eine „Seinsgegebenheit" oder Eigenschaft des Individuums gedacht. Im Unterschied dazu die Gegenthese, die darauf abstellt, dass sich Würde in sozialer Anerkennung durch positive Bewertung konstituiert, *Skinner,* Jenseits von Freiheit und Würde, S. 50 ff. Im Rechtssinne ist Würde dann kein Substanz-, Qualitäts- oder Leistungs-, sondern ein Relations- oder Kommunikationsbegriff; *Giese,* Das Würde-Konzept, S. 73 f., 77.

256 *Kant,* Grundlegung zur Metaphysik der Sitten, S. 54 f.

257 Zu den Schwächen der Formel, die aufgrund ihrer Vagheit und Konkretisierungsbedürftigkeit kritisiert und als Leerformel bezeichnet wird, *Herdegen,* Die Menschenwürde im Fluß des bioethischen Diskurses, JZ 2001, S. 773, 775 sowie *Schopenhauer,* Die Welt als Wille und Vorstellung, S. 412: *„Aber dieser von allen Kantianern so unermüdlich nachgesprochene Satz, man dürfe den Menschen immer nur als Zweck, nie als Mittel behandeln, ist zwar ein bedeutend klingender und daher für alle die, welche gern eine Formel haben mögen, die sie alles fernern Denkens überhebt, überaus geeigneter Satz, aber beim Lichte betrachtet ist es ein höchst vager, unbestimmter, seine Absicht ganz indirekt erreichender Ausspruch, der für jeden Fall seiner Anwendung erst besonderer Erklärung, Bestimmung und Modifikation bedarf, so allgemein genommen aber ungenügend, wenig sagend und noch dazu problematisch ist".*

258 *Dürig,* Der Grundrechtssatz von der Menschenwürde, AöR 81, S. 117, 127.

259 BVerfGE 96, S. 375, 399.

260 *Jaber,* Über den mehrfachen Sinn von Menschenwürdegarantien, S. 232 ff.

261 Zur Dichotomie von Würde und Preis in der Ethik von Kant, Grundlegung zur Metaphysik der Sitten, S. 61: *„Im Reich der Zwecke hat alles entweder seinen Preis*

Der Menschenwürdeschutz nach Art. 1 I GG bezieht sich über die einzelnen Identitätsmerkmale des Subjekts hinaus auf die einheitliche Gesamtheit, also auf die Beschaffenheit des Menschen als Subjekt.[262] Der These, dass die Identitätsmerkmale für die Identität und diese stellvertretend für den Identitätsmerkmalträger steht, lässt sich daher entgegenhalten, dass nicht jedes einzelne Persönlichkeitsmerkmal hinsichtlich der Subjektqualität der Person als solcher von der Gewichtung her gleichgesetzt werden kann. Diese Schlussfolgerung würde zu kurz greifen.

Die Kommerzialisierung einzelner Persönlichkeitsmerkmale berührt die Subjektqualität der Person nicht im selben Maße wie die der Gesamtperson,[263] denn die Persönlichkeit des Einzelnen setzt sich gerade aus der Vielzahl von Identitätskennzeichen zusammen. Von einer gänzlichen Negierung der Subjektqualität des Identitätsmerkmalträgers kann folglich nicht gesprochen werden, denn die Verachtung der Würde kann nicht bereits aus der bloßen Verquickung von Würde und Preis, sondern erst aus der konkreten Gestaltung der Verhältnisse zwischen den beiden bei der Vermarktung resultieren.[264]

Das Menschenwürdeprinzip verlangt die Wahrung der menschlichen Subjektivität, was insbesondere Schutz der körperlichen und seelischen Identität und Integrität meint. Bei der Vermarktung von Identitätsmerkmalen geht es aber nicht um die Kommerzialisierung physischer Körperteile, wie etwa Organe oder körpereigene Substanzen. Hierbei sind die Folgenschwere der Trennung, die Lebensnotwendigkeit und die Regenerierbarkeit zu berücksichtigen.

Anders verhält es sich aber mit den immateriellen Identitätsmerkmalen, die unter Zuhilfenahme von Aufnahmetechniken eine Fixierung erfahren, womit sie von dem Identitätsmerkmalträger abgelöst, isoliert und verdinglicht werden. In diesen Fällen werden das Leben und der Körper des Merkmalträgers aber nicht verletzt. In Ermangelung eines Eingriffs in die körperliche Integrität des Merkmalträgers kann auch

---

oder eine Würde. Was einen Preis hat, an dessen Stelle kann auch etwas anderes, als Äquivalent, gesetzt werden; was dagegen über allen Preis erhaben ist, mithin kein Äquivalent verstattet, das hat eine Würde.“

262 *Discher,* Die Peep-Show-Urteile des BVerfG, JuS 1991, S. 642 ff.

263 *Ahn,* Der vermögensrechtliche Zuweisungsgehalt des Persönlichkeitsrechts, S. 62.

264 *Ahn,* Der vermögensrechtliche Zuweisungsgehalt des Persönlichkeitsrechts, S. 66.

nicht von der Verneinung der Subjektqualität und der Verletzung der Menschenwürdegarantie die Rede sein. Schlussendlich zeigt sich, dass die Verknüpfung von Identitätskennzeichen und Vermögenswert insofern keine Verachtung des Eigenwerts des Menschen bedeutet, als dass die Identitätsmerkmale, unbeachtet ihrer Kommerzialisierung, ihren originären Wert, der mit Geld nicht aufgewogen werden kann, beibehalten.[265]

IV. Zusammenfassung

Die für die Entwicklung eines zivilrechtlich wirksamen Schutzes der Persönlichkeit erfolgte Untersuchung des Begriffs Persönlichkeit zeigt, dass dieser in einzelnen Normen des BGB Erwähnung findet. Gleichwohl ist für den Schutz der Persönlichkeit hiermit nicht viel gewonnen, denn die einzelnen erbrechtlichen Bestimmungen gehen bei der Persönlichkeit von dem noch nicht bestimmten Erben aus. Der Blick auf Art 2 I GG gibt Aufschluss darüber, dass unter der Persönlichkeit im verfassungsrechtlichen Sinne die individuelle personale Identität verstanden wird, die nicht als eine statische, sondern als eine dynamische, sich im Wechselspiel externer und eigener Einflüsse bildende, viele Facetten umfassende Größe aufgefasst wird.[266]

Dem heutigen verfassungsrechtlichen Persönlichkeitsbegriff liegt dabei eine Vorstellung zugrunde, die durch die Erkenntnisse der Geistes- und Rechtsgeschichte der vergangenen 2000 Jahre gespeist wurde. Wird der natürliche Begriff zugrunde gelegt, so wird die Persönlichkeit als mit seelischem Empfinden, Bewusstsein, freiem Willen sowie individuellen geistigen und musischen Anlagen versehenes, humanbiologisches Steuerungssystem des Menschen aufgefasst.

Somit ist die Persönlichkeit ein Bestandteil des lebenden Menschen, unstofflich und für Dritte unmittelbar nicht wahrnehmbar. In der Konsequenz kann sie daher auch nicht der unmittelbare Gegenstand einer Vermarktung sein. Gleichwohl ist zu erkennen, dass eine Vermarktung von Identitätsmerkmalen tatsächlich stattfindet.

Hauptformen der Kommerzialisierung von Identitätsmerkmalen sind in der Werbung, dem Merchandising und in den Erzeugnissen der

---

265 *Lichtenstein,* Der Idealwert und der Geldwert, S. 97 ff.

266 Hierzu oben 1. Teil, 1, Abschnitt, A, II.

Massenmedien zu erblicken. Bei genauerer Betrachtung zeigt sich, dass es sich bei dem Inhalt der Vermarktung stets um Informationen handelt, die Auskunft über den Identitätsmerkmalträger geben. Als typische Identitätsmerkmale eines Menschen zeigen sich das eigene Bild, der eigene Name, das eigene Wort und die eigene Stimme. Ihnen allen gemein ist, dass sie sich als außerhalb und isoliert von der ihr zugehörigen Person und Persönlichkeit darstellen lassen.

Diese Identitätsmerkmale sind von der dahinter stehenden Person und Persönlichkeit losgelöst in die Außenwelt entlassen worden und haben durch die Verquickung mit einem Medium eine Perpetuierung erfahren. Aufgrund des verfassungsrechtlichen Schutzauftrags, der dem Einzelnen das Recht einräumt selbst darüber bestimmen zu können, welche personenbezogenen Daten der Öffentlichkeit Preis gegeben werden, kann sich der betroffene Identitätsmerkmalträger im Falle ihrer unerlaubten Verwendung auf die ihn schützende Normen berufen.

Die einzelnen Persönlichkeitsmerkmale, die aufgrund ihrer Individualität und in ihrer Summe nur einer Person zugehörig sind, haben durch ihre Fixierung und Verdinglichung eine Objektqualität erlangt, durch welche sie zu einem schützenswerten Gegenstand im Rechtssinne und zu einem marktfähigen Verkehrsgut mit Geldwert geworden sind. In diesem Fall ist es die Aufgabe der Rechtsordnung zu bestimmen, wer den wirtschaftlichen Nutzen aus diesen ziehen darf.[267]

267 Hierzu oben 1. Teil, 1, Abschnitt, D, III.

2. Abschnitt

Das Recht am Persönlichkeitsbild im System des Bürgerlichen Rechts

A. Das Persönlichkeitsbild

I. Das Image und Persönlichkeitsbild nach Beuthien

Beuthien hat sich mit der Entscheidung *Marlene Dietrich*[268] kritisch auseinandergesetzt und hierbei den Begriff vom vermögenswerten Image in die rechtswissenschaftliche Diskussion eingebracht. Er stellt die Frage, ob denn der Persönlichkeit oder ihrem Image ein Vermögenswert zukomme. Für *Beuthien* ist der Begriff vom Image thematischer Anknüpfungspunkt und zentraler Untersuchungsgegenstand zugleich, den er für die Entwicklung des Rechts am Persönlichkeitsbild wählt.[269]

Er geht in seiner Arbeit davon aus, dass sich die Persönlichkeitsmerkmale eines Menschen zu einem Persönlichkeitsbild verdichten lassen. Dieses strahle auf die Mitmenschen aus, das sie als die der betreffenden Person wesenseigene Persönlichkeit auffassen.[270] Als unkörperlicher Gegenstand, der sich außerhalb der Person befinde, sei der Persönlichkeitsabdruck – das Image – der Person für die Mitmenschen wahrnehmbar. Unter dem Image wird nach seiner Ansicht das Persönlichkeitsbild eines Menschen verstanden, das sich aus vielen Facetten zusammensetzt. Hierzu gehören etwa der Name, die Sprechweise, die charakteristische Körperhaltung, Gebärden und die Art zu singen.[271]

Da sich die Werbewirtschaft das Image prominenter Personen[272] zu Nutze macht und bereit ist, für dieses Entgelte zu zahlen, fasst *Beuthien*

268 BGHZ 143, S. 214 – *Marlene Dietrich.*

269 *Beuthien,* Was ist vermögenswert, die Persönlichkeit oder ihr Image?, NJW 2003, S. 1220 ff.

270 *Beuthien,* Was ist vermögenswert, die Persönlichkeit oder ihr Image?, NJW 2003, S. 1221.

271 *Beuthien,* Was ist vermögenswert, die Persönlichkeit oder ihr Image?, NJW 2003, S. 1221.

272 Umfasst sind auch Personen, die nicht prominent sind und erst durch ein Ereignis, über das in der Öffentlichkeit berichtet wird, mediale Bekanntheit erfahren, vgl. BGH NJW 2006, S. 605, 607 – *Muttermord.*

es als ein Wirtschaftsgut auf und qualifiziert es als ein vermögensrechtlich schützenswertes (Persönlichkeits-) Gut, das als Recht unter §§ 823 I, 812 I, 678 II und § 1922 BGB fällt.[273]

Bereits in früheren Schriften spricht *Beuthien* vom Persönlichkeitsbild und zeigt auf, wie es zu seiner Entstehung kommt.[274] Er vertritt die Ansicht, dass sogenannte biosoziale Daten über eine natürliche Person wie ihr Name, das Abbild, das gesprochene oder das gedruckte Wort zum Zwecke der medialen Vermarktung angeboten und nachgefragt werden. Dies erfolge dergestalt, dass die Medien eine gedachte Wirklichkeit wiedergeben, die sie durch Sprache und/oder Bilder vermitteln und dadurch auf die Vorstellungswelt ihrer Kunden einwirken.[275]

Vermarktbar ist nach Ansicht *Beuthiens* die *„nach außen wirkende und sich damit von der Person ablösende Persönlichkeitsausstrahlung, mithin der Eindruck, den die Person mittels der ihr wesenseigenen Persönlichkeitsmerkmale auf andere Personen macht.*"[276] Hierbei würden die Daten über die Persönlichkeitsmerkmale der Person, die allgemeine Aufmerksamkeit errege, von den Mitmenschen zu einem Persönlichkeitsbild zusammengefügt. Dieses Persönlichkeitsbild sieht er als den gesellschaftlichen Abdruck an, der von der Öffentlichkeit als stellvertretend für die Persönlichkeit der natürlichen Person aufgefasst wird.

---

273 *Beuthien,* Was ist vermögenswert, die Persönlichkeit oder ihr Image?, NJW 2003, S. 1222.

274 *Beuthien/Schmölz,* Persönlichkeitsschutz durch Persönlichkeitsgüterrechte, S. 14 f., 16 f., 19 ff.; *Beuthien,* Persönlichkeitsgüterschutz vor und nach dem Tode, S. 76 ff. Zum Persönlichkeits- und Lebensbild ab dem Jahr 2008: *Beuthien,* Das Recht am Persönlichkeitsbild, S. 309 ff.; *Beuthien,* Ist das Allgemeine Persönlichkeitsrecht eine juristische Missgeburt?, S. 5 ff., 9 ff.

275 *Beuthien/Schmölz,* Persönlichkeitsschutz durch Persönlichkeitsgüterrechte, S. 16 f.

276 *Beuthien,* Persönlichkeitsgüterschutz vor und nach dem Tode, S. 77.

Obgleich *Beuthien* die Begriffe Image und Persönlichkeitsbild gleichbedeutend verwendet,[277] spricht er doch in den Schriften zum Persönlichkeitsschutz nach dem Jahr 2003[278] nicht mehr vom Image, sondern ausschließlich vom Persönlichkeitsbild.[279] Gleichwohl lassen sich die ab diesem Zeitpunkt getroffenen Ausführungen zum Persönlichkeitsbild als Fortführung und Ergänzungen zum Imagebegriff verstehen,[280] denn nach *Beuthien* verdichten sich – wie auch beim Image – die Vorstellungen Dritter über die Persönlichkeit eines Menschen zu einem Persönlichkeitsbild, das sich zusammensetze aus der Wahrnehmung des Menschen durch Dritte und dem Urteil, das sich diese über seine Person, seine Eigenschaften und Fähigkeiten bildeten.

Die Entstehungsursachen und Bestandteile des Persönlichkeitsbildes sind vielfältig, denn hierzu zählt *Beuthien* all das, was dem Menschen im Laufe seines Lebens seine Einzigartigkeit verleiht und in der Summe allein für ihn steht. Dazu gehörten neben seinen körperlichen, geistigen und seelischen Attributen wie Geschlecht, Alter, Physiognomie auch eigenpersönliche Lebensdaten einschließlich außergewöhnlicher Schicksalsschläge.[281]

Das gesellschaftliche Persönlichkeitsbild ist nach Ansicht von *Beuthien* nicht statisch, sondern dynamisch, da es durch neu erscheinende Persönlichkeitsmerkmale und veränderte Lebensumstände des Identitätsmerkmalträgers fortwährend ergänze, vertiefe und geformt werde.

---

277 Dies wird deutlich, wenn *Beuthien* ausführt: *„Der Persönlichkeitsschutz hat bisher darunter gelitten, dass man nicht hinreichend zwischen der Persönlichkeit als Teil der Person und dem Persönlichkeitsbild im Sinne des Image, das die Person in der Gesellschaft genießt, unterschieden hat,"* *Beuthien,* Was ist vermögenswert, die Persönlichkeit oder ihr Image?, NJW 2003, S. 1222. Weiterführend zum Persönlichkeitsbild gleichbedeutend mit Image, *Beuthien/Schmölz,* Persönlichkeitsschutz durch Persönlichkeitsgüterrechte, S. 14; *Beuthien,* Persönlichkeitsgüterschutz vor und nach dem Tode, S. 77.

278 *Beuthien,* Was ist vermögenswert, die Persönlichkeit oder ihr Image?, NJW 2003, S. 1220 ff.

279 Ausführlich dargelegt bei *Beuthien,* Das Recht am Persönlichkeitsbild, S. 307 ff.

280 *Beuthien,* Das Recht am Persönlichkeitsbild, S. 309.

281 *Beuthien,* Das Recht am Persönlichkeitsbild, S. 310.

„Das Persönlichkeitsbild besteht daher aus dem Gesamteindruck, den der Mensch auf andere macht.“[282] Dies gilt auch für das Image.[283]

An dieser Stelle lässt sich bereits festhalten, dass das Image, das die vielen Facetten der Persönlichkeit eines Menschen in sich birgt, nicht die Person selbst und nicht mit ihr identisch ist. Es befindet sich außerhalb des Identitätsmerkmalträgers, wie auch die verdinglichten Ausflüsse der Persönlichkeit, die durch die Rechtsordnung Schutz erfahren.

Hierzu zählen das angefertigte Bildnis, das als von der Person getrennter und materialisierter Teil über §§ 22 ff. KUG Schutz erfährt; der Name, als ein der Person von außen zugeteiltes Gut, der unter § 12 BGB fällt; das eigene Wort, das in seiner perpetuierten Form von § 823 I BGB und § 201 StGB umfasst wird und die eigenen Stimme, als ein von der Person losgelöstes Wesensmerkmal, die mit ihrer Vergegenständlichung zum Rechtsobjekt wird (§ 823 I BGB, § 201 StGB).

In der Konsequenz stellt sich die Frage, ob das Image, das sich aus den personenbezogenen Daten eines Menschen zu einem unikalen Konglomerat zusammensetzt, für sich ebenfalls den Schutz in Anspruch nehmen kann, der bereits den einzelnen manifestierten Ausflüssen der Persönlichkeit zukommt. Denn diese erst lassen die Bildung eines Persönlichkeitsbildes zu.

Beuthien bejaht dies, weil für ihn das Persönlichkeitsbild die soziale Geltung widerspiegelt, derer der Mensch für die Achtung seiner selbst bedarf. Der verfassungsrechtliche Schutzauftrag nach Art. 2 I, 1 I GG, an dem bereits die einzelnen Ausflüsse der Persönlichkeit partizipieren, gilt erst recht für das Persönlichkeitsbild als die Summe der Persönlichkeitsausflüsse. In der Konsequenz qualifiziert er das Persönlichkeitsbild und Image als Wirtschafts- und Rechtsgut. *„Wird in das Persönlichkeitsbild und mit diesem in die äußere Achtung der Person eingegriffen, so ist damit zugleich in die Persönlichkeit im Sinne der inneren Achtung der Person eingegriffen.“*[284]

---

282 *Beuthien,* Das Recht am Persönlichkeitsbild, S. 309.

283 *Beuthien,* Was ist vermögenswert, die Persönlichkeit oder ihr Image?, NJW 2003, S. 1221.

284 *Beuthien,* Das Recht am Persönlichkeitsbild, S. 311, Rdn. 8.

II. Das Image in der Rechtswissenschaft

Der Begriff vom Image taucht in der Rechtsprechung und in der juristischen Literatur vereinzelt und fragmentarisch auf, ohne hierbei freilich die rechtlich konkrete Bedeutung zu erfahren, mit der *Beuthien* seinen Begriff vom Image und Persönlichkeitsbild auflädt.[285]

Gleichwohl ergeben sich inhaltlich deutliche Übereinstimmungen. So lässt sich in der Literatur[286] unter Image die Feststellung finden, dass es Menschen gibt, die im Laufe ihres Lebens ein über ihr fotografisches Abbild hinausgehendes Bild ihrer selbst erschaffen, das ihre Persönlichkeit widerspiegelt und zu einem verselbständigten Produkt wird. Hierdurch stelle sich eine Anmutung, eine Vorstellung, ein Image ein, das mit Erzeugnissen und Dienstleistungen positiv verbunden werden könne.

Nach einer weiteren Ansicht beschreibt das Image die Summe der Vorstellungen und Meinungen, die Einzelne oder Gruppen von einem Gegenstand, z.B. Unternehmen, Institution, Berufsstand etc. oder von einer Person haben.[287] Images können sich aus mehreren Faktoren zusammensetzen, worunter etwa eigene und fremde Erfahrungen, Wissen und Kenntnisse, das Auftreten und das Erscheinungsbild fallen. Typischerweise agieren die Medien beim Prozess der Imagebildung mit, indem sie Informationen und Meinungen transportieren. (Vor-)Urteile, rationale wie emotionale Komponenten werden in diesem Zusammenhang als tragende Elemente angesehen. Typischerweise wird das Image als veränderliche Größe[288] und als flüchtig[289] betrachtet.

Nach anderer Ansicht stellt das Image das Vorstellungsbild dar, das ein Einzelner oder eine Gruppe über ein Subjekt haben.[290] Es wird als ideell untrennbar mit einer Person verbunden angesehen, das sich aus verschiedenen Details ihres Lebens, z.B. ihren Erlebnissen, öffentlichen Auftritten usw., speist.

---

285 Im Fortgang dieser Arbeit werden die Begriffe Persönlichkeitsbild und Image in derselben Bedeutung verwendet.

286 MüKo-*Rixecker*, Anh. zu § 12, Rdn. 32.

287 *Plaikner,* Das Image der Notare in der Öffentlichkeit, MittBayNot 2002, S. 485.

288 *Plaikner,* Das Image der Notare in der Öffentlichkeit, MittBayNot 2002, S. 485.

289 MüKo-*Rixecker,* Anh. zu § 12, Rdnr. 39.

290 *Pfeifer,* Individualität im Zivilrecht, S. 191.

Die Rechtsprechung spricht dem Image ein konkretes Rechtsschutzziel und den Charakter einer Rechtsfigur ab.[291] Die Unbestimmtheit sowie die ideelle Verbundenheit des Images mit seinem Rechtsträger sollen die Möglichkeit einengen, das Image einer Person vertraglich auswerten zu können.[292]

Rixecker[293] konstatiert, dass sich Probleme bei der Bestimmung der Dauer des Images ergeben, da es entsprechend den Gegebenheiten des Marktes flüchtig sei; manchmal versinke es im Vergessen, manchmal verwandle es sich in Geschichte. Die Nähe zum Urheberrecht erlaube es dennoch, in Analogie zu § 64 UrhG von einem Ende des postmortalen Schutzes materieller persönlichkeitsrechtlicher Interessen nach 70 Jahren auszugehen.[294]

Ein anderes Problem sieht *Rixecker*[295] im Hinblick auf den aus der Menschenwürde folgenden Achtungsanspruch des Verstorbenen: *„Weil das zum Vermögen gewordene Gut Persönlichkeit, das in Abbildungen und anderen Zeichen vergegenständlichte Image, sich nie vollständig von der imaginierten Person zu lösen vermag – die reale Marlene Dietrich bleibt immer Code einer jeden materialisierten Vorstellung von Marlene Dietrich –, unterliegt der Träger der vermögensrechtlichen Bestandteile des Persönlichkeitsrechts der Kontrolle des Trägers seiner immateriellen Gehalte."* Die Erben der materiellen Güter dürften sie daher nur im Einklang mit den von den Wahrnehmungsberechtigten verteidigten immateriellen Interessen, dem Wert- und Achtungsanspruch des Verstorbenen für seine Dauer verwerten.

Ladeur[296] hat sich vertieft mit dem Image in den Medien, insbesondere im Fernsehen, befasst und versucht, es in die Systematik vom Recht am eigenen Bild gem. § 22 KUG einzubetten. Unter Image versteht

291 LG München I, Urteil v. 20.12.2006, Az 9 O 3430/06.

292 Vgl. hierzu aber die sogenannte „moral clause", die dem Vertragspartner des Rechtsträgers das Recht zur außerordentlichen Kündigung, z.B. bei Drogeneskapaden, ermöglichen.

293 MüKo-*Rixecker,* Anh. zu § 12, Rdnr. 39.

294 Hierzu unten 3. Teil, A, III.

295 MüKo-*Rixecker,* Anh. zu § 12, Rdr. 39.

296 *Ladeur,* Persönlichkeitsschutz und „Comedy", NJW 2000, S. 1977 ff.

Ladeur ein Persönlichkeitsbild, das primär in den Massenmedien aufgebaut und von dem Identitätsmerkmalträger[297] mitgestaltet wurde. Nach seiner Ansicht können die Medien ein Image erschaffen, ausbauen und wirtschaftlich verwertbar machen.[298] Dies gelte für die Filmwirtschaft und all jene Produktionsbereiche, für die durch Werbung ein Image erzeugt werden müsse.

Ladeur[299] plädiert dafür, den Schutz des Images von Personen in den Medien nicht mehr dem allgemeinen Persönlichkeitsrecht, sondern als ein quasi-eigentumsrechtlich geschütztes Interesse dem Recht am eigenen Bild zuzuordnen. Dies würde den Vorteil bringen, besser berücksichtigen zu können, ob und wie weit das Image als eine Marke nach den Bedingungen des Mediums aufgebaut worden sei und damit den Verfügungsbedingungen des Mediums ausgesetzt bleiben könnte. Unter Verweis auf § 22 KUG sei das geschützte Recht am eigenen Bild so konzipiert, dass jede bildliche Darstellung, die eine natürliche Person erkennen lässt, davon mitumfasst sein könnte.[300]

Im Einzelfall müsse die Grenze der Verfügbarkeit über die Darstellung einer Person dort gezogen werden, wo es nicht um die Kommerzialisierung des durch die Medien selbst generierten Images ginge, sondern um den Bereich des Privaten, den die Person mit ihrem Verhalten selbst bestimmt.[301] Wer also sein Image über die Medien aktiv aufgebaut habe, müsse es auch hinnehmen, dass er das Schicksal seines Images in gewissem Umfang auch der Verfügungsgewalt der Medien überlassen habe. Derjenige, der bewusst wenig von sich preisgebe, müsse vor Schädigungen seines Images anders geschützt werden als jemand, der sich aktiv in Imagekampagnen in der Presse begeben habe.

Wer ein seriöses Image entwickelt habe, müsse anders behandelt werden als jemand, der selbst das Interesse an seinem Intimleben geweckt habe, dann aber nicht die Regeln der Massenmedien und deren Eigeninteressen akzeptiere, weil sie ihm nicht mehr opportun erschei-

---

297 Hierunter fallen etwa Politiker, Medienakteure, Schauspieler und Sportler, *Ladeur,* Persönlichkeitsschutz und „Comedy“, NJW 2000, S. 1981.
298 *Ladeur,* Persönlichkeitsschutz und „Comedy“, NJW 2000, S. 1979.
299 *Ladeur,* Persönlichkeitsschutz und „Comedy,“ NJW 2000, S. 1980.
300 *Ladeur,* Persönlichkeitsschutz und „Comedy,“ NJW 2000, S. 1980.
301 *Ladeur,* Persönlichkeitsschutz und „Comedy,“ NJW 2000, S. 1981.

nen. Ob die Beeinträchtigung des Images rechtswidrig ist, sei im Ergebnis davon abhängig, ob die Person in den Medien durch ihr Verhalten hierzu selbst Anlass geboten habe.[302]

III. Das Image in den Nachbardisziplinen

Die vorangestellten Ausführungen zeigen, dass es sich bei dem Begriff Image evident nicht um einen genuin rechtlichen Terminus handelt. Daher sollen für das bessere Verständnis im Folgenden die Bedeutungsinhalte offengelegt werden, die dem Image in den wissenschaftlichen Nachbardisziplinen zugesprochen werden.[303]

Das Image, das sich vom lateinischen Wort imago,[304] das Bild, ableitet, ist seit dem Ende des 19. Jahrhunderts in Frankreich und dem angloamerikanischen Sprachraum gebräuchlich und entspricht inhaltlich dem, was zu dieser Zeit in den deutschsprachigen psychologischen Studien unter dem sogenannten Vorstellungsbild verstanden wurde.[305] Während in der Psychologie, insbesondere in der Tradition der sogenannten *Würzburger Schule*, hierunter die Erfassung der Anschaulichkeit von Denkvorgängen und Bewusstseinsinhalten und in *Freuds* Tiefenpsychologie *„eine im Unbewussten existierende typenhafte Vorstellung von realen Personen oder Phantasiegestalten“* aufgefasst wurde,[306] hat das Wort durch die amerikanische Wirtschaftspsychologie in der Absatzforschung eine weitere entscheidende Begriffsprägung erhalten.[307]

Somit wird unter Image die *„Gesamtheit der an einen Gegenstand und/oder Individuen geknüpften Vorstellungen, Emotionen und Wertungen“* verstanden.[308] Im Laufe der letzten 100 Jahre ist der Begriff sodann

---

302 *Ladeur,* Persönlichkeitsschutz und „Comedy“, NJW 2000, S. 1982.

303 Zum Image als transdisziplinärer Begriff der Kulturwissenschaft und zu seiner Bedeutung in der Wissenssoziologie, Kunstgeschichte, politischen Ikonographie und literaturwissenschaftlichen Narrationstheorie, *Kautt,* Das Image, S. 24 f.

304 Im Lateinischen kommen dem Begriff abhängig vom Zusammenhang weitere Bedeutungen zu, wie z.B. Bildnis, Ahnen-, Ab-, Eben-, Schatten-, Traum- und Trugbild, Truggestalt, Echo, Vorspiegelung, Erscheinung, Anblick, Gestalt, Vorstellung und Einbildung.

305 Brachfeld, *Image,* S. 215.

306 Brachfeld, *Image,* S. 215.

307 *Kautt,* Image, S. 14.

308 *Brachfeld,* Image, S. 215.

in den wissenschaftlichen Fächern mit weiteren Bedeutungsinhalten aufgefüllt worden.

Kleining fasst das Image als Vorstellungsbild auf, das Konzept und Metabegriff zugleich ist.[309] Er geht in einem ersten Schritt davon aus, dass die individuelle Persönlichkeit des Menschen als Fundament der Image-Bildung fungiert und nimmt das Image als Konstruktion im Bewusstsein des Einzelnen im Sinne einer individuellen Vorstellung an.[310] *„Verschiedene Personen haben verschiedene Vorstellungsbilder von ein und derselben Sache, und ihre jeweiligen Images sind verschieden, weil sie selbst verschiedene Menschen sind, die mit der Realität auf ihre Weise umgehen."*[311]

Er geht davon aus, dass es sich bei dem Image nicht um eine personenbezogene, sondern um eine gruppenspezifische, andauernde Vorstellung handelt. Folglich spricht er von sogenannten kollektiven Images, die sich als überindividuelle Konstrukte darstellen und sich im Wege wissenschaftlicher Studien typologisieren und charakterisieren lassen. Für ihn stellt sich die Bildung von Image als Prozess und als sogenanntes Sich-ein-Bild-Machen dar; Vorstellungssysteme und Vorstellungsbilder werden als gleichbedeutend mit Image aufgefasst.[312]

Andere Merkmale und Bedeutungsinhalte werden dem Imagebegriff in der Markt- und Konsumforschung zugesprochen. Anknüpfungspunkt ist hier der Konsum in der modernen Gesellschaft. Über die Medien wie Fernsehen, Radio, Zeitungen, Zeitschriften, Internet etc. soll der Rezipient zum Kauf der angepriesenen Produkte und Dienstleistungen motiviert werden. Zwecks Steigerung des Verkaufspotentials wird hier vom sogenannten „public image" von Produkten im Sinne eines Charakters oder einer Persönlichkeit gesprochen, das für den Gesamtstatus und die effektive Vermarktung des Produktes wichtiger sei, als die bloße Nennung der zugehörigen technischen Daten.[313]

309 *Kleining,* Über soziale Images, S. 146.
310 *Kautt,* Image, S. 14.
311 *Kleining,* Über soziale Images, S. 146.
312 *Kautt,* Image, S. 15.
313 *Gardner/Levy,* The Product and the Brand, S. 35.

Im Zentrum der Untersuchung stehe das Vorhandensein des im Alltag etablierten Imagebegriffs. Nutzenorientiert wird der Frage nachgegangen, wie Rezipienten die kommunizierten Images erleben und anschließend handeln. Die Werbung partizipiere in diesem Zusammenhang als ein Element eines verzweigten Image-Komplexes.[314] Auch in der Markt- und Konsumforschung wird der Imagebegriff somit im Sinne von Vorstellung verstanden, wobei sich die Verschiedenheit der Images neben den individuellen Unterschiedlichkeiten der Vorstellungen durch die Verschiedenheit von Gegenstandsbereichen einstellt.[315]

Goffmann versteht unter Image den Rahmen einer Interaktionsordnung und eine Kurzbeschreibung von psychischen und sozialen Systemen.[316] Er fasst das Eingebundensein des Individuums in dem Austausch mit anderen als einen Sachverhalt auf, der eine Imagepflege nahelegt bzw. notwendig macht. Für ihn ist das Image ein positiv sozialer Wert und ein Selbstbild, das andere übernehmen können.

Er verwendet das Image gleichbedeutend mit dem Wort Gesicht, *„denn ein Gesicht ist etwas, das man verlieren kann. – Gesichtsverlust tritt ein, wenn Achtung entzogen wird.“* Das Image wird als in Abstufungen vorhandenes Gut verstanden, das zur Disposition steht und entzogen werden kann.[317] Interaktion zwischen Menschen und wechselseitige Bezogenheit seien Bedingungen für die Bildung von Image.

Nach Ansicht des Historikers *Boorstin* ist die Entwicklung des Images entscheidend durch den Einfluss der modernen Massenmedien und insbesondere durch die bildgebenden Verfahren und der durch sie hervorgerufenen sogenannten graphischen Revolutionen geprägt.[318] Er fasst unter Image sogenannte synthetische Konstruktionen auf, die sich

---

314 Zur Konzeption des Produkt-Images als „three contributing subimages“ bei *Biel*, Converting into Equity, S. 71, das sich als eine Gesamtheit darstellt, zusammensetzt aus: the image of the provider of the product, or corporate image; the image of the user, the image of the product itself.

315 *Kautt*, Image, S. 17.

316 Hierzu *Goffmann*, Interaktionsrituale, S. 10: *„Jeder Mensch lebt in einer Welt sozialer Begegnungen, die ihn in direkten oder indirekten Kontakt mit anderen Leuten bringt. Bei jedem dieser Kontakte versucht er, eine bestimmte Strategie im Verhalten zu verfolgen, ein Muster verbaler und nichtverbaler Handlungen, die seine Beurteilung der Situation und dadurch seine Einschätzung der Teilnehmer, besonders seiner selbst ausdrückt.“*

317 *Kautt*, Image, S. 18.

318 *Boorstin*, Das Image, S. 172 ff.

vor die Realität stellten.[319] Aufgrund ihres Scheincharakters zeigten sie sich als Phantasiebilder, Abbilder, Illusionen und Einbildungen. Als Verbreitungsmedien konstituieren und stabilisieren die technischen Bildmedien den Verblendungszusammenhang, den die Images herstellen.[320]

Die vorbenannten Ausführungen zeigen, dass zwischen dem Image nach *Beuthien* und dem Begriff in den Nachbardisziplinen zahlreiche Übereinstimmungen bestehen. Stets ist die individuelle Persönlichkeit des Menschen Ausgangspunkt für die Bildung von Image. Zudem kommt den modernen Medien beim Prozess der Imagebildung als Vermittler von Informationen über eine Person eine zentrale Rolle zu.

Das Image wird als das Abbild der Persönlichkeit eines einzelnen Menschen verstanden, dass dieser bei seinen Mitmenschen als gesellschaftlicher Abdruck hinterlässt. Zur Bildung eines Images kann es erst dann kommen, wenn die einzelne Person sich in die Gesellschaft begibt und sich ihre Lebensgeschichte mit der ihrer Mitmenschen verstrickt.

IV. Das Persönlichkeitsbild in der Rechtsprechung

Der Blick auf Art. 2 I GG gibt Aufschluss darüber, dass die hier aufgeführte Persönlichkeit nicht gleichbedeutend ist mit der in Art. 2 II GG genannten Person. Was die Persönlichkeit von ihrem Persönlichkeitsbild[321] unterscheidet, soll im Folgenden untersucht werden. Exemplarisch werden zu diesem Zweck Urteile vom BVerfG und BGH dargestellt, in denen sich die Gerichte mit dem Persönlichkeitsbild und seiner Verletzung auseinandergesetzt haben. Hierbei zeigt sich, dass der Begriff vom Persönlichkeitsbild nicht neu ist. Die Rechtsprechung behandelte bereits etwa in der Mitte des 20. Jahrhunderts mediale Vermarktungsformen der Persönlichkeit, die Elemente betreffen, welche unter Beuthiens Begriff vom Persönlichkeitsbild fallen.

So fand im Jahr 1954 das Persönlichkeitsbild in der für das Persönlichkeitsrecht bahnbrechenden Entscheidung *Leserbrief*[322] des BGH Erwähnung. Die beklagte Zeitung veröffentlichte in Zusammenstellung

319 *Boorstin,* Das Image, S. 15, 37.

320 *Boorstin,* Das Image, S. 184–197.

321 Zum Persönlichkeitsbild in der Literatur vgl. *Loschelder,* Verfälschung des Persönlichkeitsbildes in der Kunst, GRUR 2013, S. 14 ff.

322 BGH NJW 1954, S. 1404 ff. – *Leserbrief.*

mit unterschiedlichen Meinungsäußerungen von Lesern einen seitens des Anwalts von *Hjalmar Schacht* zugeschickten Schriftsatz, in dem die Richtigstellung verlangt wurde. Zuvor hatte sich die Tageszeitung kritisch über den Präsidenten der Reichsbank und Wirtschaftsminister der Hitlerzeit *Hjalmar Schacht* geäußert.

Der in der Rubrik *Leserbriefe* veröffentlichte Schriftsatz des Klägers wurde in der Zeitung verkürzt abgedruckt, sodass der Eindruck für die Leserschaft entstand, der Anwalt wolle sich als Privatmann für die Interessen von *Schacht* einsetzen. Der BGH entschied unter Bezugnahme auf den in Art. 1 und 2 GG verankerten Schutz der Persönlichkeit, dass Briefe oder sonstige Aufzeichnungen nicht ohne Zustimmung des noch lebenden Verfassers und nur in der vom Verfasser gebilligten Weise veröffentlicht werden dürften.

In seiner Begründung führte der BGH aus, dass durch die von der Beklagten gewählten Art der Veröffentlichung des Berichtigungsschreibens unter Weglassung wesentlicher Teile des Schreibens die persönlichkeitsrechtlichen Interessen des Anwalts verletzt wurden.[323] Der Kläger hatte in seiner Funktion als von *Hjalmar Schacht* beauftragter Anwalt an die Zeitung lediglich eine Berichtigungsaufforderung gerichtet. Die Beklagte wurde vom Kläger nur dazu ermächtigt, entweder das Schreiben in unverkürzter Form oder unter Beschränkung auf die von ihm verlangte Tatsachenbehauptung unter Klarstellung, dass es sich um ein Berichtigungsverlangen handelt, zu veröffentlichen.[324]

Der BGH argumentierte, dass jede sprachliche Festlegung eines bestimmten Gedankeninhalts Ausfluss der Persönlichkeit des Verfassers sei. Allein dem Verfasser stehe die Befugnis zu, darüber zu entscheiden, ob und in welcher Weise seine Aufzeichnungen der Öffentlichkeit zugänglich gemacht werden. Das Gericht ging davon aus, dass die veränderte Wiedergabe der Aufzeichnung eines Menschen eine Verletzung der Eigensphäre des Verfassers darstelle. Die Unzulässigkeit der Veränderung der Wiedergabe könne aus nicht genehmigten Streichungen und/oder Zusätzen resultieren, die auf eine bestimmte Tendenz beim Verfasser schließen lassen, die dieser nicht zum Ausdruck bringen wollte.

323 BGH NJW 1954, S. 1405 – *Leserbrief.*
324 BGH NJW 1954, S. 1405 – *Leserbrief.*

Im vorliegenden Fall vermittelten die nicht gebilligten Änderungen ein falsches Persönlichkeitsbild vom Kläger in der Öffentlichkeit.[325] Neben die Persönlichkeitsverletzung trat auch der rechtswidrige Eingriff in das Berufsbild des Rechtsanwalts. Die beanstandete Veröffentlichung, die einem großen Personenkreis bekannt gemacht wurde, wurde als fortwirkende Beeinträchtigung gewertet und das auf Widerruf gerichtete Begehren des Klägers vom Gericht unter Berufung auf Art. 2 I GG; § 823 I BGB bestätigt.

In der Entscheidung *Mephisto* im Jahr 1968 klagte der Alleinerbe und Adoptivsohn des verstorbenen Schauspielers *Gustaf Gründgens* gegen die Verbreitung des Buches *„Mephisto – Roman einer Karriere"*, geschrieben von dem Autor *Klaus Mann*.[326] Die in dem Roman vorkommende Person *Hendrik Höfgen* wird als opportunistischer Schauspieler beschrieben, der mit pervers sexuellen Neigungen ausgestattet als egoistischer Mitläufer des nationalsozialistischen Regimes mit allen Mitteln seine Karriere vorantreibt.

Nähere Beschreibungen *Höfgens* hinsichtlich seines Aussehens, sozialen Umfeldes wie auch seines beruflichen Werdegangs als erfolgreicher Schauspieler in der Rolle des *Mephistos* und Intendanten des *Preußischen Staatstheaters* entsprachen bei genauer Betrachtung dem äußeren Erscheinungsbild und Lebenslauf von *Gründgens*.[327]

Der Kläger machte geltend, dass aufgrund der sich aufdrängenden Parallelen der Leser des Romans *Gustaf Gründgens* mit dem betont negativ beschriebenen und mit verächtlichen Bemerkungen versehenen fiktionalen *Hendrik Höfgens* in Verbindung bringen müsse. In der Gesamtschau entstehe hiermit ein *„verfälschtes, grob ehrverletzendes Persönlichkeitsbild von Gründgens."*[328] Das Gericht stimmte dem zu und befand, dass der Roman ein *„negativ verzerrtes verunglimpfendes Charakter- und Lebensbild von Gründgens"* vermittle und eine Schmähschrift in Romanform sei.[329]

---

325 BGH NJW 1954, S. 1405 – *Leserbrief.*
326 BGH NJW 1968, S. 1773–1778 – *Mephisto.*
327 Hierzu vertiefend *Frey,* Die Romanfigur wider Willen, S. 24–35.
328 BGH NJW 1968, S. 1773 – *Mephisto.*
329 BGH NJW 1968, S. 1775 – *Mephisto.*

Für den Einbruch in die Persönlichkeitssphäre *Gründgens* sah es mangels Übereinstimmung des negativ geladenen Charakter- und Lebensbildes von *Höfgen* mit dem von *Gründgens* keine Rechtfertigung. Darstellungen dieser Art müsse der Einzelne nicht hinnehmen, wenn mit ihnen eine Ehrkränkung, Verletzung der Privatsphäre, Entstellung des Lebensbildes und Beeinträchtigung der aktiven Entfaltung der Persönlichkeit einherginge. *Gründgens* genieße dahingehend Persönlichkeitsschutz, dass sein Lebensbild nicht in grober Weise entstellt werde.

Die Entscheidung *Eppler* stellt einen weiteren bekannten Fall dar. Im Jahr 1976 stellte der Beklagte, der Landesverband Baden-Württemberg der *CDU*, seinen Rednern im Landtagswahlkampf einen Rednerdienst mit einer Musterrede zu Verfügung. Diese enthielt die Behauptung, der Beschwerdeführer *Eppler*, der damalige Vorsitzende des Landesverbandes Baden-Württemberg der *SPD*, habe formuliert, man wolle die Belastbarkeit der Wirtschaft prüfen.

Der Beschwerdeführer machte eine Verletzung seines Persönlichkeitsrechts geltend, das er durch die Rechte aus Art. 2 I und Art. 1 I GG gewährleistet sah.[330] Das Gericht stellte hingegen fest, dass weder die Privat-, Geheim- noch die Intimsphäre des Beschwerdeführers verletzt wurden. Die Behauptung wurde auch nicht als Ehrenkränkung oder als unehrenhaft gewertet.[331]

Das Gericht prüfte im Fortgang die Verletzung des Persönlichkeitsbildes *Epplers*, sah dieses aber nicht durch die Behauptung als verfälscht oder als unrichtig vermittelt an. Nach dem Vorbringen wurde ihm eine Äußerung zugeschrieben, die weder gefallen noch hierzu geeignet war.

In diesem Zusammenhang stellte das Gericht klar, dass ein Eingriff in das allgemeine Persönlichkeitsrecht vorliegen könne, wenn jemandem Äußerungen in den Mund gelegt werden, die er nicht getan hat und die seinen von ihm selbst definierten sozialen Geltungsanspruch beeinträchtigen. Dies folge aus dem Gedanken der Selbstbestimmung, denn der Einzelne soll grundsätzlich selbst entscheiden können, *„wie er sich Dritten oder der Öffentlichkeit gegenüber darstellen will“* und ob und

330 NJW 1980, S. 2070 – *Eppler.*
331 NJW 1980, S. 2071 – *Eppler.*

inwieweit von Dritten über seine Persönlichkeit verfügt werden könne.[332]

Zum Schutz des Persönlichkeitsbildes des verstorbenen Wissenschaftlers *Paul Niehans* aufgrund unberechtigter Verwendung seines Namens in einer täuschenden Werbung klagte 1984 dessen Tochter und Alleinerbin.[333] Der 1971 verstorbene *Prof. Dr. med. Paul N.* wurde durch die von ihm entwickelte sogenannte Cellulartherapie berühmt, bei der Frisch- oder Trockenzellen injiziert werden. Die Beklagte, die in München einen Kosmetiksalon betrieb, vertrieb kosmetische Präparate unter der Bezeichnung *„La Prairie"*.

In einer dazu herausgegebenen Werbeschrift war zu lesen: *„Die biologisch aktive Hautpflege-Linie entwickelt nach Erkenntnissen der Frischzellen-Therapie von Professor Dr. med. Paul N."* An anderer Stelle stand: *„Klinik La P – Professor Dr. med. Paul N. Vater der Frischzellen-Therapie"*. *Prof. N.* war hingegen an der Entwicklung der Kosmetikserie *„La P"*, die erst sechs Jahre nach seinem Tod auf den Markt kam, nicht beteiligt. Zudem lehnte er nach Aussage der Klägerin die Anwendung der Frischzellentherapie auf dem Gebiet der Kosmetik stets ab.

Die Prüfung ergab, dass die Präparate keine Frischzellen oder biologisch aktive Zellen enthielten. Die Klägerin hielt die Beklagte nicht für berechtigt, in der Werbung für die Produkte auf *Prof. N.* und die von ihm entwickelte Therapie zu rekurrieren und klagte auf Unterlassung.

Das Gericht entschied, dass die Klägerin zum Schutz des Persönlichkeitsbildes ihres verstorbenen Vaters gem. §§ 823 I, 1004 BGB i.V.m. Art. 1 I GG die Unterlassung der beanstandeten Werbung verlangen kann.[334] Es führte aus, dass der rechtliche Schutz der Persönlichkeit nicht mit dem Tode ende, der Wert- und Achtungsanspruch fortbestehe und das fortwirkende Lebensbild eines Verstorbenen gegen grob ehrverletzende Beeinträchtigungen geschützt werden müsse.[335] Vor dem Hintergrund, dass *Prof. N.* die Anwendung seiner Frischzellentherapie auf Kosmetika stets ablehnte und biologisch aktive Zellen nicht in den

---

332 NJW 1980, S. 2071 – *Eppler.*

333 BGH GRUR 1984, S. 907 – *Frischzellenkosmetik.*

334 BGH GRUR 1984, S. 907 – *Frischzellenkosmetik.*

335 Unter Bezugnahme auf BGHZ 50, S. 133, 137 ff. – *Mephisto.*

Präparaten enthalten waren, wertete das Gericht die Werbung als Täuschung, durch welche das Ansehen von *Prof. N.* und seiner Therapie erheblichen Schaden erleiden könnten.

Es bestehe die Gefahr, dass die Frischzellentherapie als Lebenswerk und medizinisch und wissenschaftliches Erbe von *Prof. N.* in Misskredit gerate; er selbst seine Glaubwürdigkeit verliere und sein Ansehen wie Lebensbild als Wissenschaftler und Person im Kern getroffen werden.

V. Die Darstellung des Einzelnen „im falschen Licht“

Die vorangegangenen Entscheidungen[336] zeigen, dass der Einzelne es nicht dulden muss, durch die Verbreitung unwahrer Tatsachen und/oder das Herstellen nicht gegebener Zusammenhänge unberechtigt in ein sogenanntes falsches Licht gerückt zu werden, mithin die Entstellung seines Persönlichkeitsbildes nicht schutzlos hinnehmen muss.

Was als gebräuchliche Redewendung Eingang in die Alltagssprache[337] gefunden hat, wird von der Rechtsprechung und Literatur unter der Überschrift „Darstellung im falschen Licht“ für die mannigfaltigen Verletzungen des allgemeinen Persönlichkeitsrechts gefasst.[338] Im angloamerikanischen Rechtskreis existiert für derartige Sachverhalte, in denen jemand im weitesten Sinne in ein sogenanntes falsches Licht gerückt wird, der Topos *„placing a person in a false light“*.

Ehmann versteht hierunter *„jede unwahre tatsächliche Behauptung über einen anderen oder eine sonstige unwahre Darstellung seiner Persönlichkeit; grundsätzlich eine rechtswidrige Verletzung des Allgemeinen Persönlichkeitsrechts, auch wenn die Unwahrheit nicht ehrenrührig ist.“*[339] Verletzungen können in diesem Zusammenhang das Persönlichkeitsbild wie auch das Recht am Lebens – und Charakterbild erfahren.[340]

---

336 Als eine weitere Entscheidung zum Persönlichkeitsbild vgl. BGH NJW 1989, S. 2941 ff. – *Attest.*

337 In der Umgangssprache auch als sogenanntes „schlechtes Licht auf jemanden werfen“ zu finden, mit der Bedeutung von schlechtmachen, diffamieren, verteufeln, niedermachen, diskreditieren, abwerten, herabsetzen und demütigen.

338 Vgl. hierzu *Ehmann,* Zur Struktur des Allgemeinen Persönlichkeitsrechts, JuS 1997, S. 198 ff. Exemplarisch fallen folgende Entscheidungen unter diesen Überbegriff: BGH GRUR, 1965, S. 256 ff. – *Gretna Green*; BVerfGE 99, S. 185–202 – *Scientology.*

339 *Ehmann,* Zur Struktur des Allgemeinen Persönlichkeitsrechts, JuS 1997, S. 199.

340 *Degenhart,* Das allgemeine Persönlichkeitsrecht, JuS 1992, S. 365.

Erwähnung finden in diesem Zusammenhang zudem das Daseins- und Berufsbild.[341]

1. Das Lebens- und Charakterbild

Schon der kurze Blick in die Rechtsprechung und die Literatur zum Themenbereich der „Darstellung des Einzelnen im falschen Licht" offenbart einen über die letzten 60 Jahre stetig gewachsenen Fundus, dessen systematische und erschöpfende Aufbereitung diese Dissertation weder beabsichtigt noch zu tragen vermag.

Unterschiedlich fällt bereits die Verortung von Lebens- und Charakterbild aus. So werden diese teils als eigenständige Fallgruppe des allgemeinen Persönlichkeitsrechts qualifiziert[342], zum Teil aber auch als Unterfall des Rechts auf informationelle Selbstbestimmung bezeichnet.[343] Andere Stimmen lehnen die Kategorie ganz ab.[344] Für die Herausarbeitung und Konkretisierung des Persönlichkeitsbildes sollen gleichwohl das Lebens- und Charakterbild vorgestellt werden, denn diese dienen, wie auch das Persönlichkeitsbild, letztlich dem Schutz der Persönlichkeit des Einzelnen. [345]

Grundlegende Ausführungen zum Lebens- und Charakterbild lassen sich bei *Hubmann*[346] und *Ramelow*[347] finden. In seiner für die Anerkennung des Persönlichkeitsrechts in Rechtsprechung und Literatur impulsgebenden Monographie führt *Hubmann* aus: *„Dem Erscheinungsbild im Bereich des Körperlichen entspricht das Lebensbild im Bereich des Geistigen. Es ist das Vorstellungsbild, das der Einzelne auf Grund seines*

341 *Ramelow,* Der Lebensbildschutz, S. 28; *Frey,* Die Romanfigur wider Willen, S. 85.

342 Helle, Besondere Persönlichkeitsrechte im Privatrecht, S. 53.

343 *Degenhart,* Das allgemeine Persönlichkeitsrecht, JuS 1992, S. 361, 365.

344 Kritisch *Kübler,* Perspektiven des Persönlichkeitsschutzes AfP 2007, S. 11.

345 *Schapp* führt zum Lebensbild in seiner Geschichtenphilosophie aus, dass sich der einzelne Mensch über seine individuelle Geschichte seinen Mitmenschen zeige und offenbare, die diese dann zu einem Lebensbild zusammenfügten: *„Das Wesentliche, was wir von den Menschen kennen, scheinen ihre Geschichten und die Geschichten um sie herum zu sein. Durch seine Geschichte kommen wir mit einem Selbst in Berührung. Der Mensch ist nicht der Mensch von Fleisch und Blut. An seine Stelle drängt sich uns seine Geschichte auf als sein Eigentliches"*, *Schapp,* In Geschichten verstrickt, S. 105. Vertiefend zum Geflecht von Zusammenhängen, in denen sich nach *Schapp* der Mensch „verstrickt", *Haas,* Kein Selbst ohne Geschichten, S. 19.

346 *Hubmann,* Das Persönlichkeitsrecht, S. 302.

347 *Ramelow,* Der Lebensbildschutz, S. 1 f, 28 ff.

Lebensschicksals, seiner Erlebnisse, seiner Handlungen und Unterlassungen der Umwelt vermittelt. Es umfasst die Gesamtheit des Lebensablaufs einer Person oder einen wesentlichen Ausschnitt daraus."[348]

An anderer Stelle legt *Hubmann* dar, dass das Lebensschicksal zum Wesen der Persönlichkeit gehöre. Das Lebensbild könne nicht Schutz vor Kenntnisnahme durch Einzelne verlangen, wohl aber einen Schutz vor der Öffentlichkeit, da der Einzelne zur Entfaltung seiner Persönlichkeit der Privatsphäre bedürfe, in der er sich frei von Scheu und Hemmungen entwickeln können müsse.[349]

Ein Eingriff in das Lebensbild liegt nach *Hubmann* in der öffentlichen Darstellung des Lebensschicksals einer Person oder eines wesentlichen Ausschnitts daraus vor. Die Darstellung könne erfolgen in Form eines Romans, einer Biographie, einem wissenschaftlichen Werk, einem Pressebericht, auf der Bühne, im Film, im Rundfunk oder im Fernsehen.[350]

Nach seiner Ansicht ergeben sich die Grenzen des Schutzes des Lebensbildes aus seiner Natur und den Erfordernissen des Gemeinschaftslebens. Das Lebensbild könne nur durch die Wiedergabe von Tatsachen, nicht durch Werturteile, beeinträchtigt werden. Da sich das Lebensschicksal im Kreise von Bekannten und Freunden abspiele, könne die Kenntnisnahme durch sie und auch die Weiterverbreitung in diesem Kreise nicht verboten werden.

Das Lebensbild könne zudem keinen Schutz vor der Öffentlichkeit verlangen, wenn sich das Leben der Person vor den Augen der Öffentlichkeit abspiele, wie dies z.B. bei Personen der Zeitgeschichte sei.[351] Im Übrigen könnten „*Eingriffe in das Lebensbild durch überwiegende Interessen gerechtfertigt werden.*" So dürfe derjenige, der seine Lebenserinnerungen in einem Tagebuch festhalte, auch das Leben der Mitmenschen, soweit es mit seinem eigenen verwoben ist, beschreiben, dagegen sei ihm eine Veröffentlichung nicht ohne weiteres erlaubt.

---

348 *Hubmann,* Das Persönlichkeitsrecht, S. 302 f.

349 *Hubmann,* Die Personendarstellung im Film, UFITA 26, Band 1958, S. 24.

350 *Hubmann,* Das Persönlichkeitsrecht, S. 304.

351 *Hubmann,* Das Persönlichkeitsrecht, S. 305.

Hubmann berücksichtigte auch das in den 60'er Jahren des 20. Jahrhunderts sich einstellende Informationsinteresse der Öffentlichkeit, das von den aufkommenden Medien im Rahmen ihrer öffentlichen Aufgaben bedient wurde. So können nach seiner Ansicht die Massenkommunikationsmittel über Personen der Zeitgeschichte berichten, und zwar nicht nur beschränkt über das Leben, das sich in der Öffentlichkeit zeige, sondern auch über Einzelheiten aus ihrem Privat- und Familienleben, soweit ein berechtigtes Informationsinteresse bestehe. Hingegen könne das bloße Sensations- und Unterhaltungsinteresse keine Berichte aus dem Privat- oder Familienleben von Personen der Zeitgeschichte oder gar anderer rechtfertigen.[352]

Vor dem Hintergrund wissenschaftlichen Interesses könne das Recht am Lebensbild auch Einschränkungen erfahren, wenn z.B. der Historiker zeitgeschichtliche Persönlichkeiten nicht nur in ihrem öffentlichen Leben, sondern auch in ihrem Privat- und Familienleben, soweit die Kenntnis für die Zeitgenossen oder die Nachwelt bedeutsam sei, darstelle.[353] Der Dichter, Drehbuchautor, Schriftsteller etc. wiederum habe die Privatsphäre zu achten, da er nicht darauf angewiesen sei, sie mit dem Bezug auf eine bestimmte Person zu beschreiben. Er dürfe zwar Personen der Zeitgeschichte darstellen, müsse aber die Umstände aus dem Privatleben, mit denen er seine Arbeit ausschmücken will, soweit es sich um allgemeinmenschliche Ereignisse wie Geburt, Hochzeit, Tod handele, frei erfinden.

Nach *Hubmann* wird durch die Einwilligung in die Beschreibung und öffentliche Darstellung des Lebensbildes die Tatbestandsmäßigkeit des Eingriffs beseitigt.[354] Da jeder seine Lebenserinnerungen veröffentlichen und dadurch sein Recht am Lebensbild ausüben könne, könne er sie auch durch andere publizieren lassen. In der Konsequenz liege dann kein Eingriff in das Recht am Lebensbild vor.

Unter Bezugnahme auf die Vorschriften zum Schutz der Ehre, des Namensrechts[355] und auf § 826 BGB[356] konstatiert *Hubmann*, dass diese

---

352 Unter Verweis auf BGH JZ 65, S. 413 – *Gretna Green.*

353 *Hubmann,* Das Persönlichkeitsrecht, S. 306.

354 Unter Bezugnahme auf *Ramelow,* Lebensbildschutz, S. 157 ff., der die Einwilligung als Rechtfertigungsgrund ansieht.

355 RG JW 39, S. 153.

356 OLG Kiel JW 30, S. 80.

auch in ihrer Summe dem Interesse des Einzelnen am Schutz seines Lebensbildes nicht gerecht werden können. Das Lebensbild sei *„ein mit dem Dasein der Person verbundenes und sie individualisierendes Gut"*, das durch das allgemeine Persönlichkeitsrecht des Schutzes bedürfe.[357] Zu Einzelfragen könnten die in den Vorschriften §§ 22 ff. KUG enthaltenen Grundsätze herangezogen werden, mit der Maßgabe, dass die Unterschiede, die sich aus der Natur des Lebensbildes ergeben, zu berücksichtigen seien.[358]

In seiner Dissertation aus dem Jahr 1963 versteht *Ramelow* unter dem Lebensbild die literarische Darstellung der Lebensschicksale, wobei sich das Lebensbild auf das gesamte gelebte Leben beziehe.[359] Wesentlich sei, dass beim Leser, Hörer oder Zuschauer der Eindruck entstehe, es handele sich um die Schilderung eines gelebten Lebens.[360] Dieser müsse ein geistiges Bild von der Persönlichkeit und ihrem Leben vermitteln.[361]

Eine Lebensbildschilderung liege dann nicht vor, wenn lediglich über Einzelvorfälle berichtet werde. Hiervon zu unterscheiden seien die Fälle der sogenannten teilweisen Lebensbildschilderung, die wie eine vollständige Biographie zu behandeln seien. Entscheidend sei, ob wenigstens ein gewisser lebensbildmäßiger Abriss vorhanden sei, der für das Lebensschicksal einer Persönlichkeit irgendwie bemerkenswert sei.

Ramelow schlägt für das Lebensbild folgende Definition vor: *„Das Lebensbild ist ein abgerundetes Bild vom Werden, Wirken und Wesen des Menschen, wie es sich in seinen Handlungen, in der durch ihn gestalteten Umgebung (Familie, Heim, Beruf), in seinen Worten, Gedanken und in den äußeren Ereignissen und Zufällen des Lebens widerspiegelt."*[362]

Vor Anerkennung des allgemeinen Persönlichkeitsrechts wurden als Rechtsgrundlagen für den Schutz des Lebensbildes die Vorschriften

---

357 *Hubmann*, Das Persönlichkeitsrecht, S. 303.

358 *Hubmann*, Das Persönlichkeitsrecht, S. 304.

359 *Ramelow*, Der Lebensbildschutz, S. 28, wobei literarisch hier im weitesten Sinne zu verstehen ist.

360 *Frey* konstatiert, dass sich zu Beginn des 20. Jahrhunderts in der Literatur der Begriff vom Lebens- und Daseinsbild entwickelt hat, *„um das Recht zu bezeichnen, das den betroffenen Raum der Persönlichkeit einer realen Person umschreibt, die künstlerisch verarbeitet wird,"* Die Romanfigur wider Willen, S. 82.

361 *Ramelow*, Der Lebensbildschutz, S. 30 f.

362 *Ramelow*, Der Lebensbildschutz, S. 33.

über das Namensrecht nach § 12 BGB, das Recht am eigenen Bild gem. §§ 22 ff. KUG und § 826 BGB bemüht. Nach seiner Anerkennung[363] als Schutzgut von § 823 I BGB erhält das Lebensbild nach *Ramelow* seinen Schutz durch das allgemeine Persönlichkeitsrecht als „Quell- und Muttergrundrecht".[364]

Da sich der Lebensbildschutz auf das allgemeine Persönlichkeitsrecht gründe, sei vorrangig zu fragen, ob im Einzelfall die Menschenwürde betroffen sei. Der besondere Tatbestand des Lebensbildschutzes sei durch den Begriff des Lebensbildes und die von ihm erfassten besonderen Persönlichkeitsbereiche und durch das besondere Schutzziel dieses Tatbestandes in eigener Art und Weise zu begrenzen.[365]

Als Schutzziel des Lebensbildes sieht *Ramelow* die Persönlichkeit in statischer und dynamischer Sicht an und führt aus, dass das Lebensbild in seiner Fixierung als ein zu einer gewissen Selbständigkeit hin gelangtes Persönlichkeitsgut zu qualifizieren sei, das seinen Schutz durch die Unantastbarkeit der Menschenwürde erhalte. Auch die Freiheit der Entscheidung über die Verwendung des Bildes im gesellschaftlichen Raum könne als maßgebliches Schutzziel angesehen werden.[366] Das Recht auf freie Entfaltung der Persönlichkeit könne betroffen sein, wenn dem Dargestellten durch eine erfolgte Veröffentlichung die Möglichkeit genommen sei, nachträglich selbst über die Veröffentlichung seines Lebensbildes zu verfügen.[367]

Der Schutzgegenstand ist das bereits erwähnte Lebensbild, dessen Schutzbereich wiederum durch die von *Hubmann* herausgearbeiteten Persönlichkeitssphären an Kontur und Definition gewinnt.[368] Diese fallen wie folgt aus: Der innerste Kreis sei bestimmt durch die Gefühlswelt, zu der insbesondere die inneren, seelischen Beziehungen der Menschen zueinander, sowie das Andenken an verstorbene Familienmitglieder oder Freunde und die religiösen Empfindungen gehörten. Die Gefühle

---

363 Vgl. BGH NJW 1954, S. 1405 ff. – *Leserbrief.*
364 *Ramelow,* Der Lebensbildschutz, S. 42, 46.
365 *Ramelow,* Der Lebensbildschutz, S. 52.
366 *Ramelow,* Der Lebensbildschutz, S. 53, unter Verweis auf BGHZ 20, S. 345.
367 *Ramelow,* Der Lebensbildschutz, S. 54.
368 *Ramelow,* Der Lebensbildschutz, S. 55, unter Verweis auf *Hubmann,* S. 268 ff.

seien die geistige Kraft, *Ramelow* spricht gar vom Fundament des seelischen Daseins. Sie bildeten die innere Welt, in die sich der Einzelne zurückziehen und zu sich kommen könne.[369]

Nach *Ramelow* und *Hubmann* wird der zweite Kreis von der Geheimsphäre gebildet. *„Diese bezeichnet denjenigen Bereich der Persönlichkeit, der nur dem Einzelnen selbst zugänglich ist, der seiner eigenen Bestimmung vorbehalten sein muss und den er selbst vor Vertrauten und Freunden und vielleicht sogar dem Ehegatten und den Kindern geheim hält."*[370] Hierzu könnten auch solche Umstände gerechnet werden, die weiteren Personen mitgeteilt werden, wenn diese hierüber Stillschweigen bewahren, ein Geheimhaltungswille also bei allen in Kenntnisgesetzten besteht und der Personenkreis begrenzt und bestimmbar sei.

Der dritte Kreis symbolisiere die Privatsphäre, die all das umfasse, was für das Privatleben einer Person stehe und den größten Persönlichkeitsbereich ausmache.[371] Hierunter werde gezählt, was einzelnen Mitmenschen, nicht aber der breiten Öffentlichkeit, gezeigt werde. Nach *Ramelow* sind darunter zu fassen die Physiognomie, die Kleidung, der Tagesablauf und das Familienleben der Person, *„soweit es dem Besucher-, Freundes-, Verwandten- oder Bekanntenkreis und auch den Nachbarn oder beruflichen Mitarbeitern ohne weiteres zugänglich ist."*[372]

Das Lebensbild sei der Privatsphäre zuzuordnen, weil *„sich die Lebensschicksale in ihren wesentlichen Abläufen dem Mitmenschen von selbst darbieten. Das Lebensbild ist jedoch nicht identisch mit der Privatsphäre, sondern es umfasst mehr als nur diese, da beispielsweise auch die Gefühlswelt und die Geheimsphäre geschildert werden können."*[373]

---

369 Vgl. die Parallelen zu dem in der Rechtsprechung der USA angewendeten Grundsatz „right to be alone by other people", der sich in der deutschen Judikatur in dem sogenannten Recht in Ruhe gelassen zu werden, zeigt, BVerfGE 27, S. 16; BGHZ 131, S. 332, 339. Vgl. hierzu auch die Ausführungen von *Arendt,* The Human Condition, S. 45: *„... the sphere where the necessities of life, of individual survival as well as of continuity of the species, were taken care and guaranteed."*

370 *Ramelow,* Der Lebensbildschutz, S. 56.

371 Zum äußeren Kreis als öffentliche Sphäre, die bei der Berücksichtigung des Bereichs der Zeitgeschichte im Rahmen der Güter- und Interessenabwägung von Bedeutung sein kann, *Ramelow,* Der Lebensbildschutz, S. 61, 105 ff.

372 *Ramelow,* Der Lebensbildschutz, S. 57, unter Bezugnahme auf LG Düsseldorf, NJW 1959, S. 629.

373 *Ramelow,* Der Lebensbildschutz, S. 56.

Nach *Ramelow* kann das Lebensbild im Wesentlichen durch zwei Handlungsformen verletzt werden: Zum einen durch einen Eingriff in die geschützten Persönlichkeitsbereiche und zum anderen durch die Verletzung der Wahrheitspflicht.[374] Ein Eingriff in den geschützten Persönlichkeitsbereich kann sich nach seiner Ansicht insbesondere durch die Indiskretion des Lebensbildes einstellen.[375] Dies setze voraus, dass das Leben einer bestimmten Person in der jeweiligen Darstellung überhaupt erkennbar sei, denn nur dann, wenn die Möglichkeit einer Identifizierung bestehe, lasse sich überhaupt von einer Lebensbildschilderung sprechen.[376]

Maßgebend sei, was der Durchschnittsleser glaube und nicht, was der Verfasser sich vorgestellt habe. *Ramelow* führt aus, dass eine Indiskretion des Lebensbildes grundsätzlich darin liege, dass die im Lebensbild beschriebenen, „*durch das allgemeine Persönlichkeitsrecht geschützten Persönlichkeitssphären, also insbesondere die Privat-, die Geheimsphäre und die Gefühlswelt, einem Kreis zugänglich gemacht werden, den die betreffenden Angelegenheiten nichts angeht.*“[377] Dies sei dann der Fall, wenn Tatsachen aus der Geheim- und Privatsphäre durch die Medien Fernsehen, Funk, Film, Presse und/oder literarische Darstellungen der Öffentlichkeit preisgegeben werden.[378]

Nach *Ramelow* hat der Lebensbildschutz neben dem Schutz bestimmter Persönlichkeitsbereiche auch den Wahrhaftigkeitsanspruch zum Gegenstand. Ausgehend von dem Verständnis, dass unter Wahrheit die Übereinstimmung des Denkens mit dem Sein bzw. die Übereinstimmung der Aussage mit der von der Aussage gemeinten Sache falle, sei eine Lebensbildschilderung dann als wahr anzusehen, wenn sie sich genau an die historischen Tatsachen halte.[379]

---

374 *Ramelow,* Der Lebensbildschutz, S. 62 ff.

375 *Ramelow,* Der Lebensbildschutz, S. 63.

376 *Ramelow,* Der Lebensbildschutz, S. 63.

377 *Ramelow,* Der Lebensbildschutz, S. 66 f.

378 *Ramelow,* Der Lebensbildschutz, S. 62.

379 Weitergehend zur objektiven und historischen Wahrheit sowie zur subjektiven Wirkung der Lebensbildschilderung, *Ramelow,* Der Lebensbildschutz, S. 69 f.

Eine Verletzung des Lebensbildes sei anzunehmen, wenn eine erhebliche Entstellung, eine deutliche Herabsetzung oder eine Verfälschung des ganzen Persönlichkeitsbildes zu konstatieren sei.[380] Entscheidend sei auch hier der Eindruck, der sich beim durchschnittlichen Zuschauer und Leser einstelle. In der Konsequenz stuft *Ramelow* all das, was den Leser, Hörer oder Zuschauer über die Persönlichkeit des Dargestellten zu täuschen vermag, als eine unwahre Darstellung ein, die im Widerspruch zur Rechtsordnung stehe und somit stets die Menschenwürde des Einzelnen verletze.

Hierzu zählt er auch eine Berichterstattung, die unvollständig ist, wenn z.B. durch die Auswahl lediglich negativer Tatsachen ein unrichtiges Persönlichkeitsbild des Betroffenen gezeichnet werde;[381] wenn der Verfasser eines journalistischen Berichts wesentliche Sachverhalte, die ihm bekannt sind, weglasse und dadurch eine Kürzung vornehme, sodass sich beim Leser zwangsläufig ein negatives und entstelltes Bild über die dargestellte Person einstellen müsse; wenn eine Verzerrung des Lebensbildes vorliege, weil *„solche Handlungen und Ereignisse unzutreffend dargestellt werden, aus denen sich die Grundzüge des Charakters und der Lebensschicksale ergeben, die bezeichnend sind für die Entwicklung und den Lebensweg einer Persönlichkeit."*[382]

Zur Rechtfertigung einer Verletzung des Rechts auf Diskretion des Lebensbildes knüpft *Ramelow* an die Verletzungstatbestände der unter § 823 I BGB fallenden Rechtsgüter (Schadensersatzansprüche) sowie an die Verletzungstatbestände nach § 823 I i.V.m. § 1004 BGB an, wenn es um Unterlassungsansprüche geht.[383] Die Rechtswidrigkeit solle dann entfallen, wenn eine Einwilligung vorliege, die ausdrücklich oder durch schlüssiges Verhalten konkludent erteilt werde.[384]

---

380 *Ramelow,* Der Lebensbildschutz, S. 72, unter Verweis auf BGHZ 26, S. 52 – *Conan Doyle.*

381 *Ramelow,* Der Lebensbildschutz, S. 75.

382 *Ramelow,* Der Lebensbildschutz, S. 79.

383 *Ramelow,* Der Lebensbildschutz, S. 156.

384 Zum Umfang und den Grenzen der Einwilligung *Ramelow,* Der Lebensbildschutz, S. 159 ff.

Anders als *Beuthien,* der für die Bestimmung der Rechtswidrigkeit einer Verletzung des Persönlichkeitsbildes den Weg über eine einzelfallbezogene Güter- und Interessenabwägung bestreitet,[385] sieht *Ramelow* die Güter- und Interessenabwägung nicht als Rechtfertigungsgrund an. Ihm dient sie vielmehr zur Feststellung des objektiven Verletzungstatbestandes[386] sowie funktionell als eine dem Persönlichkeitsrecht immanente Schranke. Dazu führt er aus, dass der Schutz einer jeden Persönlichkeit ihre Grenzen an der Schutzwürdigkeit der Persönlichkeit eines anderen finde. Daher finde das Interesse des Einzelnen auf Achtung und Diskretion seines Lebensbildes an der Betätigungsfreiheit des Darstellenden seine Grenze, umgekehrt finde die Freiheit der schöpferischen Leistung eines Lebensbildverfassers ihre Grenzen an dem Persönlichkeitsrecht des Dargestellten.[387]

Ramelow erklärt zu den einzelnen sich gegenüberstehenden Interessen, dass für den Grad der Schutzwürdigkeit persönlicher Interessen das Wesen der Persönlichkeit selbst und die nach unserer Kulturanschauung zukommende hohe sittliche Bedeutung Maßstab seien. Folglich bedürfe es stets der Einzelfallentscheidung, ob und wie weitgehend die Menschenwürde gem. Art. 1 I GG betroffen sei und wie weitgehend diese zugunsten des entgegenstehenden Kollisionsinteresses aufgeopfert werden dürfe.[388]

So richte sich nach seiner Meinung die Schutzwürdigkeit des Lebensbildes danach, wie der Betroffene sich verhalten habe *„Subjektiv verdient derjenige den größeren Schutz, der bewusst sehr zurückgezogen gelebt und es vermieden hat, das Interesse der Öffentlichkeit auf sich zu lenken. Umgekehrt ist die Schutzwürdigkeit desjenigen geringer, der sich bewusst in die Öffentlichkeit gedrängt hat oder innerlich wenigstens nicht abgeneigt ist, die Erlaubnis zu einer Lebensbildschilderung zu erteilen und nur deshalb seine Zustimmung versagt, weil er nicht vorher gefragt worden ist.*[389]

---

385 *Beuthien,* Das Recht am Persönlichkeitsbild, S. 320 ff.

386 *Ramelow,* Der Lebensbildschutz, S. 19, 83.

387 *Ramelow,* Der Lebensbildschutz, S. 83.

388 *Ramelow,* Der Lebensbildschutz, S. 85.

389 *Ramelow,* Der Lebensbildschutz, S. 86.

Das Schutzbedürfnis sei höher zu bewerten, wenn jemand unfreiwillig, etwa als Opfer eines Unfalles oder Verbrechens, zu einer Person der Zeitgeschichte werde, als wenn jemand dies bewusst und gewollt tue, z.B. als Politiker, Wissenschaftler oder Künstler. *„Die persönlichen Interessen desjenigen, der durch sein Verhalten selbst eine ehrlose Gesinnung gezeigt hat, wie z.B. der Rechtsbrecher, werden im allgemeinen geringer zu bewerten sein als die desjenigen Bürgers, der den Gesetzen und der sittlichen Ordnung gemäß gelebt hat."*[390]

Ramelow konstatiert zutreffend, dass die Öffentlichkeit selbst keine Rechtspersönlichkeit und auch keine Handlungsfähigkeit besitze, folglich der Einzelpersönlichkeit eines Menschen nie selbst, sondern stets über das Medium der Publikationsorgane, zu denen er die Presse, Film, Funk und Fernsehen zählt, gegenübertrete. Diese repräsentieren die Öffentlichkeit und tragen durch die Vermittlung von Informationen der Meinungsbildung bei.[391] Zu den dem Lebensbildschutz gegenüberstehenden berechtigten Interessen zählt er neben den Publikationsorganen die Interessen von Kunst und Wissenschaft, das Recht auf freie wirtschaftliche Entfaltung sowie die Interessen von Rechtspflege und öffentlicher Sicherheit.[392]

Zum Verschulden des Verletzers, das wie bei allen Schadensersatzansprüchen als eine weitere Voraussetzung hinsichtlich der Lebensbildveröffentlichung gegeben sein muss, legt er unter Bezugnahme auf § 823 I BGB dar, dass die Indiskretion des Lebensbildes vorsätzlich oder fahrlässig erfolgen muss.[393] Während der Vorsatz nach § 276 I S. 1 BGB zu bejahen sei, wenn der Schädiger mit Wissen und Wollen den rechtswidrigen Erfolg herbeizuführen beabsichtigt, liege Fahrlässigkeit bei demjenigen vor, der nach § 276 II BGB die im Verkehr erforderliche Sorgfalt außer Acht lasse.

---

390 *Ramelow,* Der Lebensbildschutz, S. 86.
391 *Ramelow,* Der Lebensbildschutz, S. 91.
392 *Ramelow,* Der Lebensbildschutz, S. 91–155.
393 *Ramelow,* Der Lebensbildschutz, S. 166.

Für die Bestimmung, wie im Einzelnen die im Verkehr erforderliche Sorgfalt auszusehen habe, differenziert *Ramelow* zwischen den Prüfungspflichten hinsichtlich der Wahrheit und hinsichtlich der Sorgfaltspflichten bei der Güter- und Interessenabwägung.[394]

In Bezug auf die im Verkehr erforderliche Sorgfalt und die Informationspflicht vor Veröffentlichung eines fremden Lebensbildes sei jeder, *„der das Lebensbild eines Anderen oder Teile daraus der Allgemeinheit zugänglich machen will, verpflichtet, sorgfältig zu prüfen, ob und wie weitgehend der Betroffene mit der Veröffentlichung einverstanden ist,"* ob eine Zustimmung überhaupt einzuholen sei, bzw. sich das Recht zur Veröffentlichung aus anderen Gründen ergebe, etwa, weil ein berechtigtes Informationsinteresse der Öffentlichkeit bestehe, des Weiteren, ob die Darstellung den Wahrheitsgrundsätzen genüge.[395]

Die Prüfungspflichten erforderten vom Veröffentlichenden, dass die von ihm publizierten Tatsachen der Wahrheit entsprechen und nicht durch die Art und Weise der Darstellung bei einem Durchschnittsleser ein falsches Bild hervorrufen.[396]

Das Verschulden könne unter Umständen dann entfallen, wenn die Veröffentlichung der unrichtigen Tatsachen im guten Glauben, dass sie richtig seien, erfolgte und der Verfasser sämtliche ihm zur Verfügung stehenden Erkenntnisquellen ausgeschöpft habe.

Prüfungs- und Nachforschungspflichten bestehen nach *Ramelow* hinsichtlich aufgestellter Behauptungen und Tatsachenschilderungen für den Veröffentlichenden auch in Bezug auf die Inhalte, die ihm von anderen Personen zugespielt wurden.[397] Die an Sorgfaltspflichten zu stellenden Anforderungen fielen höher aus, je größer die Gefahr sei, die eine Publikation für den Betroffenen mit sich bringe. Hier seien der Umfang des Leser- und Hörerkreises zu berücksichtigen.[398]

Im Hinblick auf die Sorgfaltspflichten bei der Güter- und Interessenabwägung gelte, dass die Prüfungspflicht für den Veröffentlichenden sich nicht nur bzgl. der Wahrheit, sondern auch dahingehend stelle, ob

---

394 *Ramelow,* Der Lebensbildschutz, S. 169–174.
395 *Ramelow,* Der Lebensbildschutz, S. 168.
396 *Ramelow,* Der Lebensbildschutz, S. 169.
397 *Ramelow,* Der Lebensbildschutz, S. 170.
398 *Ramelow,* Der Lebensbildschutz, S. 172.

sein Interesse bzw. das der Öffentlichkeit an der Veröffentlichung höher zu bewerten sei, als das Interesse des Verletzten auf Diskretion seines Lebensbildes.

Zum Charakterbild finden wir bei *Ramelow*, dass es für die geistige und persönliche Erscheinung des Menschen stehe. Einen eigenen Schutztatbestand könne es dann begründen, wenn es allein ohne die Schilderung äußerer Lebensumstände zur Darstellung gelange.[399]

Konkreter äußert sich *Hubmann* zum Charakterbild. Hierunter fallen der Charakter, das menschliche Innenleben des Menschen, die Untersuchungsgegenstand der Medizin, Psychoanalyse, Kriminalistik und Graphologie seien. Zum Charakterbild zählt er das Triebleben, innere Hemmungen, Komplexe sowie künstlerische und kaufmännische Begabungen.[400] Über den Missbrauch graphologischer Gutachten und psychoanalytischer Untersuchungen sei es möglich, die Persönlichkeit zu beeinträchtigen, indem intimste Sphären des Einzelnen ausgeleuchtet und sodann rechtswidrig preisgegeben würden.[401]

Ebenfalls mit dem Charakterbild haben sich in der Literatur *Wiese*[402] und *Steindorff*[403] beschäftigt. *Wiese* hat sich mit dem Charakterbild, insbesondere im Verhältnis zwischen Arbeitnehmer und Arbeitgeber, beschäftigt. Nach seiner Auffassung dient das Recht am Charakterbild dem Schutz des Menschen vor unbefugter Ausforschung seiner inneren Struktur und Eigenschaften[404] und rechnet es als Persönlichkeitsrecht der Privat- und Geheimsphäre zu.

Hintergrund sei, dass der Arbeitgeber ein berechtigtes Interesse haben könne, die Fähigkeiten und Veranlagungen seines Arbeitnehmers zu kennen, um diesen zielgerichtet einzusetzen. Gleichwohl müssten

---

399 *Ramelow,* Der Lebensbildschutz, S. 29.

400 *Hubmann,* Das Persönlichkeitsrecht, S. 307.

401 Hierunter fällt etwa die Veröffentlichung eines Schriftbildes, *Hubmann,* Das Persönlichkeitsrecht, S. 308; *Huth,* Persönlichkeitsverletzung durch psychologische Darstellung und Beurteilung des Lebens- und Charakterbildes in der Presse, S. 212 f.

402 *Wiese,* Der Persönlichkeitsschutz des Arbeitnehmers gegenüber dem Arbeitgeber, ZfA 1971, S. 273 ff.

403 *Steindorff,* Zivilrechtliche Grundfragen von Bankgeheimnis, Bankauskunft und Persönlichkeitsschutz, ZHR 1985, S. 151 ff.

404 *Wiese,* Der Persönlichkeitsschutz des Arbeitnehmers gegenüber dem Arbeitgeber, ZfA 1971, S. 273 f.

entsprechende Untersuchungen im Arbeitsverhältnis lege artis durchgeführt werden.[405]

Der Einsatz wissenschaftlicher Hilfsmittel in Form von graphologischen Gutachten und psychologischen Tests ermögliche ein tiefes Eindringen in die Persönlichkeitsstruktur des Einzelnen, wodurch Schichten der Persönlichkeit freigelegt würden, die sonst verborgen und nicht allgemein zugänglich seien. Das grundrechtlich verankerte Selbstbestimmungsrecht des Menschen verleihe ihm jedoch die Befugnis, frei darüber zu entscheiden, ob und wie ein Ausleuchten seiner Persönlichkeit mit Mitteln, die *„über jedermann zur Verfügung stehende Erkenntnismöglichkeiten hinausgehen, gestalten will.*“[406]

Daher sei die Anfertigung graphologischer Gutachten ohne Einwilligung des Arbeitnehmers grundsätzlich unzulässig. Eine Persönlichkeitsverletzung liege spätestens dann vor, wenn der Arbeitgeber die über seinen Arbeitnehmer angefertigten wissenschaftlichen Gutachten veröffentliche oder verbreite, indem er sie z.B. zur Personalakte lege, die anderen Angehörigen des Betriebes zugänglich sei.

Wiese konstatiert, dass es Aufgabe des Arbeitgebers sei, neben dem Schutz des Arbeitnehmers vor Gefährdung von Leben, Körper und Gesundheit, auch die ideellen Interessen und damit die Persönlichkeit des Arbeitnehmers zu schützen. Im Arbeitsverhältnis werde die Persönlichkeit des Arbeitnehmers durch das Recht am Charakterbild geschützt, das als eine weitere Fallgruppe flankierend neben dem Recht am eigenen Bild, an der eigenen Stimme, der Ehre, dem Recht auf Achtung des Privatlebens und dem Recht an der Geheimsphäre trete.[407]

Steindorff ist der Ansicht, dass die Verbreitung des in Worte gefassten Charakterbildes einer natürlichen Person von § 22 KUG erfasst werde. Vorbehaltlich § 23 KUG sei es verboten, ein Charakterbild zu verbreiten, wobei es nicht darauf ankomme, ob das generierte Bild zu-

---

405 Wiese, Der Persönlichkeitsschutz des Arbeitnehmers gegenüber dem Arbeitgeber ZfA 1971, S. 292.

406 Wiese, Der Persönlichkeitsschutz des Arbeitnehmers gegenüber dem Arbeitgeber ZfA 1971, S. 292.

407 Wiese, Der Persönlichkeitsschutz des Arbeitnehmers gegenüber dem Arbeitgeber ZfA 1971, S. 317.

träfe oder unzulässig sei. Das Urteil über die Kreditwürdigkeit einer Person sei ein solches Charakterbild.[408] Auch er hebt auf das durch die Verfassungsrechtsprechung maßgeblich geprägte privatrechtliche Persönlichkeitsrecht ab und stellt auf das Selbstdarstellungsrecht des Einzelnen ab, dass die Verbreitung jedes Urteils durch einen anderen ausschließt, wenn sie nicht vom Beurteilten erlaubt oder kraft Rechtsnorm zulässig ist.

Steindorff meint, dass dieser Umstand dann eine wichtige Rolle spiele, wenn vor der Einstellung eines Arbeitnehmers eine dritte Person vom Arbeitgeber um eine Beurteilung gebeten werde, um was für eine Person es sich bei dem Bewerber handele. Diesen Beurteilungen könne die Wirkung einer Vorverurteilung gleichkommen.[409]

In der Konsequenz bedürfe der Beurteilte daher des absoluten Schutzes, wie § 22 KUG ihn biete. Gleiches gelte für die Kreditauskunft über eine Person, die schwerwiegende Folgen mit sich bringen könne, wie die Beurteilung anlässlich einer Arbeitsplatzsuche. Ein Verbreiten sei z.B. dann anzunehmen, wenn eine Bank sich bereit erkläre, Auskünfte über eine Person an Dritte zu erteilen.

2. Das Recht über die Darstellung der eigenen Person

Für die Medien, respektive Journalisten, kann es von Interesse sein, die Namen von Tätern, Opfern, Betroffenen, Zeugen etc. zu nennen. Dieses Vorgehen kann aber auf den Widerwillen der genannten Personengruppen stoßen, weil sie nicht in identifizierbarer Weise an die Öffentlichkeit gezerrt werden wollen. Hierbei zeigt sich deutlich das Spannungsverhältnis zwischen Persönlichkeitsrecht und Informationsinteresse.

Das Verfügungsrecht über die Darstellung der eigenen Person ist tangiert, wenn es um die zutreffende Behauptung von Tatsachen geht, gegen die der Betroffene unter dem Aspekt des Wahrheitsschutzes zwar nicht vorgehen kann, er aber geltend macht, dass die Angaben über seine Person niemanden etwas angehen.[410]

---

408 *Steindorff,* Zivilrechtliche Grundfragen von Bankgeheimnis, Bankauskunft und Persönlichkeitsschutz ZHR 1985, S. 155.

409 *Steindorff,* Zivilrechtliche Grundfragen von Bankgeheimnis, Bankauskunft und Persönlichkeitsschutz ZHR 1985, S. 155.

410 *Prinz/Peters,* Medienrecht, S. 94 ff.

Grundlegend für die Bewertung, ob und inwieweit bestimmte Ereignisse aus dem Leben eines Betroffenen publik gemacht werden dürfen, ist die Entscheidung *Lebach* des Bundesverfassungsgerichts.[411] In dieser wird ausgeführt, das Persönlichkeitsrecht sichere jedem einen autonomen Bereich privater Lebensgestaltung, in dem die eigene Individualität entwickelt und gewahrt werden könnte. Hierzu gehöre auch das Recht, in diesem Bereich für sich zu sein und sich selber zu gehören sowie ein Eindringen oder einen Einblick durch andere auszuschließen.

Es umfasse das Recht am eigenen Bild, am gesprochenen Wort und das Verfügungsrecht über die Darstellung der Person, denn jedermann dürfe grundsätzlich selbst und allein bestimmen, ob und inwieweit andere sein Lebensbild im ganzen oder bestimmte Vorgänge aus seinem Leben öffentlich darstellen dürfen.[412] Das BVerfG stellte auch klar, dass der Einzelne indes keinen Anspruch darauf habe, nur so von anderen dargestellt zu werden, wie man sich selbst sieht oder gesehen werden möchte.[413]

Nach Ansicht des BVerfG steht nicht der gesamte private Bereich unter dem absoluten Schutz des Persönlichkeitsrechts des Grundgesetzes: *„Wenn der einzelne als ein in der Gemeinschaft lebender Bürger in Kommunikation mit anderen tritt, durch sein Sein oder Verhalten auf andere einwirkt und dadurch die persönliche Sphäre vom Mitmenschen oder Belange des Gemeinschaftslebens berührt, können sich Einschränkungen seines ausschließlichen Bestimmungsrechts über seinen Privatbereich ergeben, soweit dieser nicht zum unantastbaren innersten Lebensbereich gehört.“*[414]

Treffen das Persönlichkeitsrecht und die Medienfreiheit aufeinander, bedarf es der Abwägung. Nach dem Willen der Verfassung sind die Verfassungswerte gleichwertig, denn beide sind essentielle Bestandteile der freiheitlichen, demokratischen Grundordnung des Grundgesetzes. Das Menschenbild des Grundgesetzes und die ihm entsprechende Ge-

---

411 BVerfG NJW 1973, S. 1226 – Lebach.

412 BVerfG NJW 1973, S. 1226 ff. – *Lebach.*

413 BVerfGE 97, S. 149. Erst Recht könne nicht von einem Anspruch gesprochen werden, von anderen so gesehen zu werden, wie man sich selbst sieht oder wie man gesehen werden möchte, hierzu *Britz,* Freie Entfaltung durch Selbstdarstellung, S. 45.

414 BVerfG NJW 1973, S. 1226, 1229 – *Lebach.*

staltung der staatlichen Gemeinschaft verlangten sowohl die Anerkennung der Eigenständigkeit der individuellen Persönlichkeit wie auch die Sicherung eines freiheitlichen Lebensklimas, die ohne freie Kommunikation nicht denkbar wäre.[415]

Ebenfalls als wegweisend zum Selbstbestimmungsrecht in der Rechtsprechung des Bundesverfassungsgerichts ist die Entscheidung *Eppler* anzusehen. In ihr wird ausgeführt, dass dem Schutz des allgemeinen Persönlichkeitsrechts der Gedanke der Selbstbestimmung zugrunde liegt. Das Bundesverfassungsgericht bestimmt: *„Der Einzelne soll – ohne Beschränkung auf seine Privatsphäre – grundsätzlich selbst entscheiden können, wie er sich Dritten oder der Öffentlichkeit gegenüber darstellen will, ob und inwieweit von Dritten über seine Persönlichkeit verfügt werden kann, dazu gehört im besonderen auch die Entscheidung, ob und wie er mit einer eigenen Äußerung hervortreten will.“*[416]

Das Recht über die Darstellung der eigenen Person gestatte es dem Einzelnen, selbst zu bestimmen, ob er das Eindringen in seinen privaten Lebensbereich anderen gestatte oder diesen untersage, was folglich jede Art von Berichterstattung in den Medien ausschließe.[417] So muss es beispielsweise die Frau eines prominenten Politikers nicht hinnehmen, dass über angebliche Scheidungsabsichten berichtet wird. Gleiches gilt für einen Anwalt, der verlangen kann, dass im Zusammenhang mit seiner beruflichen Tätigkeit sein Name nicht in den Medien genannt wird, auch wenn es um das Thema *Scientology* geht und er in der Vergangenheit Anhänger von *Scientology* vertreten hat.[418]

Hingegen ist das Interesse eines Journalisten nicht darin schutzwürdig, den Namen eines Beteiligten zu nennen, um exemplarisch ein Beispiel schildern zu können. Er muss folglich auf die Namensnennung verzichten, denn die Identität von Akteuren und Opfern ist regelmäßig unerheblich.

Aufgrund des Verfügungsrechts über die Darstellung der eigenen Person muss es aber grundsätzlich niemand hinnehmen, dass er von

---

415 *Prinz/Peters,* Medienrecht, S. 95.
416 BVerfG 1980, S. 2070, 2071 – *Eppler.*
417 *Prinz/Peters,* Medienrecht, S. 98.
418 LG Berlin, AfP 1997, S. 938 f.

Dritten gegen seinen Willen für deren Zwecke in der Werbung eingespannt wird.[419] Bei Straftätern sind der Umfang und die Reichweite des Verfügungsrechts über die Darstellung der eigenen Person ein häufig anzutreffendes Problem.[420] Hier gilt, dass die Berichterstattung zulässig ist, also keine Persönlichkeitsrechtsverletzung auf Seiten des Täters anzunehmen ist, wenn sich die Schwere der Tat gerade von der gewöhnlichen Kriminalität abhebt. Es darf also etwa über die Ermittlungen der Polizei, das Ermittlungsverfahren der Staatsanwaltschaft und das Gerichtsverfahren berichtet werden.[421]

Das Verfügungsrecht über die Darstellung der eigenen Person gilt auch für die Darstellung des eigenen Lebens- und Charakterbildes.[422] So muss es etwa eine Schauspielerin nicht hinnehmen, dass in einem Roman geschrieben wird, sie hätte im Hotel *Adlon* die Personen *Göring* und *Goebbels* getroffen und mit ihnen am Tisch gesessen, obwohl dies nicht zutrifft.[423]

3. Das Recht auf informationelle Selbstbestimmung

Ehmann[424] versteht unter dem allgemeinen Persönlichkeitsrecht die Befugnis des Einzelnen, innerhalb eines abzusteckenden Rechtsraums selbst bestimmen zu können, ob und welche Informationen über ihn erhoben und verbreitet werden dürfen. Die rechtliche Stütze hierfür stellt Art. 2 I i.V.m. Art. 1 I GG dar. Dort ist verankert, dass das Recht auf freie Entfaltung der Persönlichkeit auch die Freiheit umfasst, für sich allein in einer persönlichen, engen Lebenssphäre unbeobachtet von Augen anderer verbleiben zu dürfen.

Der Einzelne hat das Recht, Dritte hiervon auszuschließen und selbst zu bestimmen, was aus seiner Sphäre in die Außenwelt vordringt. Der Schutz vor Indiskretion, vor Erhebung und Verwertung von Infor-

---

419 BGH, NJW 1959, S. 1269 f. – *Caterina Valente.*

420 *Vacca,* Im Namen der Medien ergeht folgendes Urteil, Jura 2013, S. 600 f.

421 *Prinz/Peters,* Medienrecht, S. 99.

422 BGH NJW 1968, S. 1773 – *Mephisto.*

423 LG Hamburg, Urteil vom 23.12.1997 – 324 O 581/97.

424 *Ehmann,* Zur Struktur des Allgemeinen Persönlichkeitsrechts, JuS 1997, S. 196.

mationen aus dem persönlichen Bereich sind im Recht auf freie Entfaltung mit angelegt.[425] Hieraus fließt das Recht auf Selbstbestimmung hinsichtlich der Darstellung der eigenen Person in der Öffentlichkeit und auf Schutz des personalen Geltungsanspruchs.[426]

Die persönliche Entfaltungsfreiheit terminiert den Persönlichkeitsschutz gegenüber Indiskretion, dem Zwang zur Offenlegung privater Angelegenheiten, der Verbreitung von Informationen aus dem persönlichen Bereich gegen den Willen des Betroffenen und die Erhebung, Sammlung und Verwertung personenbezogener Daten.

Das BVerfG entschied jüngst in diesem Zusammenhang, dass das allgemeine Persönlichkeitsrecht mit dem Schutz der Privat- und Intimsphäre das Recht schütz, selbst darüber befinden zu können, ob und in welcher Form Einblicke in die Intimsphäre und das eigene Geschlechtsleben gewährt werden. Dieses Recht umschließe das Recht, geschlechtliche Beziehungen zu einem bestimmten Partner nicht offenbaren zu müssen.[427]

Das allgemeine Persönlichkeitsrecht versetze den Träger auch in die Position, seine Augen nicht auf sich selbst richten zu müssen. So schütze es das Interesse des Einzelnen, nicht mehr über seine genetischen Eigenschaften wissen zu müssen, als er selbst will.[428] Die Aufgabe des allgemeinen Persönlichkeitsrechts ist es, im Sinne des obersten Konstitutionsprinzips der Würde des Menschen, die engeren persönlichen Lebenssphären und die Erhaltung ihrer Grundbedingungen zu gewährleisten, die sich durch die Freiheitsgarantien nicht umfassend erfassen lassen; diese Notwendigkeit besteht auch im Hinblick auf moderne Entwicklungen und die mit ihnen verbundenen neuen Gefährdungen für den Schutz der menschlichen Persönlichkeit.[429]

Die genetische Konstitution präge die Persönlichkeit des Einzelnen und bestimme wesentliche Rahmenbedingungen seiner Existenz, stellte das BVerfG fest. Die Kenntnis von Erbanlagen, insbesondere genetisch

---

425 *Degenhart,* Das allgemeine Persönlichkeitsrecht, Art. 2 I i.V.m. Art. 1 I GG, JuS 1992, S. 361.

426 Siehe BVerfGE 54, S. 148; 54, S. 217f. Hier tritt der Bezug zur Menschenwürdegarantie des Art. 1 I GG deutlich hervor, s. BVerfGE 75, S. 378.

427 BVerfG, Beschluss v. 24.02.2015, Az BvR 472/14.

428 BGH NJW 2014, S. 2190 ff.

429 BVerfGE 79, S. 256, 268.

bedingten Krankheitsanlagen, können maßgeblichen Einfluss auf die Lebensplanung und Lebensführung einer Person haben und berühren deshalb unmittelbar ihr in Art. 2 I GG gewährleistetes Selbstbestimmungsrecht.[430]

Das allgemeine Persönlichkeitsrecht umfasse somit auch das Recht des Nichtwissens der eigenen genetischen Veranlagung, das den Einzelnen davor schütze, Kenntnis über ihn betreffende genetische Informationen mit Aussagekraft für seine persönliche Zukunft zu erlangen, ohne dies zu wollen.[431]

Degenhart zählt das Recht auf informationelle Selbstbestimmung mit seiner ihm eigenen Schutzwirkung zu einer dem allgemeinen Persönlichkeitsrecht unterfallenden Fallgruppe,[432] das bei Eingriffen durch den Staat Anwendung findet. Die grundrechtliche Situation ist hierbei dadurch gekennzeichnet, dass der Staat ein Interesse daran hat, über den einzelnen Bürger Informationen zu erlangen, die dieser unter Berufung auf sein Selbstbestimmungsrecht nicht preisgeben will. Dies ist dann der Fall, wenn das hoheitliche Interesse darauf ausgerichtet ist, in den Besitz von personenbezogenen Daten des Bürgers zu kommen, die dieser typischerweise als geheim einstuft und seiner Privatsphäre zurechnet.

In diesem Zusammenhang taucht vielfach die Frage nach der Zulässigkeit der staatlichen Erstellung und Weitergabe von Persönlichkeitsprofilen auf. Wenngleich staatliche Einzelakte der Informationssammlung für sich genommen noch keine Verletzung der Menschenwürde darstellen müssen, so kann doch die umfassende Ausspähung von personenbezogenen Daten, die für die Erstellung von Persönlichkeitsprofilen genutzt werden können, bereits eine nach Art. 1 I GG bemessende Gefahr darstellen.[433]

Was für den staatlichen Informationseingriff gilt, muss gleichwohl auch für Verletzungen des Persönlichkeitsrechts durch Dritte gelten.

---

430 BVerfGE 79, S. 256, 268. Vertiefend hierzu, *Schneider*, Umfang und Grenzen des Rechts auf Nichtwissen der eigenen genetischen Veranlagung, NJW 2014, S. 3133 ff.

431 Bericht der Enquete-Kommission, Chancen und Risiken der Gentechnologie des 10. Deutschen Bundestags, BT-Drs. 16/10532, S. 16 f., 28 f.

432 *Degenhart*, Das allgemeine Persönlichkeitsrecht, Art. 2 I i.V.m. Art. 1 I GG, JuS 1992, S. 363.

433 *Benda/Umbach*, Stasi-Akten und das Persönlichkeitsrecht von Politikern, S. 93.

Denn während das allgemeine Persönlichkeitsrecht im Öffentlichen Recht nur vor Eingriffen durch den Staat und mangels unmittelbarer Drittwirkung der Grundrechte nicht vor Verletzung durch private Dritte schützt, hat das vom BGH als sonstiges Recht im Sinne von § 823 I BGB entwickelte bürgerlich-rechtliche allgemeine Persönlichkeitsrecht ein anderes Schutzziel.[434] Es schützt die menschliche Persönlichkeit vor Eingriffen durch jedermann.[435]

Mit dem Recht auf informationelle Selbstbestimmung und auf Geheimnisschutz, dem Recht am eigenen Bild sowie dem Recht auf die selbstbestimmte Darstellung der Person in der Öffentlichkeit und der Wahrung des sozialen Geltungsanspruchs hat das Persönlichkeitsrecht vielfältige, tatbestandliche Konkretisierungen erfahren.[436] Informationelle Selbstbestimmung meint Selbstbestimmungsrecht über die Darstellung der eigenen Person in der Gesellschaft. Was für das Recht am eigenen Bild als spezielle Ausprägung des allgemeinen Persönlichkeitsrechts gilt,[437] greift ebenfalls Platz bei der Darstellung des Lebens- und Charakterbildes einer Person,[438] denn der Einzelne muss es nicht hinnehmen, dass sein Persönlichkeitsbild verfälscht wird.

---

434 BGH NJW 1954, S. 1404 ff. – *Leserbrief.*

435 *Beuthien,* Ist das Allgemeine Persönlichkeitsrecht eine juristische Missgeburt?, S. 2.

436 *Degenhart,* Das allgemeine Persönlichkeitsrecht, Art. 2 I i.V.m. Art. 1 I GG, JuS 1992, S. 366.

437 BVerfGE 35, S. 202, 224 – *Lebach.*

438 BVerfGE 35, S. 202, 222 ff. – *Lebach.*

VI. Kritik am Image und Recht am Persönlichkeitsbild nach *Beuthien*

Die Arbeiten von *Beuthien*[439] zum Image und Recht am Persönlichkeitsbild haben in der Rechtswissenschaft rege Resonanz gefunden. Während *Helle*[440] und *Seitz*[441] sich über diese positiv äußern, erfahren sie von *Peukert*[442] und *Götting*[443] deutliche Kritik.

Helle[444] räumt *Beuthiens* Arbeit[445] eine herausragende Bedeutung ein und qualifiziert sie als einen gangbaren Weg zur Neustrukturierung und Fortentwicklung des zivilrechtlichen Persönlichkeitsschutzes. Als zentrale These von *Beuthiens* Arbeit sieht er die *„Ersetzung des allgemeinen Persönlichkeitsrechts durch die Freiheit der Persönlichkeit als ideelles Lebensgut und das materielle Herrschaftsrecht an den eigenpersönlichen Gegenständen"* an.

Eine Rechtsschutzlücke sieht er in den Fällen gegeben, in denen lediglich die Ehre und nicht die vermögenswerten Interessen des Einzelnen tangiert sind.[446] Er wirft die Frage auf, wie die vom allgemeinen Persönlichkeitsrecht getrennten Persönlichkeitsgüterrechte entstehen und sichere Konturen erfahren können.

Seitz[447] lobt in seiner Rezension *Beuthiens* Ausführungen[448] zu der vom BGH behandelten Frage, ob bei der Verletzung von Persönlichkeitsrechten auch der Verletzergewinn herausverlangt werden kann.

---

439 So etwa *Beuthien,* NJW 2003, Was ist vermögenswert, die Persönlichkeit oder ihr Image?, S. 1220 ff.; *Beuthien/Schmölz,* Persönlichkeitsschutz durch Persönlichkeitsgüterrechte.

440 *Helle,* Persönlichkeitsschutz durch Persönlichkeitsgüterrechte, MMR 1999, S. XIX.

441 *Seitz,* Persönlichkeitsschutz durch Persönlichkeitsgüterrechte, NJW 2000, S. 3699.

442 *Peukert,* Persönlichkeitsbezogene Immaterialgüterrechte?, ZUM 2000, S. 710–721.

443 *Götting,* Sanktionen des postmortalen Persönlichkeitsrechts, GRUR 2004, S. 801–808.

444 *Helle,* Persönlichkeitsschutz durch Persönlichkeitsgüterrechte, MMR 1999, S. XIX.

445 *Beuthien/Schmölz,* Persönlichkeitsschutz durch Persönlichkeitsgüterrechte.

446 *Helle,* Persönlichkeitsschutz durch Persönlichkeitsgüterrechte, MMR 1999, S. XIX. Hierzu eingehend unter 2. Teil, C, IV.

447 *Seitz,* Persönlichkeitsschutz durch Persönlichkeitsgüterrechte, NJW 2000, S. 3699.

448 *Beuthien/Schmölz,* Persönlichkeitsschutz durch Persönlichkeitsgüterrechte.

Den von *Beuthien* eingeschlagenen Kurs, über § 687 II BGB den Verletzergewinn abzuschöpfen, befürwortet er, teilt aber unter Verweis auf § 97 I 2 UrhG nicht *Beuthiens* Ansicht, Ansprüche aus §§ 812 ff. BGB abzulehnen.

Göttings[449] Einwände gegen das von *Beuthien* vorgestellte Image und Persönlichkeitsgüterrecht fallen zahlreich aus.[450] Seine Kritik richtet sich gegen das Image, das nach seiner Ansicht von *Beuthien* zu Unrecht als Vermögensrecht qualifiziert wird und als solches vererblich sein soll. Er bezeichnet das von *Beuthien* proklamierte Persönlichkeitsgüterrecht als einen Irrweg, da *„in einer fast schizophrenen Weise die durch das Persönlichkeitsrecht geschützten Interessen des Rechtsträgers in eine ideelle und kommerzielle Sphäre aufgespaltet werden."*[451]

Götting meint, das Image (Persönlichkeitsbild) könne nicht als Vermögensrecht angesehen werden, weil lediglich die Rechte vererblich seien, die auch schon zu Lebzeiten vorhanden seien. Das Image sei aber bereits zu Lebzeiten schon nicht Gegenstand eines irgendwie gearteten Vermögensrechts.[452]

Für ihn stellt sich das Image lediglich als ein *„unbestimmter, äußerst vager Begriff dar, der sich bestenfalls ökonomisch oder werbepsychologisch, nicht aber rechtlich definieren"* lasse.[453]

Unter Bezugnahme auf die historische Entwicklung des Persönlichkeitsrechts richtet er sich gegen *Beuthiens* Weg, eine sogenannte dualistische Aufspaltung zwischen dem auf den Schutz ideeller Interessen ausgerichteten Persönlichkeitsrecht und vermögensrechtlichen Persönlichkeitsgüterrechten vorzunehmen.[454]

Weil das allgemeine Persönlichkeitsrecht als Quelle der besonderen Persönlichkeitsrechte ein einheitliches Rahmenrecht sei, das nicht nur dem Schutz ideeller Interessen, sondern als ein sogenanntes wirtschaft-

---

449 *Götting,* Sanktionen des postmortalen Persönlichkeitsrechts, GRUR 2004, S. 804 ff.

450 Unter Bezugnahme auf *Beuthien,* NJW 2003, Was ist vermögenswert, die Persönlichkeit oder ihr Image?, S. 1220 ff.

451 *Götting,* Sanktionen des postmortalen Persönlichkeitsrechts, GRUR 2004, S. 804.

452 Thematisiert unter 2. Teil, C, IV.

453 Hierzu unter 3. Teil, B.

454 *Götting,* Sanktionen des postmortalen Persönlichkeitsrechts, GRUR 2004, S. 804.

liches Persönlichkeitsrecht auch den materiellen Interessen diene, verbiete sich eine Trennung zwischen der Sphäre des Ideellen und Materiellen.[455]

Beuthiens Ansatz, ein Persönlichkeitsgüterrecht zu schaffen, um die ideellen Interessen aus dem Persönlichkeitsrecht zu nehmen, sei nicht zu folgen, da bei stringenter Fortführung die Persönlichkeitsgüterrechte zum Zweck der wirtschaftlichen Nutzung vollständig derelinquiert werden könnten. Eine so geartete Übertragbarkeit sei mit den durch das Persönlichkeitsrecht geschützten Rechtsgütern nicht vereinbar, weil bestimmte Ausschnitte des Persönlichkeitsrechts, wenngleich diese aufgrund der Dispositionsmöglichkeit sich verselbstständigen können, dennoch untrennbar mit der Persönlichkeit des Menschen verbunden blieben.[456]

Das Persönlichkeitsgüterrecht nach *Beuthien* würde das sogenannte persönlichkeitsrechtliche Band zwischen dem höchstpersönlichen Kern des Persönlichkeitsrechts und den verkehrsfähigen Nutzungsrechten zerschneiden und in der Konsequenz zu einem „Totalausverkauf" der Persönlichkeit führen.[457] Dies würde dem in den Persönlichkeitsrechten verankerten Anliegen widersprechen, die Würde und das Selbstbestimmungsrecht des Menschen zu wahren, ohne ihm aber das wirtschaftliche Selbstbestimmungsrecht vollständig zu verweigern.[458]

Grundsätzliche Einwände macht er gegen die von *Beuthien/Schmölz*[459] vorgeschlagene Berechnung des Verletzererlöses geltend, denn in der Praxis sei es nicht nachweisbar, ob und in welchem Umfang der finanzielle Erfolg einer Ware oder Dienstleistung etwa auf die unrechtmäßige Verwendung eines fremden Namens oder Bildnisses für Werbezwecke einer prominenten Person zurückginge.[460]

Gleiches gelte, wenn ein mit einem geschützten Markenrecht verwechslungsfähiges Zeichen verwendet werde, wo ebenfalls keine überprüfbare Aussage darüber getroffen werden könne, in welchem Umfang

---

455 *Götting*, Sanktionen des postmortalen Persönlichkeitsrechts, GRUR 2004, S. 804.
456 *Götting*, Sanktionen des postmortalen Persönlichkeitsrechts, GRUR 2004, S. 805.
457 *Götting*, Sanktionen des postmortalen Persönlichkeitsrechts, GRUR 2004, S. 805.
458 Hierzu unten 2. Teil, C, IV.
459 *Beuthien/Schmölz*, Persönlichkeitsschutz durch Persönlichkeitsgüterrechte, S. 50 ff.
460 Hierzu unten 2. Teil, B, 3.

die beworbene Ware oder Dienstleistung sich nun besser oder schlechter verkauft habe.[461]

Götting richtet sich auch gegen *Beuthiens* systematisches Argument, das bürgerliche Vermögensrecht baue auf den drei wesentlichen Grundbegriffen Person, Gegenstand und Rechtsverhältnis auf.

An dieser Stelle rekurriert *Götting* auf das Immaterialgüterrecht und führt aus, dass es sich bei der von *Beuthien* aufgeführten Subjekt-Objekt-Relation des subjektiven Rechts um einen *„archaisch durch die Herrschaftsvorstellungen über den Gegenstand des Sacheigentums geprägten Begriff des subjektiven Rechts handelt, der keinesfalls als ein Axiom mit Ewigkeitsgeltung angesehen werde müsse, dem sich unreflektiert unterzuordnen sei."* *Götting* führt exemplarisch das Urheberrecht ins Feld,[462] das sich dieser Einordnung typischerweise entziehe, weil es dem Urheber kein uneingeschränktes Herrschaftsrecht über sein Werk verleihe.[463]

Peukert kritisiert, dass das Aussehen, der Name, die Stimme und das Persönlichkeitsbild als Äußerlichkeiten der Person nicht als Gegenstände des Privatrechts angesehen werden könnten, weil sie sich nicht von der sogenannten inneren Persönlichkeit des Menschen trennen ließen.[464] Der Zwangs- und der Künstlername etwa seien Gegebenheiten, die der Person von außen zukämen, von denen sich die Person aber nicht durch einen Willensakt wieder lossagen könnte.[465]

Unter Rekurs auf das Eigentum gem. § 903 S.1 BGB als Prototyp eines Vermögensrechts versucht *Peukert,* den Unterschied zum eigenen Wort, den Namen, die Stimme und die Lebensdaten aufzuzeigen. Nach seiner Ansicht bestehe er darin, dass das Eigentum an einer Sache derelinquiert werden könne. Seinen Namen und seine Lebensdaten könne der Einzelne aber nicht derelinquieren und abstreifen. Hierüber dürfe die Person nicht ihre Rechtsmacht verlieren.[466]

Im Bildnis, Namen und in der Stimme als Merkmale einer Person spiegelt sich nach Ansicht *Peukerts* zwar die menschliche Persönlichkeit

461 *Götting,* Sanktionen des postmortalen Persönlichkeitsrechts, GRUR 2004, S. 803.
462 *Götting,* Sanktionen des postmortalen Persönlichkeitsrechts, GRUR 2004, S. 805.
463 Hierzu unten 1. Teil, 2. Abschnitt, B, I, 3.
464 *Peukert,* Persönlichkeitsbezogene Immaterialgüterrechte?, ZUM 2000, Heft 8–9, S. 713.
465 Hierzu eingehend oben 1. Teil, 1. Abschnitt, D.
466 *Peukert,* Persönlichkeitsbezogene Immaterialgüterrechte?, ZUM 2000, S. 714.

wider, gleichwohl würden sich diese Merkmale aber nicht auf ein außerhalb der Person liegendes immaterielles Gut beziehen.[467] Völlig anders verhalte es sich mit den Rechten an geistigen Gütern, wie dem künstlerischen Werk oder der Erfindung, die ein Produkt der schöpferischen Geistestätigkeit einer Person sind. Diese seien nicht mit den o.g. Merkmalen einer Person vergleichbar, da sie nach ihrer Schöpfung eine sogenannte selbstständige Wesenheit annehmen würden und in Ermangelung eines organischen Zusammenhangs mit der berechtigten Persönlichkeit einer Veräußerung zugänglich seien.[468]

Peukert stuft den Begriff *Beuthiens* von den sogenannten vermögenswerten Bestandteilen des Persönlichkeitsrechts als zu unbestimmt ein, weil er im Wesentlichen von den daran bestehenden Interessen geformt werde.[469]

Einen weiteren Kritikpunkt sieht er im Hinblick auf die von *Beuthien* vorgeschlagene Übertragbarkeit von Verwertungsrechten. *Peukert* folgt der Ansicht des BGH, der eine translative Übertragung des Bildnis- und Namensrechts unter Hinweis auf die Menschenwürde ausschließt,[470] während *Beuthien* diese befürworte und für eine Abspaltbarkeit von persönlichkeitsbezogenen Immaterialgüterrechten eintrete.[471]

Peukert kritisiert, dass die Umwandlung eines geldwerten Persönlichkeitsrechts in ein translativ übertragbares Immaterialgüterrecht im Widerspruch zu unserer Kulturanschauung und zu Art. 1 I 1 GG stehe, der eine Objektivierung des Menschen bzw. die Objektivierung von Persönlichkeitssplittern gerade verbiete.[472] *„Diesen Anforderungen des Schutzauftrags aus Art. 1 I GG wird nicht genüge getan, wenn ein Dritter nach translativer Übertragung des Bildnis- oder Namensrechts unabhängig*

467 *Peukert,* Persönlichkeitsbezogene Immaterialgüterrechte?, ZUM 2000, S. 714 unter Bezugnahme auf *Beuthien/Schmölz,* Persönlichkeitsschutz durch Persönlichkeitsgüterrechte, S. 16.

468 *Peukert,* Persönlichkeitsbezogene Immaterialgüterrechte?, ZUM 2000, S. 714

469 *Peukert,* Persönlichkeitsbezogene Immaterialgüterrechte?, ZUM 2000, S. 714.

470 BGH ZUM 2000, S. 582, 586 – *Marlene Dietrich.*

471 *Beuthien/Schmölz,* Persönlichkeitsschutz durch Persönlichkeitsgüterrechte, S. 34.

472 *Peukert,* Persönlichkeitsbezogene Immaterialgüterrechte?, ZUM 2000, S. 714.

vom Willen des Betroffenen über dieses Merkmal der Persönlichkeit verfügen kann, und damit Persönlichkeitselemente des Einen zum Objekt der Willensbildung eines Anderen werden."[473]

473 *Peukert,* Persönlichkeitsbezogene Immaterialgüterrechte?, ZUM 2000, S. 715. Ausführlich thematisiert unten 2. Teil, A, B und C.

B. Das Recht am Persönlichkeitsbild im System des Bürgerlichen Rechts

I. Person, Gegenstand und Herrschaftsrecht

1. Person und Rechtsträgerschaft von Persönlichkeitsrechten

Es ist das Verdienst *Beuthiens,* in die wissenschaftliche Diskussion um den Persönlichkeitsrechtsschutz das Recht am Persönlichkeitsbild eingebracht zu haben.[474] Hierfür unternimmt er den Versuch, dieses über den Weg eines Persönlichkeitsgüterrechts in die Systematik des Bürgerlichen Rechts einzuführen.

Beuthien geht bei seiner Konzeption vom Recht am Persönlichkeitsbild von der Annahme aus, die Güterordnung im Bürgerlichen Recht basiere auf den Grundbegriffen Person, Gegenstand und Herrschaftsrecht.[475]

Interessant ist, dass für diesen Ansatz das BGB mit seinem Allgemeinen Teil in den Vorschriften §§ 1–185 BGB selbst eine konzeptionelle Stütze bietet. Der Allgemeine Teil des BGB bietet die Darstellung der obersten Begriffe, aus denen folgend die übrigen Sätze des bürgerlichen Rechts hergeleitet werden.

Als solche werden in der Reihenfolge die Person (§§ 1–89 BGB), die Sache (§§ 90–103 BGB) und das Rechtsgeschäft (§§ 104–185 BGB) genannt. Anhand der Setzung der Oberbegriffe in den Mittelpunkt der Privatrechtsordnung hat der Gesetzgeber zum Ausdruck gebracht, welchen Begriffen er rechtspolitisch eine zentrale Bedeutung zukommen lässt und welchen nicht.[476]

Beuthien unterscheidet die Person von der Persönlichkeit. Im Hinblick auf die Persönlichkeit geht er von dem naturwissenschaftlich geprägten Begriff aus. Er fasst die Persönlichkeit als humanbiologisches

---

474 Vgl. *Beuthien/Schmölz,* Persönlichkeitsschutz durch Persönlichkeitsgüterrechte, S. 19 ff.

475 *Beuthien,* Was ist vermögenswert, die Persönlichkeit oder ihr Image?, NJW 2003, S. 1221.

476 *Hattenhauer,* Person, JuS 1982, S. 405.

Steuerungssystem auf, das ein natürlicher Bestandteil der lebenden Person ist und aufgrund seiner Einzigartigkeit dem Einzelnen seinen Würde- und Achtungsanspruch verleiht.[477]

Als Gegenstände des Bürgerlichen Rechts fasst *Beuthien* all das auf, was sich als abgrenzbares Etwas außerhalb der Person befindet und damit kein Bestandteil der Persönlichkeit ist.[478] Hierzu zählt er beispielsweise die Medienerzeugnisse und die in ihnen verarbeiteten Informationen, die Auskunft über das Leben bestimmter Personen erteilen.

Zum Herrschaftsrecht führt er aus, dass Gegenstände, seien sie körperlich oder unkörperlich, natürlichen oder juristischen Personen im Wege von subjektiven Herrschaftsrechten zugeordnet werden.[479] Exemplarisch führt er das Eigentum als Herrschaftsrecht an. Es berechtigt die Person zum einen dazu, andere von der Einwirkung auf den Gegenstand auszuschließen und zum anderen, mit dem Gegenstand nach Belieben verfahren zu können (§ 903 S.1 BGB).[480]

Dies vorangestellt stellt sich die Frage, ob das von *Beuthien* postulierte Recht am Persönlichkeitsbild unter Zugrundelegung des dargelegten Zusammenspiels von Person, Gegenstand und Herrschaftsrecht eine in sich stimmige und belastbare Rechtskonstruktion darstellt. Der Beantwortung dieser Frage soll im Folgenden nachgegangen werden.

Zu den Aufgaben des bürgerlichen Vermögensrechts gehört es, die Freiheitssphären der Privatrechtssubjekte zu koordinieren und gegeneinander abzugrenzen. Hierfür werden die individuellen Freiheiten der Privatrechtssubjekte rechtlich anerkannt und geschützt. Aufgrund der Privatautonomie sind die Rechtssubjekte darin frei, Rechtsverhältnisse im Rahmen der Rechtsordnung selbstverantwortlich zu begründen, aufzuheben und inhaltlich zu gestalten.

---

477 Hierzu oben 1. Teil, 1. Abschnitt, A, II.

478 *Beuthien/Schmölz,* Persönlichkeitsschutz durch Persönlichkeitsgüterrechte, S. 19.

479 *Beuthien/Schmölz,* Persönlichkeitsschutz durch Persönlichkeitsgüterrechte, S. 19.

480 Unter Beachtung der Eigentümerbefugnis mit Rücksicht auf die Sozialbindung des Eigentums nach Art. 14 II GG und sonstigen Vorschriften des privaten und öffentlichen Rechts.

Die Freiheitssphären lassen sich wiederum anhand von Rechtspositionen erfassen, die bestimmten Inhabern zugeteilt sind. Zu den Rechtspositionen werden etwa das Eigentum und das Persönlichkeitsrecht gezählt.[481]

Da sich alle Rechtsnormen an Personen/Rechtssubjekte richten, ist die Rechtsperson Bezugspunkt der Güterzuweisung und Urheber aller rechtlichen Betätigungen. Subjektive Rechte und Pflichten stehen Personen zu, die Rechtsgeschäfte und Rechtshandlungen vornehmen können.

Das BGB unterscheidet zwischen natürlichen (§§ 1 ff. BGB) und juristischen Personen (§§ 21 ff. BGB). Es versteht den Oberbegriff Person im rechtstechnischen Sinn. Personen sind Subjekte von Rechten und Pflichten. Der Begriff Person hat die Funktion zu bestimmen, wer Teilnehmer am Rechtsleben ist.[482] Das für den Personenbegriff des BGB entscheidende Merkmal ist die Rechtsfähigkeit, also die Fähigkeit, Träger von Rechten und Pflichten zu sein (§ 1 BGB).

Im Hinblick auf natürliche Personen geht das BGB davon aus, dass jeder Mensch ohne Rücksicht auf Stand, Geschlecht oder Staatsangehörigkeit rechtsfähig ist. Die Rechtsfähigkeit ist durch das Gesetz vorgegeben und wird dem Einzelnen nicht vom Gesetzgeber verliehen.[483] Natürliche Personen sind die mit der Vollendung ihrer Geburt rechtsfähig werdende Menschen (§ 1 BGB).

Nach der Konzeption des BGB war gemeinsames Merkmal beider Personen die Rechtsfähigkeit, wobei die Rechtsprechung später darüber hinaus im Wege der Rechtsfortbildung auch Personengesellschaften die Rechtsfähigkeit zuerkannte.[484]

Die rechtlichen Handlungsmöglichkeiten einer Person werden wiederum durch subjektive Rechte beschrieben und abgegrenzt. Die Rechtsordnung gewährt dem Inhaber eines subjektiven Rechts monopolisierte Verhaltensberechtigungen, indem sie ihm allein Verhaltensweisen gestattet, die sie anderen Rechtssubjekten versagt.

---

481 *Hoffmann,* Zum vermögensrechtlichen Schutz absoluter und relativer Rechtspositionen an der Schnittstelle zum Immaterialgüterrecht, Jura 2014, S. 71, 73.

482 *Forster,* Die Person und ihr Ansehen, S. 335.

483 *Palandt-Ellenberger,* § 1, Rdn. 1.

484 BGHZ 146, S. 341 ff.

Ausgehend vom Inhalt der Verhaltensberechtigung wird weiter differenziert zwischen Herrschaftsrechten an Sachen (Eigentum und beschränkt dingliche Rechte), Immaterialgüterrechten (Paten-, Urheberrecht), Forderungen (§ 241 I BGB), Ansprüchen (§ 194 BGB), Persönlichkeitsrechten, Familienrechten, dem Erbrecht, Gestaltungsrechten und Aneignungsrechten (Jagd- und Fischereirecht). Eine weitergehende Unterscheidung gilt für die Wirkungsweise des Rechts. So wirken einzelne Rechte absolut, da sie gegenüber jedermann wirken, wie etwa das Eigentum (§ 903 S. 1 BGB). Relative Rechte hingegen betreffen nur einen bestimmten Normadressaten.

Für die Trägerschaft des Persönlichkeitsrechts gilt, dass bei natürlichen Personen das Persönlichkeitsrecht von der Geburt an bis zum Tod besteht, unabhängig davon, ob der Betroffene etwa geschäftsfähig ist oder nicht.[485] Persönlichkeitsschutz besteht auch für Personen, die sich ihrer Ehre nicht bewusst sind, wie etwa Kinder, Geschäftsunfähige und Behinderte.[486] Das Persönlichkeitsrecht ist höchstpersönlicher Natur. Es kann nur von dem unmittelbar Verletzten selbst wahrgenommen werden. Bei Geschäftsunfähigen wird es durch den gesetzlichen Vertreter wahrgenommen.

Am Schutz der Grundrechte partizipieren juristische Personen und Personengesellschaften des Handelsrechts, soweit sie ihrem Wesen nach als Zweckschöpfung des Rechts in ihren Funktionen dieses Rechtsschutzes bedürfen.[487] Dies kann dann der Fall sein, wenn sie in ihrem Geltungsanspruch als Wirtschaftsunternehmen oder als Arbeitgeber betroffen sind.[488]

Das Unternehmenspersönlichkeitsrecht ist anerkannt.[489] Es umfasst die Ausprägungen des Persönlichkeitsrechts von natürlichen Personen, soweit die Ausprägungen bei einem Unternehmen bestehen können und eines Rechtsschutzes bedürfen.[490] So besitzt auch ein Unternehmen

485 BGH NJW 1996, S. 985.
486 BGHSt 7, S. 129.
487 BGH NJW 1994, S. 1281.
488 BGH NJW 1994, S. 1281.
489 BGH NJW 1994, S. 1281.
490 *Prinz/Peters*, Medienrecht, Rdn. 139.

eine Geheimsphäre,[491] eine Privatsphäre,[492] ein Verfügungsrecht über die Darstellung des Unternehmens,[493] ein Recht, keine Äußerungen untergeschoben zu bekommen sowie das Recht auf informationelle Selbstbestimmung.[494] Ergo kommt dem Unternehmenspersönlichkeitsrecht ein eigener Schutzanspruch zu, der greift, wenn dem unternehmerischen Ansehen in der Öffentlichkeit Beeinträchtigungen drohen (Art. 2 I i.V.m. Art. 19 III, Art. 8 I EMRK).

Juristische Personen des öffentlichen Rechts sind, wenn sie öffentliche Aufgaben wahrnehmen, keine Träger von Grundrechten.[495] Eine Ausnahme greift dann, wenn die juristische Person des öffentlichen Rechts durch das Grundrecht eigene Gewährleistungen erhält, wie dies etwa bei den Rundfunkanstalten der Fall ist.[496] Wenn der Staat durch Körperschaften des öffentlichen Rechts, ähnlich einem Privatmann, am Wirtschaftsleben teilnimmt, kann das Unternehmen einen Persönlichkeitsrechtsschutz beanspruchen.[497]

Ebenfalls genießen Vereine einen Persönlichkeitsrechtsschutz, der nicht an einer fehlenden Eintragung des Vereins scheitert.[498] Gleiches gilt für nichtrechtsfähige Vereine[499] und politische Parteien. Die Voraussetzung ist hierfür stets, dass die Gemeinschaft eine anerkannte gesellschaftliche, wirtschaftliche Aufgabe oder soziale Funktion übernimmt und in der Lage ist, einen einheitlichen Willen zu bilden.[500]

Bund und Länder haben keinen persönlichkeitsrechtlichen (Ehren-) Schutz.[501] Ihr Schutz kann sich aber nach § 90a StGB ergeben. Wenngleich Bund und Länder daher gegen negative Medienberichterstattungen keine Ansprüche geltend machen können, so wird doch im Einzelfall regelmäßig über eine handelnde Person medial berichtet, die sich

---

491 BGH NJW 1981, S. 1089.
492 BGH NJW 1957, S. 1315 f.
493 BGH NJW 1994, S. 1281.
494 BGH NJW 1994, S. 1281 f.
495 BVerfG NJW 1967, S. 1411 f.
496 BVerfGE 59, S. 238, 254.
497 BVerfG NJW 1976, S. 1411.
498 NJW-RR 1993, S. 733; BGH NJW 1971, S. 1655.
499 BGH NJW 1971, S. 1655.
500 BGH NJW-RR 1995, S. 733; NJW 1976, S. 630.
501 *Prinz/Peters*, Medienrecht, Rdn. 141.

nach einer Verletzung in ihren Rechten an die Zivilgerichte wenden kann.

2. Gegenstand (§§ 90 BGB ff.)

Die Vorschriften §§ 90–103 BGB enthalten Definitionen und Grundregeln zu den Rechtsobjekten, den Gegenständen, die im Wege subjektiver Rechte den natürlichen und juristischen Personen und Personenvereinigungen zugeordnet sind.

Der Blick auf § 90 BGB zeigt, dass die Definition der Sache den Oberbegriff des Gegenstandes voraussetzt. § 90 BGB bestimmt, dass Sachen körperliche Gegenstände sind. Die Körperlichkeit ist erforderlich, weil die Sache als Gegenstand von Eigentum und Besitz für den Menschen beherrschbar sein muss. Hierfür wiederum sind die sinnliche Wahrnehmbarkeit und die räumliche Abgegrenztheit des Gegenstandes nötig. Bestimmend für den Sachbegriff im Sinne von § 90 ist nicht der naturwissenschaftliche Substanzbegriff, sondern die bei Rechtslaien vorherrschende Verkehrsanschauung.[502]

In Ermangelung einer gesetzgeberischen Definition vom Gegenstand hat die Wissenschaft unterschiedliche Ansätze unternommen, den Gegenstandsbegriff zu konkretisieren. Die aktuelle Rechtstheorie geht hierfür im Wesentlichen von zwei Erklärungsansätzen aus.

Eine Theorie knüpft für die Bestimmung des Gegenstandsbegriffs an den Güterbegriff an. Als Gut wird bezeichnet, was dem Menschen in seiner materiellen und geistigen Entwicklung zu dienen geeignet ist und geschätzt wird. Dies gilt etwa für Produkte der menschlichen Arbeit, die Freiheit sowie für Beziehungen unterschiedlicher Art. Zu einem Rechtsgut werden die Güter dann, wenn sie durch die Rechtsordnung Schutz erfahren.

Zum privaten Rechtsgut werden sie, wenn der Schutz im Interesse der Einzelperson erfolgt und seine Geltendmachung der Entschließung des Berechtigten überlassen ist. Als Rechtsgegenstände werden die Rechtsgüter angesehen, die der Mensch beherrschen und wirtschaftlich nutzen kann und die für ihn ökonomisch wertvoll sind. Nach dieser

502 RGZ 87, S. 43, 45.

Begriffsbestimmung sind Gegenstände alle Objekte der natürlichen Welt, die vermögenswert und individualisierbar sind.[503]

Nach einer anderen Auffassung wird der Rechtsgegenstand als einheitlicher, inhaltlicher Beziehungspunkt aller Handlungen verstanden, die kraft subjektiven Rechts erlaubt, verboten oder geboten sind.[504] Hierdurch wird der Rechtsgegenstand rein formal bestimmt. In Betracht kommen somit bewegliche und unbewegliche Sachen, Naturkräfte, Arbeitserfolge wie auch politische Betätigungen der Person.[505]

Die Erklärungsansätze stehen sich nicht diametral gegenüber, sondern sind komplementär zueinander. Es ist anerkannt, den materialen Begriff vom Rechtsgegenstand mit dem des rechtlich geschützten Gutes gleichzusetzen und in den Fällen, in denen es sich um geldwerte und verfügbare Güter handelt, den Begriff vom Vermögensgegenstand zu verwenden.

Der Gegenstandsbegriff des BGB umfasst im Ergebnis zum einen alle Arten faktischer Rechtsobjekte, zum anderen verschiedene Typen von Rechten. Unter die Rechte fallen ausschließliche, relative sowie weitere Rechte, z.B. Gestaltungs-, Mitgliedschafts- und Gegenrechte. Unter die faktischen Rechtsobjekte fallen die Güter, die sich weiter unterteilen lassen in Sachen und unkörperliche Güter.

Die europäischen Rechtsordnungen in den Nachbarstaaten der BRD unterscheiden sich hinsichtlich der Gegenstandsdefinition nicht wesentlich von der deutschen Begriffsbestimmung.[506] Das französische Recht geht etwa vom umfassenden Begriff des Vermögensgutes *(bien)* aus, der auch unkörperliche Güter umfasst. Der italienische *Codice civile* verwendet in den Art. 810 ff. den Oberbegriff *cosa* im Sinne einer materiellen Entität und hebt die Sachen *(beni)* als diejenigen Dinge *(cose)* hervor, die Gegenstand eines Rechts sein können. § 285 des österreichischen ABGB formuliert: *„Alles, was von der Person unterschieden ist und zum Gebrauch der Menschen dient, wird im rechtlichen Sinne eine Sache genannt.“*

---

503 *Binder*, Der Gegenstand, ZHR 59, S. 16.

504 *Zitelmann*, Internationales Privatrecht I, S. 51.

505 *Staudinger-Jickeli/Stieper*, Vorb. zu §§ 90–103, Rdn. 4.

506 *Staudinger-Jickeli/Stieper*, Vorb. zu §§ 90–103, Rdn. 8.

Diese Begriffsbestimmung deckt sich in besonderer Weise mit dem Verständnis *Beuthiens* vom Gegenstand, der dadurch gekennzeichnet ist, das er von der Person grundsätzlich verschieden ist und sich von ihr getrennt im (Rechts-)Raum als abgrenzbares, extrakorporales Etwas darstellt.

3. Herrschaftsrecht und subjektives Recht

Für die Konstruktion des Persönlichkeitsbildes setzt *Beuthien* Person und Gegenstand über das Rechtsverhältnis, respektive Herrschaftsrecht, in Beziehung zueinander, um über den Weg des Persönlichkeitsgüterrechts zum Recht am Persönlichkeitsbild zu gelangen.[507]

Unter Rechtsverhältnis wird hier eine rechtlich geordnete Beziehung zwischen Personen verstanden, wobei das subjektive Recht als ein von der Rechtsordnung anerkanntes und geschütztes Eigeninteresse der Person hinzutritt. Die rechtliche Ordnung des Rechtsverhältnisses wie auch der mit dem subjektiven Recht gewährte Schutz, bestehen aus Geboten, Verboten und Erlaubnissen.[508]

Als Rechtsverhältnisse gelten beispielsweise das Eigentum, Schuldverhältnisse und die Ehe, die zumindest ein subjektives Recht enthalten und daneben häufig noch andere aktuelle oder latente subjektive Rechte umfassen. Ferner Befugnisse, Pflichten, Erwerbsaussichten und Zuständigkeiten, deren Zusammensetzung sich im Laufe der Zeit zwischen Entstehung und Erlöschen des Rechtsverhältnisses ändern kann.[509]

Für subjektive Rechte gilt, werden sie nach ihrem Inhalt eingeteilt, dass sie sich als ein Herrschaftsrecht, Anspruch oder ein Gestaltungsrecht systematisieren lassen. Herrschaftsrechte räumen dem Inhaber eine absolute und unmittelbare Herrschaftsmacht über einen bestimmten Gegenstand ein. So kann sich ein Herrschaftsrecht an Sachen nach §§ 90, 903 BGB, ein Herausgabeanspruch nach § 985 BGB und ein Abwehr- und Unterlassungsanspruch nach § 1004 BGB ergeben.

Ein Herrschaftsrecht an einem Recht ist der Nießbrauch (§ 1068 BGB) oder das Pfandrecht (§ 1273 BGB). Herrschaftsrechte an geistigen Schöpfungen finden sich im etwa im UrhG, PatG und DesignG.

507 *Beuthien/Schmölz,* Persönlichkeitsschutz durch Persönlichkeitsgüterrechte, S. 25 ff.
508 *Staudinger-Jickeli/Stieper,* Vorb. zu §§ 90–103, Rdn. 4.
509 *Wolf/Neuner,* Allgemeiner Teil des Bürgerlichen Rechts, § 19 Rdn. 1 ff.

Der Anspruch als das Recht, von einem anderen ein Tun oder Unterlassen zu verlangen, ist in § 194 I BGB legal definiert und kann auf das Bewirken einer Leistung oder Unterlassung einer Handlung gerichtet sein. Ein Anspruch in Form eines Gestaltungsrechts ist das Recht, ohne das Mitwirken eines anderen, auf eine bestehende Rechtslage einzuwirken, z.B. die Anfechtung nach §§ 119 ff. BGB und der Rücktritt gem. §§ 346 ff. BGB.

Ansprüche in Form von Persönlichkeitsrechten sind die Rechte, die dem einzelnen Menschen als Persönlichkeit zustehen. Hierunter fallen das Leben, die körperliche Unversehrtheit und die Freiheit nach § 823 BGB, das Namensrecht nach § 12 BGB sowie das Recht am eigenen Bild nach dem KUG.

Vor diesem Hintergrund weist *Beuthien* zutreffend daraufhin hin, dass Gegenstände, deren Inanspruchnahme durch Dritte die Persönlichkeit berühren, durch Herrschaftsrechte einer bestimmten Person zugesprochen sind.[510] Aufgrund des Grundrechts auf informationelle Selbstbestimmung wird zivilrechtlich das Recht der Person geschützt, grundsätzlich über die Preisgabe und Verwendung von Daten zu bestimmen, die Auskunft über ihn geben. Folglich besteht ein Recht an Daten in Form eines Ausschließlichkeitsrechts.

Nach *Beuthien* hat der Einzelne in der Konsequenz auch ein Ausschließlichkeitsrecht im Hinblick auf die Darstellung seines Persönlichkeitsbildes in der Öffentlichkeit, das sich aus den Daten speist und formt, die Auskunft über ihn geben.[511] *Beuthien* spricht hier vom Recht am Persönlichkeitsbild, das eine Umformung durch die Medien oder die Satire dann hinnehmen muss, wenn z.B. die Medien- oder Kunstfreiheit nach Art. 5 I S. 2 GG Vorrang vor dem Persönlichkeitsschutz nach Art. 2 I, 1 I GG hat.[512]

Unklarheit herrschte noch in den 60'er Jahren des 20. Jahrhunderts im Hinblick darauf, ob von Rechten an bestimmten Persönlichkeitsgütern zu sprechen sei oder von Rechten auf Achtung dieser Güter.[513] Da sich nach §§ 22 ff. KUG die Formulierung vom Recht am eigenen Bild

510 *Beuthien/Schmölz,* Persönlichkeitsschutz durch Persönlichkeitsgüterrechte, S. 25.
511 *Beuthien/Schmölz,* Persönlichkeitsschutz durch Persönlichkeitsgüterrechte, S. 25.
512 *Beuthien/Schmölz,* Persönlichkeitsschutz durch Persönlichkeitsgüterrechte, S. 26.
513 *Ramelow,* Der Lebensbildschutz, S. 47 f.

eingebürgert hat, wird auch im Folgenden entsprechend vom Recht am Persönlichkeitsbild gesprochen.

An dieser Stelle soll nicht übersehen werden, dass aufgrund der Natur des subjektiven Privatrechts schon früh Einwände gegen die Anerkennung des Persönlichkeitsrechts geltend gemacht wurden. So führte *Savigny* ins Feld, dass sich das subjektive Recht dadurch auszeichne, dass es dem Berechtigten eine Herrschaft verleihe, die ihm sonst nicht zustehe. In Bezug auf die Persönlichkeit mit ihren Gütern wie Leben, Freiheit und Leib könne das subjektive Recht aber nicht greifen, weil bereits die Natur jeden Menschen mit diesen Gütern ausgestattet habe.[514] Die natürliche Persönlichkeit könne für das Recht nicht von Bedeutung sein, sondern lediglich die rechtlich geschaffenen. Der größte Teil persönlicher Ziele und Zwecke stehe außerhalb des Rechts, könne nicht rechtserheblich sein und daher nicht vom Recht geschützt werden.

Nach anderer Ansicht wurde die Persönlichkeit zwar mit den Gütern Leib, Leben, Gesundheit und Freiheit als Rechtsgut anerkannt. Gleichwohl handele es sich hierbei nicht um subjektive Rechte, denn bei diesen müsste außer dem Subjekt auch stets ein Objekt vorhanden sein. Die Persönlichkeit könne aber nicht Rechtssubjekt und Rechtsobjekt zugleich sein. In der Konsequenz könne die Person nicht an sich selbst ein Herrschaftsrecht haben.[515]

Das Reichsgericht ging davon aus, dass das allgemeine Persönlichkeitsrecht ohne einen bestimmten Inhalt sei und seine Anerkennung zu einer uferlosen Ausdehnung von § 823 BGB führen würde, womit Rechtsunsicherheit einherginge.[516]

Unter Fortentwicklung der dargelegten Argumente kam *Hubmann* zu der Überzeugung, dass die Persönlichkeit ob ihrer Dynamik und Werthaftigkeit des Schutzes des subjektiven Rechts bedarf.[517] Zur Begründung rekurrierte *Hubmann* auf die zu seiner Zeit herrschende Ansicht, das Wesen des subjektiven Rechts liege in der Machtstellung, die

---

514 *v. Savigny,* System des heutigen Römischen Rechts, Band I, S. 335 ff.

515 *Michaelis,* Persönlichkeitsrechtliche Befugnisse im deutschen Urheberrecht, S. 35; *Geiger,* Die Grundrechte in der Privatrechtsordnung. So auch *Beuthien,* der in dieser Argumentationslinie steht, Was ist vermögenswert, die Persönlichkeit oder ihr Image?, NJW 2003, S. 1220 ff.

516 RGZ 51, S. 375.

517 *Hubmann,* Das Persönlichkeitsrecht, S. 116 ff.

es gewähre.[518] Im Anschluss an *Hegel und Savigny*[519] wurde als Grund dieser Machtstellung zunächst noch der Wille des Einzelnen angesehen.

Später setzte sich die Ansicht durch, dass der Einzelne sein Recht habe *„nicht wegen willkürlicher Laune des Gesetzgebers, sondern in Anerkennung des Anspruchs, den jedes menschliche Wesen auf seiner Stirn trägt.“*[520] Denn tief im menschlichen Rechtsbewusstsein sei die Überzeugung verankert, dass man sein Recht unter Umständen auch gegenüber einem ungerechten Gesetzgeber durchsetzen müsse.[521] Dies gilt auch für das Persönlichkeitsrecht.

Die vorbenannten Ausführungen zeigen, dass sich unter kritischer Inbezugnahme der Begriffe Person, Gegenstand und Herrschaftsrecht eine belastbare Rechtskonstruktion erstellen lässt, welche die Idee vom Recht am Persönlichkeitsbild im System des Bürgerlichen Rechts trägt. Hierbei erweist es sich konstruktionsbedingt sogar als Vor- und nicht als Nachteil, an der Subjekt-Objekt-Relation des subjektiven Rechts festzuhalten.[522]

II. Das allgemeine Persönlichkeitsrecht

1. Begründung und Anerkennung des allgemeinen Persönlichkeitsrechts

Der Gedanke von der menschlichen Persönlichkeit und ihrem Schutz hat über die Philosophie der Aufklärung und den Idealismus Eingang in das Rechtsbewusstsein gefunden. Die Vertreter des Naturrechts und der Rechtsphilosophie waren es, die den sittlichen Wert der Persönlichkeit samt ihrer Eigenart und Originalität erkannt und zum Gegenstand ihrer Untersuchungen gemacht haben.[523]

So tritt in der Ethik und Rechtslehre *Kants* der Gedanke von der Autonomie und der Freiheit der Person deutlich hervor. *Kant* fordert etwa die Anerkennung der geistigen Beziehung der Persönlichkeit zu ihrem Werk durch ein Verbot des Büchernachdrucks, weil an einem

518 *Jellinek,* System der subjektiven öffentlichen Rechte, S. 44.

519 *v. Savigny,* System des heutigen Römischen Rechts, Band I, §§ 4, 52, 53.

520 *v. Jhering,* Geist des römischen Rechts, Band III, S. 333.

521 *Hubmann,* Das Persönlichkeitsrecht, S. 78, 118.

522 Kritisch hierzu *Götting,* Sanktionen des postmortalen Persönlichkeitsrechts, GRUR 2004, S. 805.

523 Hierzu ausführlich *Hubmann,* Das Persönlichkeitsrecht, S. 85 ff.

Buch nicht nur als sogenanntes opus mechanicum ein Sachenrecht, sondern auch ein persönliches Recht des Verfassers bestehe, ohne dessen Erlaubnis der Inhalt nicht weiterverbreitet werden dürfe.[524]

Wilhelm von Humboldt[525] führt zur Eigenart der Persönlichkeit als höchsten Wert aus: *„Das, worauf die ganze Größe des Menschen zuletzt beruht, wonach der einzelne Mensch ewig ringen muss, … ist die Eigentümlichkeit der Kraft und Bildung. Der wahre Zweck des Menschen – nicht der, welchen die wechselnde Neigung, sondern welchen die ewig unveränderliche Vernunft ihm vorschreibt – ist die höchste und proportionierlichste Bildung seiner Kräfte zu einem Ganzen. Zu dieser Bildung ist Freiheit die erste und unerläßlichste Voraussetzung."*

Fichte geht in seiner Philosophie davon aus, dass der Inbegriff aller Rechte die Persönlichkeit sei und es die erste und höchste Pflicht des Staates sei, diese an seinen Bürgern zu schützen.[526] In seiner Arbeit *„Beweis der Unrechtmäßigkeit des Büchernachdrucks"* unterscheidet er zwischen dem körperlichem Ausdrucksmittel und der geistigen Form. An der geistigen Form habe der Verfasser ein angeborenes, unveräußerliches Eigentumsrecht.[527]

Hegel widmet sich in dem Werk *Grundlinien der Philosophie des Rechts*[528] dem Gedanken von der Persönlichkeit und fordert ihre Anerkennung. *„Die Persönlichkeit enthält überhaupt die Rechtsfähigkeit und macht den Begriff und die selbst abstrakte Grundlage des abstrakten und daher formellen Rechts aus. Das Rechtsgebot ist daher: Sei eine Person und respektiere die anderen Personen."*

Er unterscheidet an der Persönlichkeit eine äußere Sphäre.[529] Das vom freien Geist Verschiedene sei das Äußerliche. Zu ihm stehe die Person in der Beziehung des Eigentums.[530] Daneben habe die Persönlichkeit eine innere Sphäre: Geistige Geschicklichkeiten, Erkenntnisse,

---

524 *Kant,* Metaphysische Anfangsgründe der Rechtslehre, S. 8.

525 *v. Humboldt,* Ideen zu einem Versuch, die Grenzen der Wirksamkeit des Staates zu bestimmen, S. 27.

526 *Fichte,* Grundlagen des Naturrechts nach den Prinzipien der Wissenschaftslehre, S. 318.

527 *Fichte,* Beweis der Unrechtmäßigkeit des Büchernachdrucks.

528 *Hegel,* Grundlinien der Philosophie des Rechts, § 258.

529 *Hegel,* Grundlinien der Philosophie des Rechts, § 41.

530 *Hegel,* Grundlinien der Philosophie des Rechts, § 42.

Wissenschaften, Talente usw. seien dem freien Geist eigen.[531] Der Mensch könne diesen inneren Fähigkeiten durch Äußerung ein äußeres Dasein geben und sie dann veräußern.[532] Unveräußerlich seien aber *„diejenigen Güter oder vielmehr substantielle Bestimmungen, sowie das Recht an sie unverjährbar, welche meine eigenste Person und das allgemeine Wesen meines Selbstbewusstseins ausmachen, wie meine Persönlichkeit, überhaupt meine allgemeine Willensfreiheit.“*[533]

In seiner Philosophie des Rechts führt *Julius Stahl*[534] im 19. Jahrhundert zur Persönlichkeit aus: *„Der Mensch ist als Person ein ursprünglicher und selbständiger, also ein absoluter Zweck der Schöpfung und des Weltplans, und zwar der Mensch nicht als Gattung, nicht der Gedanke des Menschen, sondern das Individuum, jeder einzelne Mensch (...) Der einzelne Mensch ist danach absoluter Zweck auch in der Rechtsordnung, dies ist das Recht der Person oder das „angeborene Recht“, Inhalt desselben ist dann eben das, was zur Existenz als Person gehört: Integrität, Freiheit, Ehre, Rechtsfähigkeit, Schutz in den erworbenen Rechten. Einzeln bezeichnet man diese Rechte als die „angeborenen“, richtiger als die im Wesen der Persönlichkeit liegenden Rechte.“*

Später waren es vor allem *Gareis, Kohler, Regelsberger, v. Gierke* und *Lob*, die die vorbenannten Erkenntnisse zu Person und Persönlichkeit für die Herausbildung und Anerkennung des Persönlichkeitsrechts fruchtbar gemacht haben.

Gareis[535] setzte sich für die Anerkennung eines Individualrechts ein. Zu diesem komme man *„in jedem Rechtssystem durch die logische Spaltung des rechtsfähigen Menschen in das berechtigte Subjekt, das abstrakte und zugleich konkrete Ich (metaphysisch: der Wille).“*

Kohler führt aus, dass das Persönlichkeitsrecht ein naturwüchsiges Recht ist: *„Das Recht an der eigenen Person oder Persönlichkeit muß der Ausgangspunkt einer jeden Rechtsordnung sein: denn jedes Recht bedarf eines Rechtssubjekts, und wer Rechtssubjekt ist, muß als Persönlichkeit den*

531 *Hubmann,* Das Persönlichkeitsrecht, S. 88.
532 *Hegel,* Grundlinien der Philosophie des Rechts, § 43.
533 *Hegel,* Grundlinien der Philosophie des Rechts, § 66.
534 *Stahl,* Die Philosophie des Rechts, Bd. II, S. 257.
535 *v. Gareis,* Das Recht am menschlichen Körper, S. 82 ff.

Schutz des Rechts finden…[536] *Das Objekt des Persönlichkeitsrechts ist die eigene Person, welche also Subjekt und Objekt zugleich ist.*"[537]

V. Gierke[538] ist der Überzeugung, dass das allgemeine Persönlichkeitsrecht das Grundrecht ist, durch das die Rechtsordnung den Anspruch, als Person zu gelten, gewährleistet. „*Das Recht der Persönlichkeit ist ein subjektives Recht und muß von jedermann anerkannt und geachtet werden. Es ist das einheitliche subjektive Grundrecht, das alle besonderen subjektiven Rechte fundamentiert und in sie hineinreicht …*"

In den Ausführungen von *Kohler* und *v. Gierke* zur Person kann deutlich gelesen werden, was nahezu unverändert Eingang in das BGB und GG gefunden hat und dort zuvorderst aufgeführt ist: Die Rechtsfähigkeit des Menschen ist Teil seiner Würde (§ 1 BGB). Die Verfassung stellt mit dem in der Rangordnung der Rechte an erste Stelle stehenden Art. 1 I GG den Menschen in den Mittelpunkt der Rechts- und Staatsordnung. Das Recht sieht den Menschen als Person, die mit anderen Menschen gleich an Rechten ausgestattet ist, frei und autonom über sich selbst bestimmen und ihren Überzeugungen gemäß leben kann.

Gleichwohl war der Weg zur Anerkennung des Persönlichkeitsrechts kein leichter. Denn obwohl nach dem Ersten Entwurf des BGB im Jahr 1888 über § 704 II 2 die Ehre als Kernbereich der Persönlichkeit ausdrücklich geschützt werden sollte, hat der Gesetzgeber doch später von der Anerkennung eines allgemeinen Persönlichkeitsrechts gezielt abgesehen. Der Erste Entwurf sollte die Ehre als Rechtsgut unabhängig von der damaligen Streitfrage, ob es rechtslogisch möglich sei, subjektive Rechte an der eigenen Person anzuerkennen, erfassen.[539]

Mit dem Zweiten Entwurf wurde § 704 durch § 746 ersetzt, sodass auch die klarstellende Aufzählung der Rechtsgüter in § 704 II 2 ersatzlos gestrichen wurde.[540] Somit wurde die Ehre aus dem Katalog der absolut geschützten Rechtsgüter genommen und der Befürchtung zuvorgekom-

536 *Kohler,* Das Eigenbild im Recht, S. 5.
537 *Kohler,* Lehrbuch der Rechtsphilosophie, S. 131.
538 *v. Gierke,* Deutsches Privatrecht, S. 702 ff.
539 *Fezer,* Teilhabe und Verantwortung, S. 479 ff.
540 *Beuter,* Die Kommerzialisierung des Persönlichkeitsrechts, S. 5 f.

men, es könne einen Missbrauch geben, wenn auch die fahrlässige Ehrverletzung unter den Schutz des Privatrechts gestellt würde. Der Schutz der persönlichen Ehre durch die Strafvorschriften und durch § 824 BGB wurde als ausreichend erachtet.

In der Folgezeit entsprach das Reichsgericht dem Willen der Gesetzesväter und entschied, dass die Ehre ausdrücklich nicht zu den sonstigen Rechten von § 823 I zählen sollt.[541] Erst im Wege über die Schutzgesetze nach §§ 185 ff. StGB konnte ein Mindestschutz der Ehre in das zivilrechtliche Haftungssystem eingehen.[542] Später erkannte das Reichsgericht in ständiger Rechtsprechung ein allgemeines Persönlichkeitsrecht als Ausschließlichkeitsrecht nicht an.[543]

Entsprechend der ursprünglichen Konzeption des BGB konnte der Schutz der Persönlichkeit nach § 823 I BGB lediglich für einzelne besondere Persönlichkeitsrechte wie das Namensrecht, das Recht am eigenen Bild und das Urheberpersönlichkeitsrecht gewährt werden, obgleich dem Persönlichkeitsrecht in zahlreichen Entscheidungen nach § 826 BGB ein gewisser Schutz zugesprochen wurde.[544]

Diese Rechtslage wurde früh als unbefriedigend empfunden. Das Fehlen eines effizienten Persönlichkeitsschutzes im Zuge des technischen und sozialen Wandels trat immer deutlicher hervor, da neue Geräte wie Teleobjektive, Minispione sowie die modernen Massenkommunikationsmittel mit ihrer Breitenwirkung einen Einbruch in zuvor sicher geglaubte Persönlichkeitssphären brachten.[545]

Zur Änderung der sogenannten Normsituation in tatsächlicher Hinsicht trat mit dem Erlass des Grundgesetzes ein Wertungswandel für die Gesamtrechtsordnung hinzu.[546] Die bei Erlass des BGB geltende Verfassung des Kaiserreichs kannte keine Grundrechte. In der Weimarer Reichsverfassung wurden Grundrechte lediglich als weitgehend unverbindliche Programmsätze angesehen. Ganz anders verhielt es sich dann mit dem Grundgesetz, das in Art. 1 und Art. 2 I GG den Schutz

---

541 RGZ 51, S. 369 ff.
542 *Beuter*, Die Kommerzialisierung des Persönlichkeitsrechts, S. 7.
543 RGZ 102, S. 334 ff.; RGZ 123, S. 312, 320.
544 RGZ 115, S. 416 ff.; RGZ 162, S. 7 ff.
545 *Larenz/Canaris*, Schuldrecht II/2, § 80 I 2, S. 492.
546 *Larenz/Canaris*, Schuldrecht II/2, § 80 I 2, S. 492.

der Persönlichkeit in demonstrativer Weise an seine Spitze stellt und durch Art. 1 III GG zu unmittelbar geltendem Recht erhebt.

Die Entscheidung, sich im Zuge der Konzeption des BGB gegen einen umfassenden Schutz der Persönlichkeit zu entscheiden, die ursprünglich als ein de lege ferenda zu korrigierender sogenannter *rechtspolitischer Fehler* kritisiert werden konnte, entwickelte sich sodann zu einer weitreichenden Lücke, die de lege lata geschlossen werden musste.[547]

Hinzu trat, dass die Unzulänglichkeit des zivilrechtlichen Persönlichkeitsschutzes nach dem Zweiten Weltkrieg als besonders deutlich empfunden wurden, da mit den Gräueltaten im Nationalsozialismus der Freiheitsbereich der Persönlichkeit in einer nicht vorstellbaren Art und Weise verletzt und eingeschränkt wurde, als es zuvor für rechtlich und praktisch möglich gehalten wurde.[548]

Das allgemeine Persönlichkeitsrecht wurde in der Konsequenz vom BGH in der ersten Hälfte der fünfziger Jahre des 20. Jahrhunderts anerkannt.[549] Zuvor hatte das Reichsgericht die Anerkennung in ständiger Rechtsprechung abgelehnt[550] und nur in besonderen Fällen einen Anspruch nach § 826 BGB angenommen.[551]

Der BGH sah sich in seiner Entscheidung *Leserbrief*[552] durch die neuen grundgesetzlichen Regelungen einer zu beachtenden gesetzgeberischen Wertung gegenüber und erkannte das allgemeine Persönlichkeitsrecht mit der folgenden Begründung an: *„Nachdem nunmehr das Grundgesetz das Recht des Menschen auf Achtung seiner Würde (Art. 1 GG) und das Recht auf freie Entfaltung seiner Persönlichkeit auch als privates von jedermann zu achtendes Recht anerkennt, soweit dieses Recht nicht die Rechte anderer verletzt oder gegen die verfassungsmäßige Ordnung oder das Sittengesetz verstößt (Art. 2 GG), muss das allgemeine Persönlichkeitsrecht als ein verfassungsmäßig gewährleistetes Grundrecht angesehen werden.“*[553]

547 *Larenz/Canaris,* Schuldrecht II/2, § 80 I 2, S. 492.
548 *Beuter,* Die Kommerzialisierung des Persönlichkeitsrechts, S. 6.
549 BGHZ 13, S. 334 – *Leserbrief.*
550 RGZ 102, S. 135; 107, S. 281.
551 RGZ 72, S. 175; 85, S. 343; 115, S. 416; 162, S. 7.
552 BGHZ 13, S. 334 – *Leserbrief.*
553 BGHZ 13, S. 334, 338 – *Leserbrief.*

Das allgemeine Persönlichkeitsrecht haben das Bundesverfassungsgericht[554] und der Bundesgerichtshof[555] aus Artikel 2 I GG in Verbindung mit Artikel 1 I GG hergeleitet. Das allgemeine Persönlichkeitsrecht ist ein sogenanntes unbenanntes Freiheitsrecht, das die speziellen Freiheitsrechte ergänzt.[556] Seine Aufgabe ist es, im Hinblick auf das verfassungsrechtliche Konstitutionsprinzip (Menschenwürde), die innere persönliche Lebenssphäre und die Erhaltung ihrer Grundlagen zu gewährleisten, die sich durch die traditionellen konkreten Freiheitsgarantien nicht abschließend erfassen lassen.[557]

Es gewährleistet die Achtung der Würde des Menschen, seine Autonomie, sein Ansehen, seine Identität und Individualität.[558] Der Schutz ist ausgerichtet auf die Unterlassung jede die Menschenwürde verletzende Behandlung.[559]

Wie ausgeführt, liegt die positivrechtliche Grundlage des allgemeinen Persönlichkeitsrechts in Art. 1 I und Art. 2 I GG. Indem es auf Art. 1 GG gestützt wird, unterliegt es der Unabänderbarkeitsgarantie von Art. 79 III GG, ist eines der obersten Konstitutionsprinzipien der Rechtsordnung und wird als Quelle für zahlreiche dem Schutz und der Entfaltung der Persönlichkeit dienenden Rechte angesehen.[560]

Es ist von den Gerichten im Wege einer legitimen richterlichen Rechtsschöpfung geschaffen worden und wird heute als solches gewohnheitsrechtlich angesehen und nach ständiger Rechtsprechung als ein sonstiges Recht im Sinne von § 823 I BGB anerkannt. Es determiniert vermögenswerte Bestandteile, prägt und formt sie.

Als Rahmen- und Auffangrecht greift es lediglich dann ein, wenn nicht speziellere Persönlichkeitsrechte vorliegen, wie etwa das Namensrecht, (§ 12 BGB), die Ehre (§ 823 II i.V.m. §§ 185 ff. StGB; 824

---

554 BVerfG NJW 1973, S. 891 f. – *Tonbandaufnahme;* BVerfG NJW 1973, S. 1221, 1233 – *Soraya;* BVerfG 1973, S. 1226, 1227 – *Lebach.*

555 BGH NJW 1991, S. 1532, 1533 – *Notfallarzt;* BGH NJW 1954, S. 1404 – *Leserbrief.*

556 BVerfG NJW 1993, S. 1463 – *Poller.*

557 BVerfG NJW 1993, S. 1463 – *Poller.*

558 BGHZ 24, S. 72, 78.

559 OLG Celle NJW 2003, S. 2463.

560 BGHZ 24, S. 72.

BGB), das Urheberpersönlichkeitsrecht (§§ 12–14 UrhG) sowie das Recht am eigenen Bild (§§ 22 ff. KUG).

Der zivilrechtliche und verfassungsrechtliche Persönlichkeitsschutz unterscheiden sich im Hinblick auf den Adressaten: § 823 I BGB betrifft Ansprüche und Streitigkeiten unter Privatpersonen; Art. 2 I GG ist hingegen vorrangig ein Abwehrrecht gegen staatliches Handeln (Art. 1 III GG). Die zu Art 2 I GG entwickelten inhaltlichen Maßstäbe sind jedoch aufgrund der mittelbaren Drittwirkung der Grundrechte auch im Rahmen von § 823 I BGB relevant und können dann sowohl auf die materiellen Anforderungen als auch auf die einzelnen zivilrechtlichen Anspruchsarten Auswirkungen haben.[561]

2. Schwächen des allgemeinen Persönlichkeitsrechts

Ein erstes Problem stellt sich schon mit der Bestimmung des geschützten Rechtsguts des Persönlichkeitsrechts ein, denn die menschliche Persönlichkeit entzieht sich ihrer Natur nach weitestgehend abschließenden Formulierungen, festen Abgrenzungen und juristischen Definitionen, womit die Gefahr der Rechtsunklarheit und Rechtsunsicherheit einhergeht. Grund hierfür ist, dass die menschliche Persönlichkeit ein komplexes, dynamisches und diffuses Lebensgut ist, das im Unterschied zum Leben, Körper und der Gesundheit weder vorrechtlich bestimmt noch wohl jemals abschließend zu bestimmen sein wird.[562]

Hubmann[563] führt hierzu aus: „Fragen wir uns, was wir darunter verstehen, so meinen wir, es zu wissen, jeder hat eine dunkle Vorstellung davon; versucht man aber diese Vorstellung zu analysieren, so zerrinnt sie wie Nebel vor den Augen." Hieran hat auch die nunmehr 60-jährige Geschichte des zivilistischen Persönlichkeitsrechts scheinbar nichts zu ändern vermocht.

Auch der Blick in die Nachbardisziplinen vermag an dieser Stelle keinen wesentlichen Erkenntnisgewinn bringen, weil dem Begriff, etwa

561 BVerfGE 7, S. 198, 205 ff.

562 *Neben,* Triviale Personenberichterstattung als Rechtsproblem, S. 141 f., *Biene,* Starkult, Image und Persönlichkeitsgüterrecht, S. 6.

563 *Hubmann,* Das Persönlichkeitsrecht, S. 9

in der Psychologie, Theologie und Philosophie – entsprechend dem jeweiligen Untersuchungsobjekt – unterschiedliche Bedeutungsinhalte zukommen.[564]

Ein enormes Echo hat die von *Medicus* geäußerte Kritik ausgelöst, dass „das Persönlichkeitsrecht eine juristische Missgeburt ist. Denn die einzelnen Ausflüsse der Persönlichkeit wie Ehre usw. lassen sich von der Persönlichkeit selbst nicht trennen. Sie können daher auch nicht Objekt besonderer Rechte werden, sondern sind Teile der Persönlichkeit (also des Rechtssubjekts) selbst. Deshalb stehen sie auf einer Stufe mit Leben, Körper, Gesundheit und Freiheit, aber nicht mit dem Sacheigentum. Der Schutz der Persönlichkeit sollte daher durch Analogie zum Schutz der vier genannten Lebensgüter begründet werden; ein Persönlichkeitsrecht als „sonstiges Recht" ist abzulehnen."[565]

Wie bereits ausgeführt, hat das vom BGH auf der Ebene des einfachen Gesetzesrechts als sonstiges Recht im Sinne des § 823 I BGB entwickelte zivilrechtliche allgemeine Persönlichkeitsrecht ein anderes Schutzziel als das verfassungsrechtliche Persönlichkeitsrecht. Es wurde geschaffen, um eine im Deliktsrecht bestehende Rechtsschutzlücke zu schließen, denn § 823 I BGB führt als geschütztes Rechtsgut die Persönlichkeit nicht auf.[566]

Und wenngleich über § 823 II BGB i.V.m. §§ 185 ff. StGB die Ehre und nach § 823 I BGB die Freiheit im Sinne von körperlicher Bewegungsfreiheit geschützt werden, so sind damit lediglich Teilbereiche der Persönlichkeit umfasst. Gleiches gilt für den im Jahr 2002 geänderten § 253 II BGB, der sich auf den Schutz der sexuellen Selbstbestimmung bezieht.

Eine Rechtsschutzlücke ist außerdem zu erkennen, wenn es um die unerlaubte wirtschaftliche Verwertung fremder personenbezogener Daten, insbesondere um die Kommerzialisierung fremder Persönlichkeitsbilder geht.

---

564 *Beuthien/Schmölz,* Persönlichkeitsschutz durch Persönlichkeitsgüterrechte, S. 7 f.

565 *Medicus/Petersen,* Bürgerliches Recht, S. 312, Rdn. 615.

566 *Beuthien,* Ist das Allgemeine Persönlichkeitsrecht eine juristische Missgeburt?, S. 3.

Beuthien stellt zu Recht die Frage, warum es überhaupt allgemeines Persönlichkeitsrecht heißt, wofür also das Wort „allgemein“ stehe.[567] Als mögliche Antworten kommen in Betracht, es im Sinne von absolut zu verstehen ist, da es sich um ein Recht handelt, das gegenüber jedermann gelte.[568] Das Wort könne aber auch so interpretiert werden, dass mit dem Persönlichkeitsrecht ein allumfassendes Recht gemeint sei[569].

Als weiterer Ansatz wird das Rangverhältnis zwischen dem allgemeinen und dem besonderen Persönlichkeitsrecht genannt, was zur Folge hat, dass das allgemeine Persönlichkeitsrecht zurücktritt, wenn ein besonderes Persönlichkeitsrecht vorliegt, wie z.B. §§ 22 ff. KUG.[570]

Mehr Klarheit mag sich auch dann nicht einstellen, wenn das zivilrechtliche allgemeine Persönlichkeitsrecht als ein Quellrecht angesehen wird,[571] aus dem einzelne besondere Persönlichkeitsrechte fließen. An dieser Stelle wird vielfach vom Rahmenrecht[572] und von einer Generalklausel[573] gesprochen. Aber auch hieraus lassen sich keine weiterführenden Angaben und Hilfen in Bezug auf Inhalt, Umfang und Grenzen des Rechts ableiten.

Gleiches gilt, wenn das zivilrechtliche allgemeine Persönlichkeitsrecht als ein offener Tatbestand aufgefasst wird, der im Einzelfall durch eine Güter- und Interessenabwägung bestimmt wird.[574] Beuthien konstatiert an dieser Stelle zutreffend, dass es für ein subjektives Recht gerade kennzeichnend ist, das es in Bezug auf Art und Gegenstand einen grundsätzlich von den Umständen des Einzelfalls unabhängigen Inhalt hat.[575]

Er weist auch darauf hin, dass ein zivilrechtliches allgemeines Persönlichkeitsrecht, das die Person wie auch die mit ihr in Verbindung

567 *Beuthien,* Ist das Allgemeine Persönlichkeitsrecht eine juristische Missgeburt?, S. 3.

568 Vgl. BGHZ 13, S. 338; 24, S. 76 f.

569 BGHZ 50, S. 143.

570 Vgl. Helle, Besondere Persönlichkeitsrechte im Privatrecht, S. 27 f. unter Verweis auf BGHZ 26, S. 349, 351, 355, 357 – *Herrenreiter.*

571 BGHZ 24, S. 72, 78.

572 BGH NJW 1994, S. 124; *Prinz/Peters,* Medienrecht, S. 63.

573 BGH NJW 1957, S. 1146 – *Krankenpapiere.*

574 BGH NJW 1957, S. 1146 – *Krankenpapiere.*

575 *Beuthien,* Ist das Allgemeine Persönlichkeitsrecht eine juristische Missgeburt?, S. 5.

stehenden wirtschaftlichen Interessen schützt, sich nicht systemkonform in das für das Deliktsrecht geltende Enumerationsprinzip eingliedern lasse.[576] Als Grund führt er an, dass der Schadensersatzanspruch nach § 823 I BGB stets die Verletzung eines Rechts/Rechtsguts oder sonstigen Rechts verlange.

Mache man aber die menschliche Persönlichkeit zum Gegenstand eines sonstigen, absoluten Rechts, so liege genau genommen eine rechtssystematische Fehlkonstruktion vor, denn alle Gegenstände sonstiger Rechte und auch das Eigentum, befänden sich außerhalb der Person und damit jenseits der Persönlichkeit.

Hierauf zielt auch die Kritik von *Medicus* ab. Nach Beuthien muss daher der in § 823 I BGB genannte Lebensgüterkatalog Leben, Körper, Gesundheit und Freiheit um das Rechtsgut der Persönlichkeit ergänzt werden.[577]

Beuthien sieht das allgemeine Persönlichkeitsrecht gar nur als einen Notbehelf an, was sich daran zeige, dass es nicht aus dem Bürgerlichen Gesetzbuch (§§ 823 I, 847 I bzw. nun § 253 II BGB), sondern aus der Verfassung nach Art 1 I GG hergeleitet werde, obwohl, wie bereits ausgeführt, den Grundrechten gerade keine unmittelbare Drittwirkung zukomme.[578]

Als Beispiel hierfür kann die Rechtsprechung angeführt werden, die als Anspruchsgrundlage für das allgemeine Persönlichkeitsrecht den Schutzauftrag von Art. 1 I GG i.V.m. § 823 I BGB wählt, anstatt als Anspruchsgrundlage von § 823 I BGB i.V.m. dem Schutzauftrag von Art. 1 I GG auszugehen.[579]

Er merkt auch an, dass wenn der in den Art. 2 I, 1 I GG verankerte verfassungsrechtliche Schutzauftrag der Persönlichkeit sich auf das Zivilrecht erstrecke, von den Gerichten auch das im Zivilrecht bestehende Regelungssystem zwingend beachtet werden müsse. Dies sei aber nur

576 *Petersen,* Medienrecht, S. 76.

577 *Beuthien,* Ist das Allgemeine Persönlichkeitsrecht eine juristische Missgeburt?, S. 13.

578 *Beuthien,* Was ist vermögenswert, die Persönlichkeit oder ihr Image?, NJW 2003, S. 1221.

579 OLG München, GRUR-RR 2002, S. 341. Von § 823 I BGB i.V.m. Art. 2 I, Art. 1 I GG sprechen *Fechner,* Medienrecht, Rdn. 157 und *Gounalakis,* Geldentschädigung bei zu eigen gemachten ehrverletzenden Äußerungen Dritter im Internet, NJW 2014, S. 2000.

teilweise der Fall. Ein verfassungsrechtlicher Schutzauftrag könne das bestehende einfache Gesetzesrecht nur ausfüllen, aber nicht ersetzen.[580]

Die höchstrichterliche Rechtsprechung und die Literatur fassen das allgemeine Persönlichkeitsrecht als ein einheitliches Grundrecht auf und übertragen dieses in die Systematik des Bürgerlichen Rechts. Es zielt darauf ab, das Lebensgut Persönlichkeit durch eine Vielzahl von Befugnissen vor rechtswidrigen Eingriffen zu schützen. Jedoch sind dem Bürgerlichen Recht im Unterschied zum Grundgesetz, Rechte im Sinne eines unbestimmten Freiheitsraums, der erst noch konkret ausgefüllt werden muss, fremd.

Charakteristisch für das Privatrecht sind die subjektiven Rechte, die die konkreten Rechtsbeziehungen zwischen Personen untereinander (relatives Recht) oder das Verhältnis zwischen Personen und bestimmten Gegenständen (absolutes Recht) regeln. Diese Beziehungen rechtfertigen in der Konsequenz das Recht, von einem anderen ein Tun oder Unterlassen verlangen zu können, das unter zur Hilfenahme von Gerichten eingeklagt werden kann (§ 194 I BGB). In dieses Anspruchssystem lässt sich das allgemeine Persönlichkeitsrecht als absolutes sonstiges Recht nach § 823 I BGB jedoch nicht schlüssig einfügen.

Mit dem Verhältnis von Schmerzensgeld und gesellschaftlicher Stellung des Opfers bei Verletzungen des allgemeinen Persönlichkeitsrechts hat sich v. Bar kritisch auseinandergesetzt.[581] Er kommt in seiner Untersuchung zu dem Ergebnis, dass die gesellschaftliche und wirtschaftliche Stellung des Opfers als Bemessungsfaktor für die Entschädigungshöhe in nicht nachvollziehbarer Weise herangezogen werde, womit sich eine sachlich nicht gerechtfertigte Ungleichbehandlung durch die Gerichte einstelle.[582] Es scheint, als ob die Ehre Prominenter mehr Wert hat, als die Ehre medial unauffälliger Bürger.[583]

580 *Beuthien/Schmölz,* Persönlichkeitsschutz durch Persönlichkeitsgüterrechte, S. 20.

581 *v. Bar,* Schmerzensgeld und gesellschaftliche Stellung des Opfers bei Verletzungen des allgemeinen Persönlichkeitsrechts, NJW 1990, S. 1724 ff.

582 *v. Bar,* Schmerzensgeld und gesellschaftliche Stellung des Opfers bei Verletzungen des allgemeinen Persönlichkeitsrechts, NJW 1990, S. 1729.

583 Vgl. hierzu auch *Siebrecht,* Der Schutz der Ehre im Zivilrecht, JuS 2001, S. 341.

Er konstatiert, dass die Geschichte des allgemeinen Persönlichkeitsrechts vor allem die Geschichte prominenter Personen sei.[584] Mit der Entwicklung des allgemeinen Persönlichkeitsrechts und der Rechtsprechung seien so berühmte Namen wie Cosima Wagner[585], Gustav Gründgens[586], Strauß[587], Kohl[588], Biedenkopf[589], Prinzessin Soraya[590], Catherina Valente[591] und Heinrich Böll[592] untrennbar verbunden, womit deutlich der Vorwurf einer Bevorzugung von Privilegierten im Raum stehe.[593]

Darüber hinaus nimmt die Rechtsprechung einen schweren Eingriff in das allgemeine Persönlichkeitsrecht erst dann an, wenn sie den gesamten Umstand des Einzelfalls eingehend berücksichtigt hat. Die Festsetzung der Geldentschädigung ist dabei im Wesentlichen dem Beurteilungsermessen des Tatrichters überlassen.[594] Für den Anspruchsgrund finden die Art, die Schwere der Beeinträchtigung und der Grad des Verschuldens sowie Anlass und Beweggrund des Handelns besondere Berücksichtigung.[595]

Gleiches gilt für die Bemessung der Anspruchshöhe.[596] Die Intensität der Schmerzen im Geistigen, das Maß der Schuld, der Anlass und

584 Auflistung bei *v. Bar,* Schmerzensgeld und gesellschaftliche Stellung des Opfers bei Verletzungen des allgemeinen Persönlichkeitsrechts, NJW 1990, S. 1729.
585 BGHZ 15, S. 249 ff.
586 BGH NJW 1968, S. 1773.
587 BGH VersR 1969, S. 62.
588 BGH NJW 1979, S. 647.
589 BGH JZ 1979, S. 351.
590 BGH NJW 1965, S. 685.
591 BGHZ 30, S. 7 ff.
592 BGH NJW 1978, S. 1797.
593 *v. Bar,* Schmerzensgeld und gesellschaftliche Stellung des Opfers bei Verletzungen des allgemeinen Persönlichkeitsrechts, NJW 1990, S. 1724.
594 BGHZ 35, S. 363, 370.
595 BGH NJW 1970, S. 1077.
596 BGHZ 26, S. 349, 358.

die Begleitumstände der Verletzungshandlung geben der Anspruchshöhe ihr Gepräge.[597] Es sind mit unterschiedlicher Gewichtung die Solvenz des Täters,[598] des Opfers[599], die durch die Verletzung erzielte Auflagensteigerung[600], die Relation zur Schmerzensgeldzubilligung bei Körperverletzungen[601], die Verbreitungsdichte der Falschmeldung[602] und der Wert für die öffentliche Meinungsbildung bestimmend.[603] Die gesellschaftliche Stellung des Opfers und seine wirtschaftlichen Verhältnisse sollen nach dem ausdrücklichen Willen des BGH berücksichtigt werden.[604] Je angesehener und wohlhabender das Opfer ist, desto höher soll auch – bei vergleichbaren Sachverhalten – sein Genugtuungsanspruch ausfallen.

V. Bar kritisiert, dass der Sozialbezug und das Sozialprestige des Persönlichkeitsschutzes, seine Einbettung in die gesamten Lebensumstände und -verhältnisse zu weit getrieben werden, als dass sich dafür noch plausible Gründe finden ließen.[605] Vor diesem Hintergrund nimmt er eine vergleichende Gegenüberstellung einzelner von der Rechtsprechung entschiedener Fälle vor.[606]

Je DM 10.000,00 wurden den Politikern Kohl und Biedenkopf zugesprochen, weil das Hamburger Magazin Stern das illegal angefertigte Protokoll eines Telefonats zwischen beiden publizierte.[607]

Diesen Beträgen stehe eine Entscheidung des BAG gegenüber.[608] Der Arbeitgeber hatte einen Verkaufsmetzger in einem Rundschreiben zu Unrecht der Beleidigung und des Diebstahls beschuldigt, weswegen ihm gekündigt wurde. Das BAG lehnte einen Schmerzensgeldanspruch

---

597 *v. Bar,* Schmerzensgeld und gesellschaftliche Stellung des Opfers bei Verletzungen des allgemeinen Persönlichkeitsrechts, NJW 1990, S. 1725.

598 AfP 1992, S. 376 f.

599 NJW-RR 1995, S. 477 ff.

600 AfP 1993, S. 753.

601 AfP 1994, S. 243, 245.

602 BGH NJW 1965, S. 1374, 1376.

603 AfP 1993, S. 753.

604 BGHZ 26, S. 349, 359.

605 BVerfG, NJW 1973, S. 1226, 1231.

606 *v. Bar,* Schmerzensgeld und gesellschaftliche Stellung des Opfers bei Verletzungen des allgemeinen Persönlichkeitsrechts, NJW 1990, S. 1725 ff.

607 BGH NJW 1979, S. 647.

608 BAG NJW 1979, S, 2532.

völlig ab, weil die Schuld des Arbeitgebers nicht schwer und dem Genugtuungsinteresse des Klägers durch einen Widerruf ausreichend Rechnung getragen worden sei.

In einem anderen Urteil[609] druckte der Kölner Stadt-Anzeiger einen Artikel, der sich mit der Frage der Namensergänzung befasste. Über dem Artikel stand in Fettdruck die Überschrift: „Hätten Sie Zutrauen zu einem Killer?" Auf derselben Seite fand sich eine Fotografie in einer Größe von 6,5 cm x 11 cm, auf der das Praxisschild des Klägers „Joseph Müller" III/Rechtsanwalt/Fachanwalt für Steuerrecht" abgebildet war. Der Leser musste die Überschrift „Killer" auf den Kläger beziehen. Das OLG sprach DM 2.000,00 zu.

DM 20.000,00 erhielt im Jahr 1961 der Rechtsanwalt beim BGH Frhr. v. Stackelberg. In der Wochenzeitung Spiegel waren auf einer Seite Fotografien des Senatspräsidenten Prof. Sarstedt und des Klägers abgebildet. Prof. Sarstedt hatte geäußert, dass „die große Mehrzahl der Revisionsbegründungen auf erschreckend niedrigem Niveau liege, ohne damit die des Klägers zu meinen. Im Spiegel erschienen daraufhin die folgenden Bildunterschriften: „Richter Sarstedt, Die Mehrzahl der Strafverteidiger ... Anwalt v. Stackelberg ... auf erschreckend niedrigem Niveau." Das Gericht meinte, dass angesichts der sozialen Stellung des Klägers ihm ein höherer Geldbetrag einen gerechten Ausgleich für die ihm zugefügte Unbill bieten könnte.[610]

Bei Gegenüberstellung der vorerwähnten Fälle zeigt sich, dass sich die Beeinträchtigungen der Ehre der Opfer dem Grad und der Intensität nach ähneln. Die Diskrepanz der gerichtlich zugesprochenen Beträge erklärt sich daher aus der wirtschaftlichen und gesellschaftlichen Stellung der Opfer.

In einem anderen Fall[611] wurde ein Betrag von DM 5.000,00 als eine angemessene Genugtuung für eine Frau angesehen, die von einer Zeitschrift einer terroristischen Gruppierung zugeordnet wurde und damit „als besonders verabscheuungswürdig, als krasser Außenseiter der Gesellschaft, dem in der breiten Bevölkerung Verachtung entgegengebracht wird", abgetan wurde.

---

609 OLG Köln, GRUR 1967, S. 310.
610 LG Frankfurt, AnwBl 1961, S. 263.
611 OLG Köln, VersR 1979, S. 746.

Der Chefredakteur des Senders Freies Berlin wurde von demselben Gericht[612] hingegen zur Zahlung von DM 40.000,00 verurteilt, weil er in einem im Anschluss der Tagesschau am Tag des Staatsakts für den ermordeten Kammergerichtspräsidenten v. Drenkmann gesendeten Kommentar dem Schriftsteller Heinrich Böll den Vorwurf gemacht hatte, „den Boden der Gewalt durch den Ungeist der Sympathie mit den Gewalttätern gedüngt" zu haben.

In einer Kinoreportage, die die Wiedereinführung der Todesstrafe zum Gegenstand hatte, war der Kläger in einer ca. 4 Sekunden langen Sequenz mit Bild als besonders brutaler und kaltblütiger Doppelmörder hingestellt worden. Ihm wurde ein Schmerzensgeldanspruch i.H.v. DM 1.000,00 zugesprochen.[613]

Den Betrag von DM 25.000,00 bekam der Vorstandsvorsitzende einer Landespartei zugesprochen, der in den Jahren 1953 bis 1962 ein Ministeramt bekleidete. Ein Wochenmagazin hatte ihm den Vorwurf der Korruption gemacht.[614]
Der Betrag von DM 50.000,00 erschien dem Gericht angemessen zur Genugtuung für die falsche Behauptung der Bestechung eines Abgeordneten, die ein Nachrichtenmagazin gestreut hatte. Das Gericht führte hierzu aus, es brauche für die Festsetzung der Entschädigung kein Hindernis zu sein, dass der Kläger selbst sehr vermögend sei. Das Gericht habe die Genugtuungsfunktion der Entschädigung in den Vordergrund stellen dürfen.[615]

Auf die Schwächen des allgemeinen Persönlichkeitsrechts in der anwaltlichen Praxis macht Prinz aufmerksam.[616] Im Fall der Persönlichkeitsrechtsverletzung durch die Verbreitung unwahrer Tatsachenbehauptungen kann sich der Geschädigte grundsätzlich auf den Gegendarstellungs-, Unterlassungs-, Schadensersatz- und Widerrufsanspruch stützen.

---

612 BGH NJW 1978, S. 1797.
613 BGH NJW 1962, S. 1004
614 BGH VersR 1969, S, 62.
615 BGH NJW 1977, S. 1288. Nachweis bei *Hubmann,* Das Persönlichkeitsrecht, S. 353.
616 *Prinz,* Der Schutz der Persönlichkeitsrechte vor Verletzungen durch die Medien NJW 1995, S. 817 f.

Beabsichtigt er, einen Gegendarstellungsanspruch durchzusetzen, bedarf es hierfür der einstweiligen Verfügung. In der Praxis erfordert der Ablauf, dass in einem ersten Schritt dem Verlag die Gegendarstellung zugeschickt wird, die dieser erfahrungsgemäß ablehnt. Im zweiten Schritt wird eine einstweilige Verfügung beantragt, gegen die das Gericht zumeist aber Einwände geltend macht. Da hier das „Alles-oder-Nichts-Prinzip" greift, führt jede Beanstandung zum Scheitern des Antrags.

Der Antrag wird dann zurückgenommen und es wird eine Verfügung beantragt. Macht das Gericht erneut Einwände, wiederholt sich das Prozedere, sodass bis zu fünf Fassungen erforderlich sein können, bis die Gegendarstellung gedruckt wird. Das Gegendarstellungsrecht steht daher in Gefahr, zu einem Sonderrecht für wohlhabende Parteien zu werden.[617]

Entscheidet sich der Geschädigte dazu, den Weg über den Widerruf zu gehen und einen Widerrufsanspruch durchzusetzen, muss er beweisen, dass die veröffentlichte Tatsachenbehauptung unwahr ist. Hierfür bedarf es eines Hauptsacheverfahrens. Bis aber rechtskräftig entschieden ist, können mehrere Jahre vergehen, da sich die Verlage mit großer Ausdauer gegen die Widerrufserklärung stellen. Hinzu tritt, dass für diese Dauer die rechtswidrigen Beeinträchtigungen für den Geschädigten unverändert anhalten und in der Welt stehen.

Bei Ansprüchen wegen immaterieller Schäden zeigt sich wiederum, dass die von den Gerichten zugesprochenen Schmerzensgeldbeträge unbefriedigend sind, weil von ihnen keinerlei Präventionswirkung ausgeht.[618] So wurde bis zum Jahr 1995 das höchste Schmerzensgeld mit DM 50.000,00 *Prinz Bernhard* zugesprochen.[619] Die Beträge fallen so gering aus, dass sie für die Großverlage, die Gewinne von mehreren Millionen EUR generieren, keinen Hemmungseffekt haben.[620] Vielmehr

---

617 Dies gilt zumindest für die Anwalts- und Gerichtskosten.

618 *Beuthien,* Was ist vermögenswert, die Persönlichkeit oder ihr Image? NJW 2003. S. 1221.

619 OLG Hamburg Ufita 60, S. 322.

620 *Prinz,* Der Schutz der Persönlichkeitsrechte vor Verletzungen durch die Medien NJW 1995, S. 820.

preisen Medienunternehmen die Zahlung eines Schmerzensgeldes bei den Persönlichkeitsrechtsverletzungen bereits mit ein.

III. Das Persönlichkeitsgüterrecht

1. Das Persönlichkeitsgüterrecht nach *Hubmann*

Vor dem Hintergrund der dargestellten Schwächen des allgemeinen Persönlichkeitsrechts wird die Frage aufgeworfen, ob dem Rechtsschutz der Persönlichkeit nicht einfacher und effektiver gedient werden kann, wenn eine Lossagung vom allgemeinen Persönlichkeitsrecht erfolgt und ein anderer Lösungsweg beschritten wird.[621]

Die von *Beuthien* vorgeschlagene Richtung verläuft hierfür über das von ihm vorgestellte Persönlichkeitsgüterrecht. Bei näherer Untersuchung zeigt sich, dass die Idee von einem Persönlichkeitsgüterrecht nicht neu ist, denn bereits bei *Hubmann* lassen sich differenzierte Ausführungen zu Rechten an Persönlichkeitsgütern im Allgemeinen und im Einzelnen finden.[622]

Hubmann führt aus, dass dem einzelnen Menschen von Natur aus bestimmte Fähigkeiten, Anlagen und Güter mitgegeben seien. Diese Güter stehen nach seiner Überzeugung in einer mehr oder minder engen Verbindung mit der Persönlichkeit, wobei der Grad ihrer Verknüpfung mit der Person und der Grad ihrer Materialisierung verschieden seien.[623] Er stellt als Beispiel auf einen Gedanken ab, sei er wissenschaftlicher oder künstlerischer Art, der an Form gewinne, wenn er ausgesprochen werde. Wenn er niedergelegt wird, weil er etwa in Büchern gedruckt wird, bekomme er mit der Fixierung eine Gestalt. Ab diesem Zeitpunkt sei er verkehrs- und umlauffähig und bedürfe der Berücksichtigung durch die Rechtsordnung.

Vor diesem Hintergrund habe das Recht eigene Rechtsinstitute entwickelt, etwa für den Wert der Sache, das Eigentum und für geistige Werte das Immaterialgüterrecht. Nach *Hubmann* bedürfen die dem Menschen von Natur aus verliehenen Interessen des Schutzes durch die Rechtsordnung vor unberechtigten Eingriffen durch Dritte, wobei den unbegrenzten Interessen des Einzelnen nur ein begrenzter Rechtsschutz

621 *Beuthien,* Persönlichkeitsschutz durch Persönlichkeitsgüterrechte, S. 21.
622 *Hubmann,* Das Persönlichkeitsrecht, S. 220 ff.
623 *Hubmann*, Das Persönlichkeitsrecht, S. 220.

zur Seite stehen könne.[624] Auch wenn die durch das Recht an der Persönlichkeit geschützten Güter nicht abschließend aufgezählt werden könnten, hätten sich doch bestimmte Persönlichkeitsgüter herausgebildet, zu denen er das Leben, die Existenz sowie den Körper und die Gesundheit zählt.

Als das wichtigste Gut, das dem Menschen zur Erfüllung seiner Aufgabe von der Natur verliehen wurde, sieht er das Leben an, das dem Menschen überhaupt erst die Möglichkeit eröffne, eine Persönlichkeit zu bilden. Daher garantiere Art. 2 II GG jedem das Recht auf Leben, denn sein Schutz sei die wichtigste Aufgabe der Rechtsgemeinschaft.[625]

Er teilt die Auffassung, dass das Leben ein der Rechtsordnung vorausgehendes natürliches Gut sei, das kein subjektives Recht begründe.[626] Ein Selbstbestimmungsrecht des Einzelnen über sein Leben sei nicht anzuerkennen.[627] Zwar sei der versuchte Selbstmord straflos, aber der Verzicht auf das eigene Leben oder eine Einwilligung in die eigene Tötung unter Verweise auf § 216 StGB unwirksam.

Zur Existenz als Persönlichkeitsgut führt er aus, dass jeder vom anderen verlangen könne, die durch persönliche Leistung geschaffene Existenz zu respektieren und der Wirtschaftsordnung widersprechende Eingriffe zu unterlassen.[628] Die Rechtsordnung erkenne die Schutzwürdigkeit der Existenz an. Aus Art. 1 GG könne unschwer die Gewährleistung eines menschenwürdigen Existenzminimums abgeleitet werden. Daher müsse das durch § 823 I BGB geschütztes Recht an der Existenz als Ausfluss des allgemeinen Persönlichkeitsrechts angenommen werden.

Zu den Persönlichkeitsgütern Körper und Gesundheit stellt er fest, dass der Körper nicht die Persönlichkeit selbst sei, sondern die äußere Erscheinungsform, sozusagen das Gefäß der Persönlichkeit.[629] Mit dem

---

624 *„Die Natur hat zwar allen zur Erfüllung ihrer Lebensaufgabe Güter verliehen, aber sie hat nicht jedem dasselbe Maß zugeteilt: Für denjenigen, der mehr Geist erhalten hat, folgt aus dem ethischen Gedanken der Liebe, daß er für den anderen mitdenken muß,“ Hubmann,* Das Persönlichkeitsrecht, S. 221.

625 BGHSt 16, S. 149.

626 BGHZ 8, S. 247.

627 BGHSt 6, S. 153.

628 *Hubmann,* Das Persönlichkeitsrecht, S. 224.

629 *Hubmann,* Das Persönlichkeitsrecht, S. 226.

Körper habe *„die Natur dem Menschen ein Werkzeug zur Verfügung gestellt, das seine geistigen Akte auf geheimnisvolle Weise in die Welt der Materie überträgt, das es ihm ermöglicht, aktiv in die Außenwelt einzugreifen und so seiner schöpferischen Aufgabe gerecht zu werden.“*

Für den Körper und die Gesundheit erkennt er ein Recht mit doppeltem Inhalt an. Einen positiven Inhalt, indem es die Verfügungsmacht über diese Güter sichere, und ein negatives, indem es gegen Eingriffe, Beeinträchtigungen und Verletzungen schütze.[630] Er teilt damit die Ansicht von *Gareis,* der schreibt: *„Am lebendigen Körper und an dessen Gliedern und übrigen Teilen hat der freie Mensch ein Persönlichkeitsrecht, das Recht auf körperliche und geistige Integrität, ein persönliches Herrschaftsrecht über das Äußere seines Ich…“*[631]

Für *Hubmann* sind das Selbstbestimmungsrecht und das Recht auf körperliche Integrität Ausfluss des einheitlichen Rechts an Körper und Gesundheit, ähnlich wie das Verfügungsrecht des Eigentümers über seine Sache.[632] Das Verfügungsrecht des Einzelnen über seinen Körper und seine Gesundheit unterliege aber auch Grenzen; so sei eine erteilte Einwilligung unwirksam, wenn die Tat gegen die guten Sitten verstoße.[633]

2. Der Schutz des Persönlichkeitsbildes im Rahmen des Persönlichkeitsgüterrechts nach *Beuthien*

Beuthien geht in dem von ihm vertretenen Persönlichkeitsgüterrecht von der Annahme aus, dass die Persönlichkeit als Teil der Person von der Person getrennt betrachtet werden muss. Gleiches gelte für die eigentumsähnlichen Gegenstände mit nahem Persönlichkeitsbezug.[634] Erst in der Anschauung der Verschiedenheit von Person, Persönlichkeit und persönlichkeitsbezogenen Gegenständen öffnet sich der Weg zum Verständnis des Persönlichkeitsgüterrechts als Herrschaftsrecht.

Zu den Gegenständen mit nahem Persönlichkeitsbezug führt er aus, dass sie durch ein Herrschaftsrecht im Sinne von § 823 I BGB, dem Sacheigentum vergleichbar, zu schützen seien. Zu den außerhalb der

630 *Hubmann,* Das Persönlichkeitsrecht, S. 227.
631 *v. Gareis,* Das Recht am menschlichen Körper, S. 87.
632 *Hubmann,* Das Persönlichkeitsrecht, S. 228.
633 *Hubmann,* Das Persönlichkeitsrecht, S. 231.
634 *Beuthien,* Persönlichkeitsschutz durch Persönlichkeitsgüterrechte, S. 21 ff.

Person befindlichen sogenannten eigenpersönlichen Gegenständen zählt er z.B. den Namen, das menschliche Abbild und Daten mit nahem Persönlichkeitsbezug.[635] An diesen bestünde ein Herrschaftsrecht.

An dieser Stelle kann vorweg gesagt werden, dass auch das Persönlichkeitsbild ein Gegenstand mit nahem Persönlichkeitsbezug ist. Es befindet sich ebenfalls außerhalb der Person und ist, wie auch das Sacheigentum, zu schützen.[636]

Als Beispiel für Gegenstände, deren Inanspruchnahme durch Dritte die Persönlichkeit des Einzelnen verletzen können, führt er § 12 BGB, § 22 KUG und §§ 11 ff. UrhG ins Feld. Für diese, wie auch für schriftliche und akustische Aufzeichnungen, die über das allgemeine Persönlichkeitsrecht Schutz erfahren, stehe dem Rechtsinhaber die Befugnis zu, unberechtigte Eingriffe durch Dritte abzuwehren und von der Einwirkung auszuschließen,[637] denn die Entscheidung über die Veröffentlichung von Briefen[638], Krankheitsunterlagen etc. stünde allein dem Betroffenen zu.[639]

Hierfür zieht er das Grundrecht auf informationelle Selbstbestimmung heran, das sich auch auf das Zivilrecht erstreckt. *„Mit Rücksicht auf das Grundrecht auf informationelle Selbstbestimmung hat der Einzelne auch ein Ausschließlichkeitsrecht im Hinblick auf die Darstellung seines Persönlichkeitsbildes in der Öffentlichkeit, also ein Recht an seinem Persönlichkeitsbild, da dieses auf Informationen über die Person beruht, ja durch diese geformt wird.“*[640]

Für die Begründung des Persönlichkeitsgüterrechts rekurriert *Beuthien* auf das Herrschaftsrecht, wie es sich beim Eigentum zeigt (§ 903 S. 1 BGB). Typisch für dieses ist es, dass es dem Eigentümer die Befugnis einräumt, Dritte von der unberechtigten Nutzung auszuschließen sowie das Eigentum nach Belieben verwerten zu können.

Für das Eigentum gilt, dass seine Bezugsobjekte nach dem BGB allein Sachen und Tiere sind (§§ 903, 90, 90a BGB). Der Inhalt des Ei-

---

635 *Beuthien,* Persönlichkeitsschutz durch Persönlichkeitsgüterrechte, S. 22.
636 Hierzu ausführlich unten 2. Teil, A, B und C.
637 *Beuthien,* Persönlichkeitsschutz durch Persönlichkeitsgüterrechte, S. 25.
638 BGHZ 13, S. 338 f.
639 BGHZ 24, S. 72.
640 *Beuthien,* Persönlichkeitsschutz durch Persönlichkeitsgüterrechte, S. 25.

gentums wird von § 903 S.1 BGB dergestalt umschrieben, dass der Eigentümer positiv mit seiner Sache nach Belieben verfahren kann und negativ Dritte von jeder Einwirkung auf sie ausschließen darf.

Grundlagen für das Eigentum sind Art. 14 GG und das BGB. Diese Vorschrift fundamentiert das Eigentum verfassungsrechtlich und garantiert dem Eigentümer all seine vermögenswerten privaten Rechte, die ihm zum privaten Nutzen und Vorteil zugeordnet sind und über die er nach seiner Entscheidung frei verfügen darf.[641] Hierzu gehören zum Beispiel Forderungen[642], Warenzeichen[643] oder auch das Recht am eingerichteten und ausgeübten Gewerbebetrieb.[644]

Die Eigentumsgewährleistung des Art. 14 I GG umschließt die Gewährleistung des Privateigentums als Rechtsinstitut (Institutsgarantie) und die Garantie des subjektiven Eigentumsrechts als Freiheitsrecht des Einzelnen gegenüber dem Staat (Individualgarantie). Dies bedeutet, dass Art. 14 GG als Institutsgarantie dem Gesetzgeber auferlegt, eine Rechtseinrichtung zu gewähren, die die freiheitliche Betätigung des Bürgers im vermögensrechtlichen Bereich zulässt.[645] Als Individualgarantie gewährleistet Art. 14 GG wiederum den Schutz vor Enteignungen des dem Einzelnen zustehenden Eigentumsrechts.[646]

Vor dem Hintergrund der aufgezeigten Doppelfunktion von Art. 14 I GG stellt sich die Frage, ob den Herrschaftsrechten an Gegenständen mit nahem Persönlichkeitsbezug ebenfalls eine Doppelfunktion zukommt, ob also dem Identitätsmerkmalträger entsprechend dem Gedanken von § 903 S.1 BGB neben seinem Ausschließlichkeitsrecht auch ein Verwertungsrecht an seinen Gegenständen mit sogenanntem nahen Persönlichkeitsbezug zusteht. Das Ergebnis vorweggenommen, bejaht *Beuthien* dies, ohne freilich entsprechende Gegenstimmen unberücksichtigt zu lassen.[647]

---

641 BVerfGE 77, S. 270.
642 BVerfGE 77, S. 270.
643 BVerfGE 51, S. 217.
644 BGHZ 98, S. 351.
645 BVerfGE 24, S. 389.
646 BVErfGE 74, S. 283.
647 *Beuthien,* Persönlichkeitsschutz durch Persönlichkeitsgüterrechte, S. 26 ff.

An dieser Stelle soll auf *Mestmäcker*[648] und *Raiser*[649] Bezug genommen werden. Sie gehen davon aus, dass der Einzelne lediglich die Möglichkeit habe, gegen Entgelt in die Persönlichkeitsverletzung einzuwilligen, da aufgrund der generalklauselartigen Weite und Unbestimmtheit des allgemeinen Persönlichkeitsrechts dieses nicht von der Person losgelöst und getrennt betrachtet werden könne.

Um in der Argumentationslinie *Beuthiens* zu bleiben, ist es an dieser Stelle erneut erforderlich, sich Person und Persönlichkeit getrennt vorzustellen, denn es geht wiederum nicht um die Verwertung der Persönlichkeit, was schon aufgrund ihrer ideellen Natur nicht zu bewerkstelligen ist, sondern um die Kommerzialisierung von Gegenständen, die einen direkten Bezug zur einer bestimmen Person aufzeigen.[650] Ein sich auf die Person beziehendes Persönlichkeitsnutzungs- oder Persönlichkeitsvermarktungsrecht lehnt er ab, Persönlichkeitsgüter sind nach seiner Argumentation kein Teil der Person.[651]

Ein anderes Problemfeld betrifft die Frage, ob sich die Anerkennung des vermögensrechtlichen Zuweisungsgehalts des Persönlichkeitsrechts durch die Rechtsordnung ergibt oder aber aufgrund eines Marktes, der vermögensrechtlich den Inhalt des Persönlichkeitsrechts faktisch zum Gegenstand von Angebot und Nachfrage macht.

In seiner Habilitationsschrift führt *Götting*[652] aus, dass die Entscheidung darüber, ob ein Recht einen vermögensrechtlichen Zuweisungsgehalt habe, vom Markt getroffen werde, da kein Recht aus sich selbst heraus einen immanenten Vermögenswert habe, sondern dieser ihm nach den Gesetzen des Marktes von Angebot und Nachfrage verliehen werde.[653]

---

648 *Mestmäcker,* Eingriffserwerb und Rechtsverletzung in der ungerechtfertigten Bereicherung, JZ 1958, S. 521, 525.

649 *Raiser,* Der Stand vom subjektiven Recht im Deutschen Zivilrecht, JZ 1961, S. 465, 471.

650 *Beuthien,* Persönlichkeitsschutz durch Persönlichkeitsgüterrechte, S. 27.

651 *Heitmann,* Der Schutz der materiellen Interessen an der eigenen Persönlichkeitssphäre durch subjektive Rechte, S. 78 ff.

652 *Götting,* Persönlichkeitsrechte als Vermögensrecht, S. 54.

653 *Däubler,* Anspruch auf Lizenzgebühr und Herausgabe des Verletzergewinns, JuS 1969, S. 49, 51.

Dem kann entgegengehalten werden, dass Märkte lediglich die tatsächlichen Voraussetzungen für die Zuweisung von Verwertungsrechten schaffen. Eine andere Frage ist es, ob die Rechtsordnung die tatsächlich geschaffene Verwertung billigt. Hierfür können exemplarisch der Organ-, Drogen- und Prostitutionsmarkt genannt werden. Diese existieren zwar, werden aber nicht von der Rechtsordnung geschützt.

Ob sich ein Vermögenswert für eine Ware oder Dienstleistung einstellt, bestimmt der Markt. Ob aber ein Zuweisungsgehalt für ein Recht anzuerkennen ist, ist eine Angelegenheit allein der Rechtsordnung.

Mit Blick auf § 903 S. 1 BGB, wonach der Eigentümer mit seiner Sache nach Belieben verfahren und andere von der Einwirkung ausschließen darf, kann auch der Inhaber immaterieller Gegenstände andere von ihnen ausschließen und die Gegenstände einer Verwertung zuführen.

Darüber hinaus kann unter Verweis auf die Vorschriften §§ 9, 15 II PatG; § 14 MarkenG; § 11 GebrMG; § 38 DesignG der Grundsatz von der Einheit von Ausschließungs- und Verwertungsbefugnis angeführt werden, der bereits beim Recht am eigenen Namen[654] und beim Recht am eigenen Bild[655] Anwendung findet.

Für die Einheit von Ausschließungs- und Verwertungsrecht spricht die Natur der Sache, wonach die den Lebensverhältnissen innewohnende Ordnung verstanden wird.[656] Die vollständige Zuweisung der sogenannten eigenpersönlichen Gegenstände zur betroffenen Person sei nach *Beuthien* aufgrund des Aspekts der Natur der Sache und unter Beachtung der menschlichen Grundgegebenheiten erforderlich.[657] Die Verschmelzung und Zusammenführung von Verwertungs- und Ausschließungsrechten in einer Person erfülle damit auch eine Friedensfunktion.

Das Persönlichkeitsgüterrecht als Verwertungsrecht an den sogenannten eigenpersönlichen Gegenständen entspreche der Ordnungs-

654 BGHZ 81, S. 75, 80.
655 BGHZ 20, S. 345.
656 *Larenz,* Wegweiser zur richterlichen Rechtsschöpfung, S. 275.
657 *Beuthien,* Persönlichkeitsschutz durch Persönlichkeitsgüterrechte, S. 31.

funktion des Privatrechts, dessen Ziel es sei, möglichst sämtliche Gegenstände gezielt bestimmten Personen zuzuteilen, damit diese für sie die rechtliche und tatsächliche Verantwortung tragen können.

Daher sei es erforderlich, dass Gegenstände, denen ein hoher Verkehrswert zukomme, nicht beliebiger Aneignung anheimfallen, sondern demjenigen zugesprochen würden, der zu ihnen in einer sogenannten biosozialen Nähebeziehung stünde. Das sei stets die Person, deren Persönlichkeit durch die mediale Verwertung von Gegenständen mit nahem Persönlichkeitsbezug betroffen sei.[658]

Darüber hinaus wird diskutiert, ob der Anerkennung von umfassenden absoluten Persönlichkeitsgüterrechten die Medienfreiheit, die Natur des Persönlichkeitsrechts, der Wille des historischen Gesetzgebers oder die besonderen Umstände beim Erwerb von Gegenständen mit fremdem Persönlichkeitsbezug entgegenstehen können.[659]

Gegen die Vereinbarkeit von Persönlichkeitsgüterrechten mit der ideellen Natur der Persönlichkeit wird angeführt, dass es die Natur des allgemeinen Persönlichkeitsrechts verbiete, dessen Verletzung zum *„Passivposten in der Geschäftsbilanz"* zu machen.[660] Wiederholt ist es erforderlich, sich die „Dreiteiligkeit des Persönlichkeitsgüterrechts" nach *Beuthien* zu vergegenwärtigen. Es geht nicht um die Verwertung und Vermarktung der Persönlichkeit oder des Persönlichkeitsrechts, sondern allein um die Gegenstände, die einen nahen Persönlichkeitsbezug aufweisen und über die der Identitätsmerkmalträger selbst disponieren können soll.

Einem Persönlichkeitsgüterrecht als Verwertungsrecht an sogenannten eigenpersönlichen Gegenständen widerspricht auch nicht die Höchstpersönlichkeit[661] des allgemeinen Persönlichkeitsrechts, denn höchstpersönlich ist allein die Freiheit der Persönlichkeit als Lebensgut, die gerade nicht übertragen oder abgetreten werden soll.[662] Übertragen wird nicht die freie Willensbetätigung, sondern die Befugnis, entgeltwerte Gegenstände mit nahem Persönlichkeitsbezug zu verwerten.

---

658 *Beuthien,* Persönlichkeitsschutz durch Persönlichkeitsgüterrechte, S. 32.

659 *Beuthien,* Persönlichkeitsschutz durch Persönlichkeitsgüterrechte, S. 33.

660 *Steffen,* Schmerzensgeld bei Persönlichkeitsverletzung durch Medien, NJW 1997, S. 13.

661 BGH JZ 1987, S. 158.

662 So auch *Beuthien,* Persönlichkeitsschutz durch Persönlichkeitsgüterrechte, S. 34.

Gegen die Anerkennung eines Persönlichkeitsgüterrechts als Verwertungsrecht spricht auch nicht die Wertung des historischen Gesetzgebers, fahrlässige Verletzungen der Ehre nicht durch das Zivilrecht schützen zu wollen. Wie bereits dargelegt, wurde der Schutz der Ehre im Zweiten Entwurf aus dem Katalog der Lebensgüter gestrichen, da man den Missbrauch der Vorschrift bei fahrlässigen Ehrverletzungen fürchtete.[663]

Nunmehr kommt der Ehre unter der Schirmherrschaft des Grundgesetzes nach einem Wertungswandel auch zivilrechtlich der Schutz vor fahrlässigen Verletzungen zu.[664] Das Recht der Ehre ist eine Ausprägung des allgemeinen Persönlichkeitsrechts.[665] Dieses Recht schützt vor Herabsetzung und Kränkung.[666] Schutzgut sind die innere und die äußere Ehre, wobei unter der inneren Ehre der dem Einzelnen aufgrund seiner Personenwürde, seines Menschseins zukommende Achtungsanspruch gemeint ist und unter der äußeren Ehre der sogenannte gute Ruf eines Menschen innerhalb der Gemeinschaft verstanden wird.[667]

Die Ehre hat für den Menschen keinen bezifferbaren Vermarktungswert und ist auch nicht verkäuflich, sodass sich die Frage eines Verwertungsrechts der Ehre nicht stellt.[668]

Unter Bezugnahme auf *Kohler*[669] geht *Götting*[670] davon aus, dass das wesentliche Abgrenzungskriterium für die Unterscheidung zwischen Persönlichkeits- und Immaterialgüterrecht in dem Grad der Verkehrsfähigkeit und Veräußerlichkeit zu sehen sei. Während Persönlichkeitsrechte wegen ihrer Verknüpfung mit dem Rechtsträger als höchstpersönliche Rechte unübertragbar und lediglich in begrenztem Maße im Wege von Vereinbarungen disponibel seien, wären Immaterialgüterrechte die Rechte an verselbständigten, verkehrsfähigen geistigen Gütern.[671]

---

663 Hierzu oben 1. Teil, 2. Abschnitt, B, II, 1.

664 BGHZ 31, S. 308, 311.

665 BVerfG NJW 1993, S. 1463.

666 BVerfG NJW 1991, S. 95 f.

667 BGHSt 1, S. 288 f.; 11, S. 67, 70 f.; 36, S. 145, 147.

668 *Beuthien,* Persönlichkeitsschutz durch Persönlichkeitsgüterrechte, S. 35.

669 *Kohler,* Das Autorrecht, S. 74.

670 *Götting,* Persönlichkeitsrechte als Vermögensrechte, S. 10 f.

671 *Hubmann,* Die Zwangsvollstreckung in Persönlichkeits- und Immaterialgüterrecht, S. 813, 821.

Gleichwohl sei die Einordnung in eine der genannten Kategorien nicht von axiomatischer Gültigkeit, sondern könne Veränderungen unterliegen. So könne sich etwa ein Persönlichkeitsrecht aufgrund der technischen Entwicklung derart von der Person ablösen und verselbständigen, dass es zu einem Immaterialgüterrecht werde.[672]

Beuthien führt hierzu aus, dass wenn Immaterialgüterrechte bisher nur als Rechte an verselbständigten, verkehrsfähigen geistigen Gütern anerkannt wurden, nun die Anerkennung eines Verwertungsrechts an den sogenannten eigenpersönlichen Gegenständen mit Persönlichkeitsbezug womöglich deswegen abzulehnen sei, weil der Erwerb dieser Gegenstände nicht auf einer eigenen, geistigen Anstrengung oder Leistung beruhe.[673]

Beuthien stützt sich hier richtigerweise auf das Argument, dass das Privatrecht den Erwerb von Vermögenswerten eben nicht an solche Voraussetzungen knüpft, was exemplarisch die gesetzlich geregelten Fälle wie die Erbschaft (§§ 1922 ff. BGB), die Schenkung (§§ 516 ff. BGB) und der Fund (§ 973 BGB) deutlich aufzeigen.[674]

Dem Einwand, Persönlichkeitsgüterrechte in Form von Verwertungsrechten an eigenpersönlichen Gegenständen könnten mit der in Art. 5 I 2 GG getroffenen Wertung des Schutzes der Medienfreiheit nicht vereinbar sein,[675] weil sie die freie Berichterstattung einschränkten, entgegnet *Beuthien* damit, dass dem Identitätsmerkmalträger die wirtschaftliche Verwertung der entsprechenden Gegenstände nur dann zugewiesen sei, wenn er andere ausschließen könne.[676]

In der Tat bedarf es dann der Prüfung und Güterabwägung im Einzelfall. Auf die Medienfreiheit kann sich der Verletzer beispielsweise dann nicht stützen, wenn es um die Verbreitung bewusst unrichtiger Nachrichten geht, da diese nicht von Art. 5 I 2 GG erfasst werden. So-

672 *Götting,* Persönlichkeitsrechte als Vermögensrechte, S. 10.
673 *Beuthien,* Persönlichkeitsschutz durch Persönlichkeitsgüterrechte, S. 35.
674 *Beuthien,* Persönlichkeitsschutz durch Persönlichkeitsgüterrechte, S. 36.
675 *Steffen* NJW 1997, S. 10, 13.
676 *Beuthien,* Persönlichkeitsschutz durch Persönlichkeitsgüterrechte, S. 36.

mit stehen im Ergebnis Persönlichkeitsgüterrechte in Form von Verwertungsrechten ohne Komplikationen mit der Medienfreiheit im Einklang.[677]

IV. Zusammenfassung

Die Persönlichkeitsmerkmale eines Menschen lassen sich zu einem Persönlichkeitsbild verdichten. Dieses strahlt auf die Mitmenschen aus, das diese als die der betreffenden Person wesenseigene Persönlichkeit auffassen. Als unkörperlicher Gegenstand, der sich außerhalb der Person befindet, ist der Persönlichkeitsabdruck – das Image – für die Mitmenschen wahrnehmbar. Unter dem Image wird das Persönlichkeitsbild eines Menschen verstanden, das sich aus den vielen Facetten wie etwa dem Namen, die Sprechweise, der charakteristischen Körperhaltung, Gebärden oder der Art zu singen, zusammensetzt.[678]

Da sich die Werbewirtschaft das Image prominenter Personen zu Nutze macht und bereit ist, für dieses Entgelte zu zahlen, kann es als ein Wirtschaftsgut aufgefasst und als ein vermögensrechtlich schützenswertes Persönlichkeitsgut qualifiziert werden.

Das Image befindet sich außerhalb des Identitätsmerkmalträgers, wie auch die verdinglichten Ausflüsse der Persönlichkeit, die durch die Rechtsordnung geschützt werden. Hierzu zählen das angefertigte Bildnis, das als von der Person getrennter und materialisierter Teil über §§ 22 ff. KUG Schutz erfährt; der Name als ein der Person zugeteiltes Persönlichkeitsmerkmal, der unter § 12 BGB fällt; das eigene Wort, das in seiner perpetuierten Form von § 823 I BGB und § 201 StGB umfasst wird und die eigene Stimme, als ein von der Person losgelöstes Wesensmerkmal, die mit ihrer Vergegenständlichung zum Rechtsobjekt wird (§ 823 I BGB, § 201 StGB).

Als Konglomerat kann das Image für sich den Schutz in Anspruch nehmen, der bereits den einzelnen manifestierten Ausflüssen der Persönlichkeit zukommt, weil das Persönlichkeitsbild die soziale Geltung widerspiegelt, derer der Mensch für die Achtung seiner selbst bedarf. Der verfassungsrechtliche Schutzauftrag nach Art. 2 I, 1 I GG, an dem

677 *Steffen*, Schmerzensgeld bei Persönlichkeitsverletzungen durch Medien NJW 1997, S. 10, 13.

678 Vgl. oben, 1. Teil, 2. Abschnitt, A, I.

bereits die einzelnen Ausflüsse der Persönlichkeit partizipieren, gilt erst recht für das Persönlichkeitsbild als die Summe der Persönlichkeitsausflüsse.

Der Begriff des Images taucht in der Rechtsprechung und juristischen Literatur auf, wobei sich teilweise deutliche inhaltliche Übereinstimmungen finden lassen. Er lässt sich auch in anderen wissenschaftlichen Disziplinen wie der Psychologie und Sozialwissenschaft finden, wobei sich teils deutliche Überschneidungen in den Bedeutungsinhalten ergeben.

Der Begriff des Persönlichkeitsbildes lässt sich seit den 50'er Jahren des 20. Jahrhunderts mehrfach in der höchstrichterlichen Rechtsprechung finden. Die Entscheidungen zeigen, dass der Einzelne es nicht dulden muss, durch die Verbreitung unwahrer Tatsachen und/oder das Herstellen nicht gegebener Zusammenhänge unberechtigt in ein sogenanntes falsches Licht gerückt zu werden, mithin die Entstellung seines Persönlichkeitsbildes nicht schutzlos hinnehmen muss.[679]

In diesem Zusammenhang tauchen auch die Begrifflichkeiten Lebens- und Charakterbild auf. Diese dienen, wie auch das Persönlichkeitsbild, dem Rechtsschutz der Persönlichkeit. Erste Ausführungen in der Literatur hierzu lassen sich bei *Hubmann* und *Ramelow* finden, wobei sich evident Übereinstimmungen mit dem Persönlichkeitsbild und Image nach *Beuthien* ausmachen lassen.

Mit dem Recht über die Darstellung der eigenen Person und auf informationelle Selbstbestimmung kann der Einzelne bestimmen, ob und welche Informationen über ihn erhoben und verbreitet werden dürfen. Die rechtliche Stütze hierfür stellt Art. 2 I i.V.m. Art. 1 I GG. Dort ist verankert, dass das Recht auf freie Entfaltung der Persönlichkeit auch die Freiheit mit umfasst, für sich allein in einer persönlichen, engen Lebenssphäre unbeobachtet von Augen anderer verbleiben zu dürfen. Der Einzelne hat das Recht, Dritte hiervon auszuschließen und selbst zu bestimmen, was aus seiner Sphäre in die Außenwelt vordringt.

Informationelle Selbstbestimmung meint Selbstbestimmungsrecht über die Darstellung der eigenen Person in der Gesellschaft. Was für das Recht am eigenen Bild als spezielle Ausprägung des allgemeinen Persönlichkeitsrechts gilt, greift ebenfalls Platz bei der Darstellung des Lebens-

679 Hierzu oben 1. Teil, 2. Abschnitt, A, V.

und Charakterbildes einer Person, denn der Einzelne muss es nicht hinnehmen, dass sein Persönlichkeitsbild verfälscht wird.

Beuthien geht bei seiner Konzeption vom Recht am Persönlichkeitsbild von der Annahme aus, die bürgerlich-rechtliche Güterordnung basiere auf den Grundbegriffen Person, Gegenstand und Herrschaftsrecht. Die vorangestellte Prüfung zeigt, dass es sich hierbei um eine stimmige und belastbare Rechtskonstruktion handelt.

Die Untersuchung zeigt, dass das allgemeine Persönlichkeitsrecht nicht frei von konzeptionellen Schwächen ist. Diese bestehen darin, dass bereits das geschützte Rechtsgut des allgemeinen Persönlichkeitsrechts nicht definiert werden kann. Das allgemeine Persönlichkeitsrecht wurde geschaffen, um eine im Deliktsrecht bestehende Rechtsschutzlücke zu schließen. § 823 I BGB führt als geschütztes Rechtsgut die Persönlichkeit nicht auf. Eine Rechtsschutzlücke ist außerdem dort zu erkennen, wo es um die unerlaubte wirtschaftliche Verwertung fremder personenbezogener Daten, insbesondere um die Kommerzialisierung fremder Persönlichkeitsbilder geht.

Bei genauer Betrachtung des Verhältnisses von Schmerzensgeld und gesellschaftlicher Stellung des Opfers bei Verletzungen des allgemeinen Persönlichkeitsrechts zeigt sich, dass die gesellschaftliche und wirtschaftliche Stellung des Opfers als Bemessungsfaktor für die Entschädigungshöhe in nicht nachvollziehbarer Weise herangezogen wird, womit sich eine sachlich nicht gerechtfertigte Ungleichbehandlung durch die Gerichte offenbart.[680]

680 Hierzu oben 1. Teil, 2. Abschnitt, B. II, 2.

2. Teil

Das Recht am Persönlichkeitsbild im Anspruchssystem des Bürgerlichen Rechts

A. Die Einbettung des Rechts am Persönlichkeitsbild in die Systematik der ungerechtfertigten Bereicherung (§ 812 I S. 1 Alt. 2 BGB)

I. Das Bereicherungsrecht bei Persönlichkeitsrechtsverletzungen (§ 812 I S. 1 Alt. 2 BGB)

Bevor der Schutz des Rechts am Persönlichkeitsbild durch die Eingriffskondiktion untersucht wird, soll vorab gezeigt werden, wie das Bereicherungsrecht Persönlichkeitsrechtsverletzungen behandelt.

Bei Persönlichkeitsrechtsverletzungen wenden Rechtsprechung und Literatur neben dem Schadensersatzanspruch den bereicherungsrechtlichen Anspruch nach § 812 I S. 1 Alt. 2 BGB an, wobei es regelmäßig um die Erfassung von Eingriffen in immaterielle Positionen geht, also von Gegenständen unabhängigen Nutzungsmöglichkeiten.[681] Charakteristisches Merkmal der Eingriffskondiktion ist das Vorliegen eines Eingriffs, der sich als die Inanspruchnahme einer fremdem Rechtsposition darstellt und im Verhältnis zum Rechtsinhaber als eine sogenannte einseitige Ansichnahme bezeichnet wird.

Anders als das Schadensrecht hat das Bereicherungsrecht keine Ausgleichs-, sondern eine Abschöpfungsfunktion.[682] In Fällen, in denen jemand in den Zuweisungsgehalt eines fremden Rechts eingreift, sind nach dem Grundsatz der Anspruchskonkurrenz bereicherungsrechtliche Ansprüche, insbesondere unter dem Gesichtspunkt der Eingriffskondiktion, zu berücksichtigen.[683] Bei rechtsgrundlosen Eingriffen in fremde

681 *Beuter,* Die Kommerzialisierung des Persönlichkeitsrecht, S. 143 ff.
682 OLG Hamburg NJW-RR 1994, S. 990 f.
683 *Petersen,* Medienrecht, S. 119, Rdn. 2.

Urheber, Patent- und Gebrauchsmusterrechte kann der Anspruch nach § 812 I S. 1 Alt. 2 BGB in Betracht kommen.[684]

Als wegweisend wird in diesem Zusammenhang die Entscheidung *Otto von Bismarck* angesehen,[685] die den größten Skandal in der Pressegeschichte des frühen 20. Jahrhunderts auslöste.

Mit der Unterstützung des die Totenwache haltenden Försters waren zwei Hoffotografen am Tag nach dem Tod des ehemaligen Reichskanzlers widerrechtlich in das Leichenzimmer eingedrungen und hatten *„bei Magnesiumlicht eine photographische Aufnahme von der Leiche und dem sie umgebenden Teile des Zimmers"* gemacht.[686]

Die Kinder des ehemaligen Reichskanzlers verklagten daraufhin die Fotografen auf Vernichtung der Negative, Platten und Abzüge. Mangels (reichs-) gesetzlicher Regelung kam für das Herausgabe- und Vernichtungsverlangen nach der Entscheidung des Reichsgerichts nur die auf das Römische Recht zurückgehende bereicherungsrechtliche Figur der condictio ob iniustam causam in Zusammenhang mit dem Hausfriedensbruch in Betracht.[687] Hiernach konnte Wiedererstattung all dessen verlangt werden, was durch die ungerechtfertigte Handlung dem Täter zugefallen ist, sodass sich ein Anspruch der Abkömmlinge Bismarcks auf die Vernichtung der fotografischen Erzeugnisse ergab.[688]

Vor dem Hintergrund der aktuellen bereicherungsrechtlichen Dogmatik zeigt sich die Entscheidung angreifbar, weil die Grenzen zwischen dem Bereicherungs- und Deliktsrecht verschwimmen.[689] Der Weg hin bis zum heutigen Verständnis vom Bereicherungsrecht führte zur Herausbildung unterschiedlicher Theorien. So wurden für die tatbestandliche Eingrenzung der Eingriffskondiktion nach § 812 I S. 1 Alt. 2 BGB und auf der Suche nach einer praktikablen Definition in den Fällen kondiktionsrelevanter Eingriffe insbesondere die Rechtswidrigkeitstheorie und die Lehre vom Zuweisungsgehalt diskutiert.

---

684 *Larenz/Canaris,* Lehrbuch des Schuldrechts, II/2, § 69, S. 173.
685 RGZ 45, S. 170.
686 RGZ 45, S. 170.
687 *Petersen,* Medienrecht, S. 120, Rdn. 4.
688 Vgl. *Prinz/Peters,* Medienrecht, S. 523, Rdn. 786.
689 *Petersen,* Medienrecht, S. 120, Rdn. 4.

1. Rechtswidrigkeitstheorie

Untrennbar mit der Rechtswidrigkeitstheorie verknüpft ist die Arbeit *„System der Rechte auf den Eingriffserwerb"* von *Schulz* aus dem Jahr 1909.[690] Thematischer Anknüpfungspunkt ist der bereichernde Eingriff durch den Bereicherungsschuldner. Die Gewährung von Bereicherungsansprüchen soll davon abhängig sein, ob der zugrundeliegende Eingriff nach allgemeinen Grundsätzen als rechtswidrig anzusehen ist. Die Widerrechtlichkeit des bereichernden Eingriffs wird als das entscheidende Kriterium für die Gewährung eines Bereicherungsanspruchs angesehen und zwar einheitlich für die Leistungs- und Nichtleistungskondiktion.[691]

Dass aber allein eine beliebige rechtswidrige Handlung kein taugliches Kriterium sein kann, wird an dem Beispiel vom Geschäftsmann festgemacht, der in Eile ist und nur durch ein verbotenes Überholmanöver einen wichtigen Geschäftstermin einhalten somit einen Gewinn einfahren kann. In der Folgezeit ist daher die Rechtswidrigkeitstheorie mit rechtsguts- bzw. normzweckbezogenen Elementen angereichert worden.[692]

Gleichwohl bleibt die Rechtswidrigkeitstheorie auch mit den genannten Ergänzungen erheblichen Einwänden ausgesetzt, weil ein Bedarf für eine Bereicherungshaftung auch in den Fällen bestehen kann, in denen der Eingriff gerechtfertigt war, in denen rechtmäßiges Alternativverhalten zur Bereicherung geführt hätte oder aber in Fällen, in denen ein anderer als der Bereicherte die rechtswidrige Handlung durchgeführt hat.[693] Zu beachten ist darüber hinaus, dass bei fehlgeschlagenen, rechtsgeschäftlichen Leistungen, zu deren Rückabwicklung die Leistungskondiktion dient, meist ein rechtswidriges Verhalten nicht vorliegt.

2. Lehre vom Zuweisungsgehalt

Die heute herrschende Ansicht sieht daher das maßgebliche Kriterium darin, dass in eine Rechtsposition mit Zuweisungsgehalt eingegriffen

690 *Schulz,* System der Rechte auf den Eingriffserwerb, AcP 105, S. 1 ff.
691 *Beuter,* Die Kommerzialisierung des Persönlichkeitsrechts, S. 144.
692 *Bamberger/Roth – Wendehorst,* § 812 Rdn. 121.
693 *Bamberger/Roth – Wendehorst,* § 812 Rdn. 121.

wird.[694] Dabei kann selbst ein rechtmäßiger Eingriff einen Vorgang darstellen, der dem vermögensrechtlichen Zuweisungsgehalt widerspricht.

Für den Zuweisungsgehalt kommt es auf die abstrakte Rechtsmacht an. Der Bereicherungsanspruch des Rechtsinhabers scheitert somit nicht bereits dann, wenn er eine bestimmte Vermarktung nicht vorgenommen hätte oder aber wenn ihm aufgrund von Umständen, die nicht in der betroffenen Rechtsposition liegen, eine Vermarktung nicht möglich bzw. nicht erlaubt gewesen wäre.[695]

Eine Ausnahme soll für den Fall greifen, wenn die Kommerzialisierung der betreffenden Rechtsposition als solche eine Persönlichkeitsrechtsverletzung enthält, etwa die Veröffentlichung kompromittierender Fotos oder erdachter Details aus dem Intimleben einer Person, die diese niemals gegen Geld gestattet hätte.[696]

Gleichwohl mangelt es hier noch an einer überzeugenden Begründung für die Einschränkung. Es leuchtet nicht ein, warum derjenige, der in seinem Persönlichkeitsrecht verletzt ist, keine Einkünfte aus der Vermarktung intimer Details erzielen können darf, wohl aber derjenige, der unter Umständen regelmäßig unter Einbruch in die Intimsphäre höchstpersönliche Details über das Opfer vermarktet.[697] Eine Grenze soll dort gezogen werden, wo die betreffende Rechtsposition als solche nicht entgeltfähig ist, wie das Recht auf sexuelle Selbstbestimmung, das Leben oder die körperliche Unversehrtheit im Bereich von § 228 StGB.[698]

3. Eingriffskondiktion bei Persönlichkeitsrechtsverletzungen

Mestmäcker[699] und *Raiser*[700] sind der Ansicht, dass Eingriffe in das allgemeine Persönlichkeitsrecht nicht geeignet seien, Bereicherungsansprüche unter dem Gesichtspunkt der Eingriffskondiktion auszulösen, weil

694 BGH NJW 2013, S. 781.

695 *Götting,* Persönlichkeitsrecht als Vermögensrechte, S. 54 ff., 282.

696 BGHZ 26, S. 349, 353; BGH NJW 1979, S. 2205 f.

697 *Bamberger/Roth – Wendehorst,* § 812 Rdn. 124.

698 *Larenz/Canaris* Schuldrecht II/2, § 69, S. 171.

699 *Mestmäcker,* Eingriffserwerb und Rechtsverletzung in der ungerechtfertigten Bereicherung, JZ 1958, S. 521, 525.

700 *Raiser,* Der Stand der Lehre vom subjektiven Recht im Deutschen Zivilrecht, JZ 1961, S. 465, 471.

dem allgemeinen Persönlichkeitsrecht kein vermögensrechtlicher Zuweisungsgehalt innewohne. Inhaltlich regle es nur den Anspruch auf Achtung gegen Dritte, nicht aber die Berechtigung, an einem vermögensrechtlich nutzbaren Herrschaftsgegenstand partizipieren zu können.

Andere Stimmen in der Literatur haben dem widersprochen und nachgewiesen, dass bestimmte Erscheinungsformen des allgemeinen Persönlichkeitsrechts durchaus einen wirtschaftlichen Wert haben können und es allein Sache des Berechtigten sei, darüber zu entscheiden, ob etwa sein Bildnis oder sein Name einem anderen für dessen Geschäftszweck zum Gebrauch überlassen werde.[701]

An anderer Stelle wird der Aspekt der Entgeltfähigkeit in den Vordergrund gestellt und argumentiert, dass Persönlichkeitsrechte sich immer dann für die Eingriffskondiktion eigneten, wenn sie einer kommerziellen Verwertung zugänglich seien, denn dem allgemeinen Persönlichkeitsrecht komme durchaus ein Zuweisungsgehalt zu. Dies gelte nicht nur für das Recht am eigenen Bild oder am eigenen Namen, sondern auch für die Verwertung sonstiger Persönlichkeitsdetails.[702]

In diesem Kontext datiert ein wichtiges Urteil aus der Mitte der fünfziger Jahre des 20. Jahrhunderts. *Paul Dahlke* war auf der Werbeanzeige eines Motorradherstellers abgebildet.[703] Der Schauspieler machte gegen die Art der Verwendung geltend, dass er nur in die Fotografie für eine Programmzeitschrift, nicht aber in die werbende Verwendung des Fotos eingewilligt habe, über die ihn der Fotograf getäuscht hätte.

Der BGH sprach dem Kläger eine Vergütung unter dem Gesichtspunkt der ungerechtfertigten Bereicherung nach § 812 I S. 1 Alt. 2 BGB zu. Charakteristisch für diesen und weitere Fälle vergleichbarer Art ist der Eingriff in den Zuweisungsgehalt fremden Rechts.

---

701 *Hubmann,* Das Persönlichkeitsrecht, S. 363.

702 *Balthasar,* Eingriffskondiktion bei unerlaubter Nutzung von Persönlichkeitsmerkmalen, NJW 2007, S. 664.

703 BGHZ 20, S. 345.

In Bezug auf das allgemeine Persönlichkeitsrecht wird die Ansicht vertreten, dass einzelnen verdichteten Ausprägungen ein Zuweisungsgehalt zukommen soll, wie z.B. das Recht am eigenen Bild (§ 22 KUG),[704] das Namensrecht (§ 12 BGB),[705] das gesprochene Wort oder persönliche Aufzeichnungen, wenn sie einen vermarktungsfähigen Charakter aufwiesen.[706]

In Bezug auf die sogenannten Einzelausprägungen des Persönlichkeitsrechts lassen sich in der Rechtsprechung zahlreiche Fälle ausmachen: So ist etwa der Abgebildete unter dem Aspekt der Eingriffskondiktion berechtigt, den Wert der unbefugten Nutzung herauszuverlangen, wenn Abbildungen seiner Person unbefugt kommerziell verwertet wurden (§ 818 II BGB).[707]

Abgelehnt hat die Rechtsprechung hingegen die Eingriffskondiktion, wenn eine in der Öffentlichkeit unbekannte Person bei einem Verkehrsunfall getötet und im Rahmen der Presseberichterstattung ein Foto dieser Person ohne den Willen der Angehörigen veröffentlicht wird.[708] Die getötete Person habe zu Lebzeiten keine kommerzielle Verwertungsmöglichkeit gehabt und die Abbildung des Fotos diente nicht der Ausbeutung der Persönlichkeitsrechts, sondern der verfassungsrechtlich garantierten Berichterstattung.

Die Verbreitung eines wahren Berichts über eine Person unter Einschluss von Tatsachen aus ihrer Privatsphäre begründet keinen Bereicherungsanspruch, wenn ein berechtigtes öffentliches Informationsinteresse besteht. Hingegen ist die Eingriffskondiktion dann eröffnet, wenn das Tatsachenmaterial auf unzulässige Weise beschafft wurde.[709]

Bei frei erfundenen Interviews steht dem Opfer ebenfalls die Eingriffskondiktion zu, denn die Möglichkeit, über sein eigenes Privatleben im Wege eines Interviews zu berichten und dieses zu vermarkten, ist allein dem Träger des allgemeinen Persönlichkeitsrechts zugewiesen.

704 Wohl auch über den Tod hinaus, vgl. BGHZ 143, S. 214 – *Marlene Dietrich.*
705 BGHZ 20, S. 346 – *Paul Dahlke;* BGHZ 81, S. 75, 78 f. – *Carrera.*
706 *Petersen,* Medienrecht, S. 121, Rdn. 6.
707 BGH NJW 1979, S. 2205 f.
708 BGH NJW 2012, S. 1728 ff.
709 *Larenz/Canaris* II/2 § 69 II 2c, S. 174.

Gleiches gilt, wenn mit dem Namen eines anderen unbefugt Werbung betrieben wird.[710] So warb die Spielzeugfirma *Carrera* mit einer Fotografie, auf der ein Rennwagen eines Werbeunternehmers abgebildet war, das diesen Wagen üblicherweise als Werbeträger einsetzte. Das Werbeunternehmen verlangte daraufhin von *Carrera* Lizenzgebühren.[711]

Das Gericht befand, dass die Spielzeugfirma den Vermögensvorteil, den sie auf Kosten des Werbeunternehmers erlange, herauszugeben hatte. Der Bereicherungsanspruch sei hierbei auf die Vergütung gerichtet, die das Werbeunternehmen für die Erlaubnis zur Namensverwertung vereinnahmt hätte.[712]

Über einen ähnlich gelagerten Fall entschied der BGH im Jahr 2009.[713] Ein Rätselheft warb auf der Titelseite mit dem Satz: *„Günther Jauch zeigt mit Wer wird Millionär?, wie spannend Quiz sein kann.“* Der Moderator wurde auf der Titelseite abgebildet, obwohl er hierfür keine entsprechende Zustimmung erteilt hatte. Er verlangte von dem verantwortlichen Verlag die Zahlung einer fiktiven Lizenzgebühr.[714]

Das Gericht bejahte den Anspruch aus § 812 I S. 1 Alt. 2 BGB und führte aus, dass der Werbecharakter der Bildveröffentlichung im Vordergrund stehe und der Informationsgehalt der Berichterstattung eine untergeordnete Rolle einnehme. Der BGH ging davon aus, dass über die bloße Aufmerksamkeitswerbung hinaus der Imagewert des Moderators gezielt ausgenutzt wurde.

Anders liegt die Sache, wenn mit der Werbebotschaft, für die das Bild einer Person – ohne ihre Zustimmung – verwendet wird, eine politische Satire einhergeht.[715] Hier kann der Namensinhaber die Werbung nach § 23 KUG nicht untersagen und auch keine bereicherungsrechtlichen Ansprüche geltend machen.[716] Im vorliegenden Fall warb ein Unternehmen mit dem Slogan: *„S. verleast auch Autos für Mitarbei-*

---

710 BGHZ 81, S. 75, 77 ff.

711 Vgl. zum Sachverhalt auch *Petersen*, Medienrecht, S. 122, Rdn. 9.

712 BGHZ 81, S. 75, 81 f.

713 BGH NJW 2009, S. 3032.

714 *Petersen,* Medienrecht, S. 123, Rdn. 11.

715 BGHZ 169, S, 340.

716 BGHZ 169, S. 340, 345 ff.

ter in der Probezeit." Darüber war das Foto des damaligen Bundesinnenministers *Oskar Lafontaine* zu sehen. Das Foto des nach wenigen Monaten Amtszeit zurückgetretenen Ministers war durchkreuzt.

Der BGH wies die Klage mit der Begründung ab, der satirische Charakter, den die Anzeige auch bezweckt habe, führe dazu, dass weder ein deliktischer noch ein bereicherungsrechtlicher Anspruch auf Zahlung einer angemessenen Lizenzgebühr bestehe.[717] In Übereinstimmung mit der Rechtsprechung des Bundesverfassungsgerichts[718] bezieht der Bundesgerichtshof den Schutz des Art. 5 I GG auch auf kommerzielle Meinungsäußerungen und Wirtschaftswerbung, weil neben dem Wirtschaftszweck ein meinungsbildender Inhalt verfolgt werde.[719] Die vorliegende Aufmerksamkeitswerbung betreffe nur den Schutz der vermögenswerten, nicht aber der ideellen Elemente des Persönlichkeitsrechts.

Bejaht wird der bereicherungsrechtliche Anspruch in Fällen, in denen die Persönlichkeitsmerkmale des Identitätsmerkmalträgers durch Doppelgänger und Stimmimitationen erkennbar nachgeahmt werden.[720] Ebenso kann die unbefugte Verwertung des nicht öffentlich gesprochenen Wortes oder schriftlicher Aufzeichnungen, etwa Eintragungen in Tagebüchern, die Eingriffskondiktion auslösen.

Der BGH billigt den Bereicherungsanspruch auch Dritten zu, denen der Rechtsinhaber seine Persönlichkeitsrechte zur Vermarktung durch Vertrag übertragen hat.[721] Der Schutz des Persönlichkeitsrechts gilt über den Tod des Menschen hinaus, was bedeutet, dass im Fall der unbefugt kommerziellen Nutzung der Persönlichkeitsmerkmale des Verstorbenen seine Erben als Dritte Bereicherungsansprüche geltend machen können.[722] So wird den Erben der Anspruch zugesprochen, wenn jemand das Opfer eines Gewaltverbrechens ist und sein Leichnam in den Medien in entwürdigender Weise öffentlich zur Schau gestellt wird.[723]

---

717 Mit Anmerkungen von *Petersen,* Medienrecht, S. 124, Rdn. 3.
718 BVerfGE 71, S. 162, 175; 102, S. 347, 349.
719 BGH NJW 2008, S. 3782.
720 OLG Hamburg NJW 1990, S. 1995 f.
721 BGH JZ 1987, S. 158 f.
722 BGH GRUR 2000, S. 709, 712. Vgl. hierzu vertiefend unten 3. Teil, A, I.
723 BGHZ 165, S. 203.

Von erheblicher praktischer Relevanz ist die Frage, ob der Bereicherungsanspruch dann ausscheidet, wenn der Betroffene nicht bereit gewesen wäre, in Fällen der unerlaubten Bildveröffentlichung in diese einzuwilligen, also sein Bildnis zu kommerzialisieren.[724] Hätte etwa eine Frau, die ohne ihre Zustimmung als Telefonsexdame in einer Zeitschrift erscheint, keinen Bereicherungsanspruch, weil sie ihr Foto der Zeitschrift für eine solche Veröffentlichung unter keinen Umständen zu Verfügung gestellt hätte?[725]

In der Entscheidung *Herrenreiter*[726] hatte der BGH im Jahr 1958 noch erklärt, dass die Bemessung des zu ersetzenden Betrags nach dem Entgelt, das bei Abschluss einer Vereinbarung vermutlich zu entrichten gewesen wäre, zu versagen sei, wenn feststeht, dass der Abgebildete die Verwendung seines Bildes nicht gestattet hätte.

Von dieser Meinung ist der BGH abgerückt.[727] Rechtsprechung und Schrifttum halten die grundsätzliche Verwertungsbereitschaft des Betroffenen nicht für eine Voraussetzung des Anspruchs.[728] Dem ist zuzustimmen, denn das Rechtsschutzziel des Bereicherungsrechts ist der Ausgleich ungerechtfertigter Bereicherungen. Derjenige, der tatsächlich etwas erlangt hat, soll das Erlangte herausgeben.[729] Dem bereicherungsrechtlichen Anspruch soll auch nicht entgegenstehen, dass der Abgebildete zu einer Verwertung des Bildes nicht in der Lage gewesen wäre, weil er etwa kein Urheberrecht daran besaß.[730]

724 *Prinz/Peters,* Medienrecht, S. 613, Rdn. 900.
725 OLG München, ZUM 1996, S. 160.
726 BGH NJW 1958, S. 827, 829.
727 BGH NJW 1979, S. 2205 f.
728 *Prinz/Peters,* Medienrecht, S. 614, Rdn. 900.
729 *Prinz/Peters,* Medienrecht, S. 614, Rdn. 900.
730 BGH NJW 1979, S. 2005 f.

II. Der Schutz des Rechts am Persönlichkeitsbild durch die Eingriffskondiktion (§ 812 I S. 1 Alt. 2 BGB)

1. Anspruchsvoraussetzungen (§ 812 I S. 1 Alt. 2 BGB)

§ 812 I S. 1 Alt. 2 BGB bestimmt, dass derjenige, der in sonstiger Weise als durch Leistung auf Kosten eines anderen etwas ohne rechtlichen Grund erlangt hat, zur Herausgabe verpflichtet ist. Der Schutz des Rechts am Persönlichkeitsbild durch die Eingriffskondiktion kann durch die Verwendung bekannter Rechtsbegriffe erzielt werden, denn auch hier gilt, dass für einen Anspruch aus Eingriffskondiktion der Grund nicht in der Rechtswidrigkeit des Eingriffs liegt. Entscheidend ist, dass der erlangte Vorteil von der Rechtsordnung einem anderen zugewiesen ist.

Der Anspruch setzt voraus, dass der Bereicherungsschuldner etwas i.S.v. § 812 BGB, also eine Verbesserung seiner Vermögenslage, einen Vermögensvorteil, erlangt hat. Hierzu gehören der Erwerb von dinglichen und persönlichen Rechten, die Befreiung von Schulden und Lasten sowie Gebrauchsvorteile oder sonstige Nutzungen und Dienste, die das Vermögen des Bereicherungsschuldners mehren.[731] Auch der Erhalt eines Vorteils kann hierunter fallen.[732]

In Bezug auf das Recht am Persönlichkeitsbild ist etwas i.S.v. § 812 I S. 1 Alt 2. BGB jeder gegenständlich oder über § 818 II BGB wertmäßig herausgebbare Vorteil.[733] Genauer betrachtet ist es nach *Beuthien/ Schmölz* die Kommerzialisierung eines fremden Persönlichkeitsbildes, das als fremder eigenpersönlicher Gegenstand für den Eingreifer seine Attraktivität dadurch gewinnt, dass er es geldwert vermarkten kann.[734] Der Eingreifer verschafft sich den unbefugten Gebrauch oder den Verbrauch eines fremden Persönlichkeitsbildes.[735]

Die Bereicherung muss in sonstiger Weise – also nicht durch die Leistung des Gläubigers – und zwar durch Eingriff in das Recht des Gläubigers, entgegen dem wirtschaftlichen Zuweisungsgehalt, entstan-

---

731 BGHZ 55, S. 128, 130 f.

732 BGHZ 55, S. 130 f.

733 *Beuthien/Schmölz,* Persönlichkeitsschutz durch Persönlichkeitsgüterrechte, S. 40.

734 *Beuthien/Schmölz,* Persönlichkeitsschutz durch Persönlichkeitsgüterrechte, S. 40.

735 *Beuthien/Schmölz,* Persönlichkeitsschutz durch Persönlichkeitsgüterrechte, S. 45.

den sein. Eingriffsobjekte können die Rechtspositionen sein, deren wirtschaftliche Verwertung nach der Rechtsordnung dem Gläubiger zusteht, wobei sich am deliktischen Güterschutz orientieret werden kann.[736]

Der Eingriff in das Recht am Persönlichkeitsbild eines anderen muss auf dessen Kosten erlangt sein. Damit ist gemeint, dass bei dem anderen eine Vermögensminderung eingetreten sein muss, denn wie bereits ausgeführt, geht es beim Bereicherungsrecht nicht darum, eine Vermögensminderung auszugleichen, sondern eine eingetretene Bereicherung rückgängig zu machen, die dem Bereicherten nicht zusteht. Das Tatbestandsmerkmal „auf Kosten" dient dazu, den Bereicherungsgläubiger bei der Eingriffskondiktion zu bestimmen. Das ist der Träger derjenigen Rechtsposition, in die eingegriffen wurde, also das Gut, das von der Rechtsordnung zugewiesen ist.

Der Anspruch nach § 812 I S. 1 Alt. 2 BGB setzt den Eingriff in das Verwertungsrecht am Persönlichkeitsbild als ein fremdes absolutes Herrschaftsrecht voraus. Das Persönlichkeitsgüterrecht, in das eingegriffen wird, steht dabei allein dem Persönlichkeitsträger zu. Daher erfolgt jeder Eingriff in das Persönlichkeitsgüterrecht auf seine Kosten.

Das Tatbestandsmerkmal ohne rechtlichen Grund meint, dass der erlangte Vorteil nach der Rechtsordnung einem anderen gebührt.[737] Maßgeblich ist dafür nicht die Wider- oder Rechtmäßigkeit des Bereicherungsvorgangs, sondern das Bestehen oder Nichtbestehen eines gesetzlichen oder vertraglichen Grundes für den Verbleib des Vorteils beim Bereicherungsschuldner im jeweiligen Fall aufgrund der rechtlichen Güterzuordnung.

Ohne Grund soll die mediale Vermarktung des fremden Persönlichkeitsbildes dann erfolgen, wenn die entsprechende Person nicht ihre Zustimmung erteilt oder aber der Eingriff aufgrund der Kunst- und Medienfreiheit nicht gerechtfertigt ist. Nach *Beuthien/Schmölz* ist hierfür eine wertende Güterabwägung zwischen dem Persönlichkeitsschutz

---

736 BGHZ 20, S. 345; BGH NJW 1992, S. 2084.

737 *Beuthien/Schmölz,* Persönlichkeitsschutz durch Persönlichkeitsgüterrechte, S. 40.

einerseits und der Kunst- und Medienfreiheit andererseits durchzuführen.[738]

2. Ausschlussgründe

a) Hypothetische Gestattung der Verwertung

Es wurde bereits der Frage nachgegangen, ob der Bereicherungsanspruch dann ausscheidet, wenn der Betroffene nicht bereit und/oder nicht in der Lage gewesen wäre, in die Verwertung der sich auf seine Persönlichkeit beziehenden Gegenstände zuzustimmen. So stellt sich etwa die Frage, ob ein Sprecher der *Tagesschau*, dessen Bildnis unberechtigt von einem Möbelunternehmen zu Werbezwecken verwendet wurde, deshalb keine Zahlung vom Unternehmen verlangen kann, weil ihm aufgrund seines Beschäftigungsverhältnisses mit dem Sender jegliche Werbung untersagt wurde.[739]

Begründung und Ergebnis bei decken sich mit dem bereits Ausgeführten, denn das Ziel der Eingriffskondiktion ist es auch hier, lediglich eine Bereicherung abzuschöpfen und nicht eine Entreicherung auszugleichen.[740] Dies gilt für die Eingriffskondiktion bei Persönlichkeitsrechtsverletzungen wie auch für das Recht am Persönlichkeitsbild, das ebenfalls nach § 812 I S. 1 Alt. 2 BGB Schutz erfährt.

b) Treu und Glauben (§ 242 BGB)

In diesem Zusammenhang stellt sich die Frage, ob demjenigen die Geltendmachung der Verletzung des Rechts am Persönlichkeitsbild genommen sein soll, der niemals bereit gewesen wäre, seiner Verwertung zuzustimmen, weil er sich damit nach den Grundsätzen von Treu und Glauben widersprüchlich verhält (§ 242 BGB).[741]

Der Grundsatz von Treu und Glauben findet nicht nur im Schuldrecht, sondern im gesamten Privatrecht Anwendung.[742] Bei den Merkmalen Treu und Glauben handelt es sich um ausfüllungsbedürftige Begriffe, die § 242 BGB den Charakter einer Generalklausel geben.

---

738 *Beuthien/Schmölz*, Persönlichkeitsschutz durch Persönlichkeitsgüterrechte, S. 40.

739 OLG Hamburg, AfP 1983, S. 282 f.

740 *Beuthien/Schmölz*, Persönlichkeitsschutz durch Persönlichkeitsgüterrechte, S. 41 mit weiteren Nachweisen.

741 Vgl. BGH NJW-RR 1996, S. 539 ff.

742 So etwa in ehevertraglichen Heiratsklauseln, BVerfG NJW 2000, S, 2495.

Im BGB tauchen sie ebenfalls in §§ 157, 162, 320 II, 815 BGB auf. Treue bezeichnet im Verhältnis der Beteiligten eine Haltung, die Verlässlichkeit, Aufrichtigkeit und Rücksichtnahme meint. Glaube meint das Vertrauen auf eine derartige Handlung der anderen Partei. Im Zusammenhang ist hierunter das Erfordernis redlichen und loyalen Verhaltens unter billiger Rücksichtnahme auf berechtigte Interessen der anderen Seite gemeint. Dieses Erfordernis soll auch den Gedanken des Vertrauensschutzes umfassen.[743]

Aus § 242 BGB ergibt sich über die §§ 226, 826 BGB hinaus der Grundsatz, dass jede gegen Treu und Glauben verstoßende Rechtsausübung unzulässig ist. Der Grundsatz dient dazu, eine an sich gegebene formale Rechtsstellung zu begrenzen. § 242 BGB darf aber nicht instrumentalisiert werden, jede als unbillig empfundene Rechtsverfolgung zu verhindern. Der Einwand der unzulässigen Rechtsausübung findet daher nur in bestimmten Fällen Anwendung.

Zu den wichtigsten Anwendungsgebieten des Grundsatzes von Treu und Glauben bei der unzulässigen Rechtsausübung gehören die Fallgruppen, in denen die Rechtsausübung in tatsächlichem oder rechtlichem Zusammenhang mit einem früheren unredlichen Verhalten steht. Die Beschränkung der Rechtsausübung ergibt sich daraus, dass der Rechtsinhaber nicht aus einem unredlichen Verhalten heraus rechtliche Vorteile ziehen soll.[744]

Die unzulässige Rechtsausübung kann in einem Widerspruch zu früherem Verhalten beruhen (venire contra factum proprium). Der Widerspruch des gegenwärtigen Verhaltens zum Vorverhalten begründet nicht in jedem Fall die Annahme einer unzulässigen Ausübung des Rechts. Vielmehr muss entweder das frühere Verhalten für den anderen Teil einen schutzwürdigen Vertrauenstatbestand geschaffen haben oder aber die Treuwidrigkeit durch sonstige besondere Umstände begründet sein.

Verschulden ist beim widersprüchlichen Verhalten nicht gefordert, kann aber bei der Interessenabwägung Berücksichtigung finden.[745] Es

---

743 BGHZ 94, S. 351.
744 BGHZ 122, S. 168 f.; BGH NJW 1985, S. 1826.
745 BGH WM 1968, S. 877.

ist daher stets notwendig, eine umfassende Interessenabwägung unter Berücksichtigung der Umstände des Einzelfalls vorzunehmen.[746]

In diesem Zusammenhang entschied der BGH, dass die Verbreitung eines Bildnisses ohne die erforderliche Zustimmung des Abgebildeten einen Anspruch des Abgebildeten aus §§ 812 I S. 1, 818 II BGB auf Zahlung eines Betrages in Höhe einer angemessenen Lizenz begründen könne.[747] Das Gericht legte auch fest, dass dem Anspruch nicht entgegengehalten werden könne, der Verletzte hätte sich keinesfalls zur Erteilung der Zustimmung bereit erklärt.

Nach Ansicht des Gerichts sei die Erwägung, die Berechnung der ungerechtfertigten Bereicherung nach der üblichen Lizenzgebühr dann zu versagen, wenn der Anspruchsteller seine Zustimmung zu der Nutzung nicht erteilt hätte, verfehlt, denn durch den Anspruch nach §§ 812 I, 818 II BGB solle nicht ein quasi vertragliches Verhältnis im Wege einer nachträglichen Fiktion einer Genehmigung der Veröffentlichung hergestellt werden, sondern es solle lediglich eine ungerechtfertigte Bereicherung ausgeglichen werden.[748]

Folglich kommt es nicht darauf an, ob der Verletzte für die Verwertung seines Rechts am Persönlichkeitsbild seine Zustimmung erteilt hat oder nicht.

c) Gesetzes- und Sittenwidrigkeit (§§ 134, 138 BGB)

Es ist fraglich, ob der Schutz des Rechts am Persönlichkeitsbild durch die Eingriffskondiktion nach § 812 I S. 1 Alt. 2 BGB zu versagen ist, wenn die vertragliche Gestattung seiner Verwertung als ein sittenwidriges Rechtsgeschäft unter § 138 BGB fällt oder aber gegen ein gesetzliches Verbot nach § 134 BGB verstößt.

Relevant kann die Frage sein, wenn gegen das Recht am Persönlichkeitsbild einer fremden Person in einer besonderen Art und Weise verstoßen wird. Dies ist der Fall, wenn es in gesetzeswidrige Medienprodukte hineingenommen wird, die Gestattung der Verwertung aber gegen eine der vorbenannten Normen verstößt.[749]

---

746 BGHZ 49, S. 153.

747 BGH NJW-RR 1996, S. 539 ff.

748 Vgl. BGH NJW-RR 1996, S. 540.

749 Vgl. *Beuthien/Schmölz*, Persönlichkeitsschutz durch Persönlichkeitsgüterrechte, S. 43.

Wie bereits ausgeführt, sind die Bezugspunkte von §§ 134, 138 BGB vertragliche Vereinbarungen. Liegt kein Rechtsgeschäft vor, so soll mangels Anwendbarkeit der Norm von § 138 BGB dieser auch kein rechtlicher Bewertungsmaßstab sein können. Gleiches gilt für § 134 BGB, denn die Vorschrift setzt ebenfalls für ihre Anwendbarkeit voraus, dass ein Rechtsgeschäft vorliegt.

Im hiesigen Kontext liegt die Sache indes anders. Fraglich ist, ob der Schutz des Rechts am Persönlichkeitsbild durch die Eingriffskondiktion nach § 812 I S. 1 Alt. 2 BGB deshalb versperrt ist, weil bei Abschluss einer hypothetischen vertraglichen Vereinbarung diese nach §§ 134, 138 BGB nichtig wäre.

Die Privatautonomie kann nur im Rahmen der gesetzlich zugelassenen Grenzen verwirklicht und gelebt werden. So kann eine Rechtsordnung, wenn sie einerseits bestimmte Rechtsgeschäfte verbietet, ihr andererseits nicht zur ihrer Durchsetzung verhelfen. Folglich gibt die in § 134 BGB enthaltene Auslegungsregel vor, dass ein Gesetzesverstoß die Nichtigkeit des Rechtsgeschäfts zur Folge hat, wenn eine Auslegung des Verbotsgesetzes nicht zu einem anderen Ergebnis führt.

Die Vorschrift betrifft Rechtsgeschäfte aller Art, also Verträge sowie einseitige Rechtsgeschäfte und Beschlüsse. Das Verbot muss sich aus dem Gesetz ergeben. Das kann jede deutsche Rechtsnorm sein (vgl. Art. 2 EGBGB).[750]

Ein gesetzliches Verbot im Sinne von § 134 BGB besteht dann, wenn ein von der Rechtsordnung seiner Art nach grundsätzlich zugelassenes Rechtsgeschäft wegen seines konkreten Inhalts oder wegen der Modalitäten seines Zustandekommens untersagt wird. Das Verbot kann ausdrücklich ausgesprochen sein (vgl. § 14 HeimG), oder sich aus einer systematischen Auslegung ergeben,[751] wobei das Verbot bereits zum Zeitpunkt der Vornahme des Rechtsgeschäfts bestanden haben muss. Die Nichtigkeitsfolge von § 134 BGB erfasst grundsätzlich das gesamte Rechtsgeschäft, wenn eine am Gesetzeszweck orientierte Auslegung nichts anderes ergibt.[752]

---

750 BGHZ 59, S. 85.
751 OLG Karlsruhe NJW-RR 2002, S. 1206.
752 *Palandt/Ellenberger*, § 134, Rdn. 6.

Die Privatautonomie wird nicht allein durch die gesetzlich vorgegebenen Rahmenbedingungen nach § 134 BGB beschränkt, sondern auch durch die Prinzipien der in der Gesellschaft bestehenden Rechts- und Sozialmoral bestimmt. Hierbei handelt es sich einerseits um außerrechtliche Verhaltensanforderungen, die sich aus den in der Gesellschaft anerkannten Regeln des Zusammenlebens ergeben und über § 138 I BGB in das Wertesystem der Rechtsordnung eingehen; andererseits auch um rechtsimmanente Grundsätze, die bereits in den Normen der Rechtsordnung angelegt sind.

Unter dem Begriff der guten Sitten fasst der Gesetzgeber diese ethischen Maßstäbe zusammen[753] und versagt einem Rechtsgeschäft, das dazu im Widerspruch steht, seine Rechtswirksamkeit.

Die guten Sitten im Sinne von § 138 BGB werden als das sogenannte Anstandsgefühl aller billig und gerecht Denkenden aufgefasst.[754] Zu verstehen ist hierunter die Sozialmoral des Durchschnittsbürgers, wobei weder besonders strenge noch besonders freizügige Wertmaßstäbe einzelner Bevölkerungsgruppen verabsolutiert werden. Der Begriff trägt auch die fundamentalen Gerechtigkeitsvorstellungen in sich, die den gesetzlichen Bestimmungen zugrunde liegen.[755]

Als Rechtsfolge der Sittenwidrigkeit tritt die Nichtigkeit des Rechtsgeschäfts ein, wobei unter den Voraussetzungen von § 139 BGB das Rechtsgeschäft zum Teil aufrechterhalten werden kann. Bei Rückabwicklung bereits ausgetauschter Leistungen findet § 812 I S. 1 Alt. 1 BGB Anwendung. § 817 S. 1 BGB kommt dann zur Anwendung, wenn der Bereicherungsanspruch aus § 812 BGB ausnahmsweise nach §§ 814, 815 BGB ausgeschlossen ist, da der Ausschluss der Rückforderung durch §§ 814, 815 BGB nicht für § 817 BGB gilt.

753 Vgl. auch § 826 BGB, § 1 UWG.

754 BGHZ 10, S. 297.

755 Vgl. in diesem Zusammenhang auch die Lehre zur mittelbaren Drittwirkung der Grundrechte, BVerfGE 7, S. 206; 42, S. 148; BGH NJW 2000, S. 1028 sowie die Diskussion um die Auswirkung des Grundgesetzes als Wertesystem, das über die sogenannte Einbruchstelle nach § 138 I BGB Eingang in die privatrechtlichen Rechtsverhältnisse findet, Canaris, Grundrechte und Privatrecht, S. 33 ff.

In der Literatur lassen sich Stimmen finden, die den Bereicherungsanspruch bei gesetzes- oder sittenwidrigen Eingriffen ablehnen.[756] Sie argumentieren, dass dem Geschädigten nichts zugesprochen werden soll, wenn ihm die Nutzung oder Verwertung wegen der Gesetzes- oder Sittenwidrigkeit untersagt gewesen wäre.

Hiergegen spricht aber, dass bei der Eingriffskondiktion der Modalität, der Art und Weise der Verwertung eines fremden Rechts am Persönlichkeitsbild, keine gewichtige Bedeutung zukommt, da das Herrschaftsrecht an ihm in Bezug auf alle Verwertungsarten- und Umstände geschützt ist. *Larenz/Canaris* führen aus, dass es nicht auf die Zulässigkeit der hypothetischen Gestattung ankomme, sondern allein auf die Rechtsmacht, die Nutzung des Gutes eines Dritten gegen Entgelt erlauben zu können.[757]

Diese Wertung deckt sich auch mit Entscheidung des BGH.[758] Im vorliegenden Fall bot und verkaufte die Beklagte schuldlos täuschend ähnliche Imitationen des Parfums *Chanel Nr. 5* in ihrem Geschäft. Das Gericht sprach der Inhaberin des Zeichenrechts an *Chanel Nr. 5* eine Eingriffskondiktion gegen die Beklagte zu und berechnete den zu ersetzenden Wert des erlangten Zeichengebrauchs nach der Lizenzgebühr, die die Beklagte üblicherweise für die Gestattung hätte entrichten müssen (§ 818 II BGB).

Das Besondere ist, dass die Klägerin der Beklagten den konkreten Gebrauch nicht wirksam hätte gestatten können, da es sich um Fälschungen handelte. Die entsprechende Erlaubnis wäre nach § 3 UWG gemäß § 134 BGB und/oder § 138 BGB nichtig gewesen.

Der Verletzte soll also nicht besser stehen, weil er zu dem unbefugten Eingriff ebenfalls einen Verstoß gegen eine Verbotsnorm begangen hat. Hinzu tritt, dass der Verletzte an diesem ja nicht mitgewirkt habe.[759]

---

756 *Koppensteiner/Kramer,* Ungerechtfertigte Bereicherung, S. 83 f.; *Kleinheyer,* Rechtsgutsverwendung und Bereicherungsausgleich JZ 1970, S. 471, 476; *Haines,* Bereicherungsansprüche bei Warenzeichenverletzungen und unlauterem Wettbewerb, 1970, S. 104, 106.

757 Vgl. *Larenz/Canaris,* Schuldrecht II/2, § 69 I. 1. e) S. 172.

758 BGHZ 99, S. 244, 248 f. Aufbereitet bei *Larenz/Canaris,* Schuldrecht II/2, § 69 I. 1. e) S. 172.

759 *Larenz/Canaris,* Schuldrecht II / 2, § 69 I. 1. e) S. 172 unter Verweis auf BGHZ 44, S. 379 f.

Das Ergebnis lässt sich auch unter Verweis auf den Rechtsgedanken von § 817 BGB begründen, denn der rechts- oder sittenwidrig Handelnde soll hier nicht begünstigt werden. Der Bereicherungsausgleich besteht dann nicht, wenn der Verletzte selber gesetzes- oder sittenwidrig gehandelt hätte. Nach der Architektur von § 817 BGB greift § 817 S. 1 BGB, wenn der Leistende bezweckt, dass der Empfänger gegen ein gesetzliches Verbot oder gegen die guten Sitten verstößt.

Bei dieser Zielrichtung verstößt der Leistende in aller Regel auch selbst gegen ein gesetzliches Verbot oder gegen die guten Sitten. Dann ist der Anspruch nach § 817 S. 2 BGB ausgeschlossen.

Er ist deshalb zu versagen, weil die Rechtsordnung § 817 S. 2 BGB zwar nicht als bürgerlich-rechtliche Strafvorschrift ansieht,[760] gleichwohl aber nicht demjenigen Schutz gewähren will, der sich selbst rechts- oder sittenwidrig verhält.

Folglich ist der Bereicherungsanspruch auch dann gegeben, wenn das Recht am Persönlichkeitsbild dergestalt verwertet wird, dass wegen Rechts- oder Sittenwidrigkeit seine Verwertung vertraglich nicht hätte vereinbart werden können.

3. Inhalt und Umfang des Bereicherungsanspruchs (§§ 812, 818 BGB)

Nach §§ 812 I S. 1 Alt. 2, 818 I BGB ist der Bereicherungsschuldner zur Herausgabe des Erlangten verpflichtet. Der Bereicherungsgegenstand ist grundsätzlich in natura herauszugeben, wobei sich gem. § 818 I BGB die Herausgabepflicht auch auf die Nutzungen erstreckt, die der Bereicherungsschuldner aus dem erlangten Gegenstand gezogen hat. Neben den Nutzungen sind auch die Surrogate herauszugeben.[761]

Ist die Herausgabe unmöglich, so hat der Bereicherungsschuldner nach § 818 II BGB Wertersatz zu leisten, wenn die Verpflichtung nicht durch § 818 III BGB ausgeschlossen ist.[762] Dies betrifft den Bereicherungsgegenstand selbst wie auch seine Nutzungen und Surrogate nach § 818 I BGB. Für die Höhe des Wertersatzes in Geld ist der objektive

---

760 RGZ 161, S. 60.

761 BGH NJW 2007, S. 3127.

762 *Palandt/Sprau,* § 818 Rdn. 17.

Wert des Erlangten maßgeblich. Zu ersetzen ist der Wert, den die Leistung in ihrer tatsächlichen Beschaffenheit für jedermann hat.[763]

Übertragen auf das Recht am Persönlichkeitsbild bedeutet dies, dass nach § 812 I S. 1 Alt. 2 BGB der Bereicherungsschuldner das durch den rechtswidrigen Eingriff in das fremde Ausschließlichkeitsrecht Erlangte herauszugeben hat, da er sich den Gebrauch oder den Verbrauch eines fremden Gegenstandes verschafft hat.[764]

Der BGH hat im Fall der Verbreitung eines Bildnisses ohne die nach §§ 22 KUG erforderliche Zustimmung des Abgebildeten bestimmt, dass das Recht, die Möglichkeit zur Nutzung des Fotos, zum Vermögen des Abgebildeten gehört.[765] Um diese Nutzungsmöglichkeit, den Gebrauchsvorteil, sei der Bereicherungsschuldner bereichert. Daher sei die Nutzung und nicht ihre Unentgeltlichkeit das Erlangte nach § 812 I BGB. Die Unentgeltlichkeit der Nutzung sei die Folge des Fehlens des rechtlichen Grundes für die Nutzung, nicht jedoch Gegenstand der Bereicherung.[766]

Der BGH führt aus, dass Anknüpfungspunkt für die Bereicherungshaftung bei Schutzrechtsverletzungen, wie bei allen Eingriffskondiktionen, die von der Rechtsordnung missbilligte Verletzung einer Rechtsposition sei, die nach dem Willen der Rechtsordnung dem Berechtigten zu dessen ausschließlicher Verfügung zugewiesen sei.[767]

Nach dem Grundsatz der Güterzuweisung solle der Verletzer das herausgeben, was er durch den rechtswidrigen Einbruch in eine fremde geschützte Sphäre erzielt habe. Bei den gewerblichen Schutzrechten sei der Gegenstand der Güterzuordnung die ausschließliche Benutzungsbefugnis. Erlangt habe der Verletzer daher den Gebrauch des immateriellen Schutzgegenstandes.

Da der Gebrauch des Rechts am Persönlichkeitsbild als ein immaterieller Schutzgegenstand nicht in natura herausgegeben werden kann, ist nach § 818 II BGB Wertersatz zu leisten. Für die Höhe des Werter-

763 BGHZ 117, S. 31.

764 Vgl. *Beuthien/Schmölz*, Persönlichkeitsschutz durch Persönlichkeitsgüterrechte, S. 45.

765 BGH NJW-RR 1996, S. 539 f.

766 BGH NJW-RR 1996, S. 540.

767 BGH GRUR 1982, S. 303.

satzes in Geld ist der objektive Wert des Erlangten maßgeblich. Zu ersetzen ist auch hier der Wert, den die Leistung in ihrer tatsächlichen Beschaffenheit für jedermann hat.[768] Dagegen muss der Bereicherungsschuldner den Veräußerungsgewinn nicht herausgeben.[769]

Als objektiver Wert der Benutzung wird das marktübliche Entgelt für die Inanspruchnahme des Verwertungsrechts angesehen. Den rechtsgrundlosen Vermögenszuwachs hat der Verletzer durch die Zahlung einer angemessenen Vergütung, eine Lizenzgebühr, an den Verletzten zu zahlen. Die Höhe und der Umfang können sich dabei an den marktüblichen Sätzen orientieren.

In der Praxis erfolgt die Berechnung im Wege der Lizenzanalogie. Danach hat der Verletzer dasjenige zu zahlen, was vernünftige Parteien bei Abschluss eines fiktiven Lizenzvertrages in Kenntnis der wahren Rechtslage und der Umstände des konkreten Einzelfalles als angemessene Lizenzgebühr vereinbart hätten.[770] Dabei spielt es keine Rolle, ob der Verletzte zur Lizenzerteilung grundsätzlich bereit gewesen wäre und ob der Verletzer ohne Verletzung um eine solche Lizenz nachgesucht hätte.[771]

Für den Fall, dass die Bemessung der Lizenzsätze wegen eines fehlenden Lizenzmarktes nicht möglich ist, weil etwa Personen Gegenstände mit nahem Persönlichkeitsbezug wegen ihrer besonderen Vertraulichkeit üblicherweise nicht gegen Entgelt preisgeben, z.B. Politiker, Sportler und Mitgliedern von Königs- und Fürstenhäusern, kann § 287 II ZPO zur Anwendung kommen.[772] Nach § 287 I ZPO kann das Gericht unter Würdigung aller Umstände nach freier Überzeugung entscheiden, wenn unter den Parteien streitig ist, ob ein Schaden entstanden ist und wie hoch sich der Schaden oder ein zu ersetzendes Interesse beläuft.

Der Anwendungsbereich von § 287 II ZPO umfasst die sonstigen Ansprüche, worunter bereicherungsrechtliche Ansprüche fallen. Voraussetzung ist, dass ein Streit über die Höhe der Forderung besteht und

---

768 BGHZ 117, S. 31.

769 BGH GRUR 1982, S. 303

770 BGH GRUR 1990, S. 1008 f.

771 Anders noch RGZ 35, S. 66 f.

772 So auch *Beuthien/Schmölz*, Persönlichkeitsschutz durch Persönlichkeitsgüterrechte, S. 49.

die völlige Aufklärung unverhältnismäßig schwierig im Vergleich zur Bedeutung der ganzen Forderung ist.[773] Im Urteil müssen sodann die tatsächlichen Grundlagen der Schätzung und ihre Auswertung in objektiv nachprüfbarer Weise angegeben werden.

Die Schätzung unterbleibt dann, wenn sie mangels jeder konkreter Anhaltspunkte in der Luft hängt und deshalb willkürlich wäre.[774] Die entsprechende Klageschrift muss folglich in der Sachverhaltswiedergabe und in der rechtlichen Würdigung so konkret wie möglich gefasst sein.

Es bietet sich an, im Fall von § 287 II ZPO bekannte Vergütungssätze anzusetzen. *Beuthien/Schmölz* schlagen vor, auf die Sätze Rückgriff zu nehmen, die bei Fällen persönlichkeitsbezogener Publikationen üblich sind.[775] Diese Herangehensweise ist dem Immaterialgüterrecht nicht fremd, wenn keine speziellen Vergütungssätze vorliegen.[776] Einen Anhalt kann in diesem Zusammenhang geben, was z.B. prominenten Personen in der Vergangenheit von den Gerichten zugebilligt wurde, wenn diese in rechtswidriger Weise durch die Medien an die Öffentlichkeit gezerrt wurden.[777]

Für die Lizenzanalogie gilt, dass im Einzelfall stets eine angemessene Vergütung herbeizuführen ist. Bei der Frage, welche Vergütung von verständigen Parteien im Rahmen der Lizenzanalogie als angemessene Vergütung geschuldet ist, kann zu Orientierungszwecken auf die bestehenden Tarifwerke, denen bereits eine Verkehrsgeltung zukommt, Bezug genommen werden. So beziehen sich die Gerichte z.B. in Fällen von Bildern auf die Empfehlung der Mittelstandsgemeinschaft Fotomarketing.[778]

Die Rechtsprechung geht davon aus, dass bei Festlegung der Höhe der fiktiven Lizenzgebühr für die unrechtmäßige werbemäßige Verwer-

773 Vgl. BGH NJW 2005, S. 2074.

774 BGH NJW-RR 2004, S. 1023.

775 *Beuthien/Schmölz,* Persönlichkeitsschutz durch Persönlichkeitsgüterrechte, S. 50.

776 *Dreier/Schulze,* § 97 UrhG, Rdn. 58 ff.

777 Höchstrichterliche Entscheidungsübersicht zu nicht prominenten Klägern, wenn Persönlichkeitsrechtsverletzungen durch Medien wie auch durch Einzelpersonen verübt wurden, *Steffen,* Persönlichkeitsrechtsverletzungen durch Medien, NJW 1997, S. 12.

778 OLG Hamburg MMR 2002, S. 677.

tung eines Bildnisses eines Prominenten u.a. die Auflagenhöhe, die Verbreitung der Banner, Art und Gestaltung der Anzeige zu berücksichtigen sind sowie die Werbewirkung, die sich an dem Marktwert und dem Bekanntheitsgrad des Abgebildeten bemisst.

Hierfür lassen sich zahlreiche Beispiele finden. Exemplarisch sei an dieser Stelle auf das Landgericht Berlin hingewiesen, das als übliche Lizenzgebühr für *Alexander Schalck-Golodkowski* bei einer Werbekampagne auf knapp 1500 *City-Light-Plakaten* DM 10.000,00 ansah.[779] Der Sänger *Ivan Rebroff* erhielt wegen einer Bildnisverletzung durch ein Double in einem Fernsehspot einer Großmolkerei vom OLG Karlsruhe DM 155.000,00 zugesprochen.[780]

Ist davon auszugehen, dass die Kommerzialisierung eines fremden Persönlichkeitsrechts zu einem höheren Entgelt führen kann, wenn die betroffene Person der Vermarktung zustimmen würde, so soll auch ein entsprechender Aufschlag erfolgen können.[781] Hat jemand für die Verwertung seines Bildnisses Lizenzgebühren in bestimmter Höhe festgelegt, wie dies z.B. bei Merchandising-Produkten einer Sängerin der Fall sein kann, und sind diese Beträge als angemessen zu werten, so muss der Verletzer diesen Betrag zahlen.[782]

Bei bekannten Persönlichkeiten ist weiter zu berücksichtigen, dass sie von der werbetreibenden Wirtschaft und Industrie üblicherweise für Kampagnen, also eine Vielzahl von Anzeigen und Spots, gebucht werden, sodass für das übliche Honorar der Maßstab der Wert dieser Kampagne ist.[783]

Bei der Vermarktung eines Bildnisses sind oft mehrere natürliche wie juristische Personen beteiligt. Hierunter könnten etwa der Fotograf, mehrere Agenturen und das werbetreibende Unternehmen fallen.[784] In

---

779 LG Berlin NJW 1996, S. 1142 f.

780 OLG Karslruhe, ZUM 1998, S. 453 f.

781 *Beuthien/Schmölz,* Persönlichkeitsschutz durch Persönlichkeitsgüterrechte, S. 50 mit weiteren Nachweisen.

782 BGH NJW-RR 1987, S. 231.

783 Unter Angabe weitere Beispiele *Prinz/Peters,* Medienrecht, S. 615, Rdn. 901.

784 *Prinz/Peters,* Medienrecht, S. 616, Rdn. 903.

diesem Fall gilt, dass § 840 BGB, nach dem bei einem deliktischen Ersatzanspruch die Nebentäter als Gesamtschuldner haften, keine Anwendung findet.[785]

Sind mehrere an einer rechtsgrundlosen Vermögensverschiebung beteiligt, so haben sie als Bereicherungsschuldner nicht für die ganze Entreicherung des Gläubigers, sondern nur für das einzustehen, was sie selbst auf Kosten des Entreicherten erlangt haben. Eine gesamtschuldnerische Haftung besteht dann nicht.[786] Entsprechend ist beim Recht am Persönlichkeitsbild zu verfahren.

III. Zusammenfassung

Rechtsprechung und Literatur wenden den bereicherungsrechtlichen Anspruch nach § 812 I S. 1 Alt. 2 BGB an, wenn es um die Erfassung von Eingriffen in immaterielle Positionen und die Inanspruchnahme fremder Rechtsposition geht. Der Lehre vom Zuweisungsgehalt folgend kommt es für den Zuweisungsgehalt auf die abstrakte Rechtsmacht an. Der Bereicherungsanspruch des Rechtsinhabers scheitert nicht dann, wenn er eine bestimmte Vermarktung nicht vorgenommen hätte oder aber wenn ihm aufgrund von Umständen, die nicht in der betroffenen Rechtsposition liegen, eine Vermarktung nicht möglich bzw. nicht erlaubt gewesen wäre.

Eine Grenze besteht dort, wo die betreffende Rechtsposition als solche nicht entgeltfähig ist, wie etwa das Recht auf sexuelle Selbstbestimmung, das Leben oder die körperliche Unversehrtheit (§ 228 StGB). Die Freiheit des Einzelnen, über die Darstellung seiner Persönlichkeit zu bestimmen und diese Bestimmung von der Zahlung eines Entgelts abhängig zu machen, sprechen ebenfalls dafür, dass das Persönlichkeitsrecht ein tauglicher Schutzgegenstand von Bereicherungsansprüchen ist.

Die Rechtsprechung lässt einzelnen, verdichteten Ausprägungen einen Zuweisungsgehalt zukommen, wie z.B. dem Recht am eigenen Bild (§ 22 KUG); dem Namensrecht (§ 12 BGB); dem gesprochenen Wort oder persönlichen Aufzeichnungen, wenn sie einen vermarktungsfähigen Charakter aufweisen. Für das Persönlichkeitsbild, das sich aus den

785 BGH NJW 1979, S. 2205 ff.
786 BGH NJW 1979, S. 2205 ff.

personenbezogenen Daten eines Menschen zu einem unikalen Konglomerat zusammensetzt, muss dies erst recht gelten, weil das Persönlichkeitsbild die soziale Geltung widerspiegelt, derer der Mensch für die Achtung seiner selbst bedarf. Der verfassungsrechtliche Schutzauftrag nach Art. 2 I, 1 I GG, an dem bereits die einzelnen Ausflüsse der Persönlichkeit partizipieren, muss also auch für das Persönlichkeitsbild als die Summe der Persönlichkeitsausflüsse gelten.

Übertragen auf das Recht am Persönlichkeitsbild ist etwas i.S.v. § 812 I S. 1 Alt 2. BGB jeder gegenständlich oder über § 818 II BGB wertmäßig herausgebbare Vorteil. Hierunter ist die Kommerzialisierung eines fremden Persönlichkeitsbildes zu fassen, das als fremder eigenpersönlicher Gegenstand für den Eingreifer seine Attraktivität dadurch gewinnt, dass er es geldwert vermarkten kann. Der Eingreifer verschafft sich also den unbefugten Gebrauch oder den Verbrauch eines fremden Persönlichkeitsbildes.

Der Anspruch nach § 812 I S. 1 Alt. 2 BGB setzt den Eingriff in das Verwertungsrecht am Persönlichkeitsbild als ein fremdes absolutes Herrschaftsrecht voraus. Das Persönlichkeitsgüterrecht, in das eingegriffen wird, steht dabei dem Persönlichkeitsträger zu. Daher erfolgt jeder Eingriff in das Persönlichkeitsgüterrecht auf seine Kosten.

Ohne Grund erfolgt die mediale Vermarktung des fremden Persönlichkeitsbildes dann, wenn die entsprechende Person nicht ihre Zustimmung erteilt oder aber der Eingriff aufgrund der Kunst- und Medienfreiheit nicht gerechtfertigt ist. Hierfür ist eine wertende Güterabwägung zwischen dem Persönlichkeitsschutz auf der einen und der Kunst- und Medienfreiheit auf der anderen Seite durchzuführen.

Nach § 812 I S. 1 Alt. 2 BGB hat der Bereicherungsschuldner das durch den rechtswidrigen Eingriff in das fremde Ausschließlichkeitsrecht Erlangte herauszugeben, da er sich den Gebrauch oder den Verbrauch eines fremden Gegenstandes verschafft hat.

Da der Gebrauch des Rechts am Persönlichkeitsbild als ein immaterieller Schutzgegenstand nicht in natura herausgegeben werden kann, ist nach § 818 II BGB Wertersatz zu leisten. Für die Höhe des Wertersatzes in Geld ist der objektive Wert des Erlangten maßgeblich. Zu ersetzen ist auch hier der Wert, den die Leistung in ihrer tatsächlichen

Beschaffenheit für jedermann hat. Der Bereicherungsschuldner muss den Veräußerungsgewinn hingegen nicht herausgeben.

Als objektiver Wert der Benutzung wird das marktübliche Entgelt für die Inanspruchnahme des Verwertungsrechts angesehen. Den rechtsgrundlosen Vermögenszuwachs hat der Verletzer durch die Zahlung einer angemessenen Vergütung, einer Lizenzgebühr, an den Verletzten zu zahlen. Die Höhe und der Umfang haben sich dabei an den marktüblichen Sätzen zu orientieren. Für den Fall, dass die Bemessung der Lizenzsätze wegen eines fehlenden Lizenzmarktes nicht möglich ist, weil etwa Personen Gegenstände mit nahem Persönlichkeitsbezug wegen ihrer besonderen Vertraulichkeit grundsätzlich gegen Entgelt nicht preisgeben, ist § 287 II ZPO heranzuziehen.

B. Die Einbettung des Rechts am Persönlichkeitsbild in die Systematik der Geschäftsführung ohne Auftrag (§§ 687 II 1, 681 S. 2, 667 BGB)

I. Gewinnerzielung als Bemessungsfaktor für die Geldentschädigung

Zu den aktuell zukunftsträchtigsten Fragen des Privatrechts wird in Fällen von Persönlichkeitsrechtsverletzungen der Anspruch auf Gewinnherausgabe gegen Medienunternehmen gezählt.[787] Mit dem Thema geht zugleich ein Grundlagenproblem einher, weil sich mit der Frage nach der Gewinnherausgabe auch die nach dem Zusammenhang von Deliktsrecht, Geschäftsführung ohne Auftrag und ungerechtfertigte Bereicherung stellt.

Die Beantwortung der Frage ist wichtig, weil sich mit ihr eine praktische Lösung einstellen kann, um wirksam gegen das rücksichtslose Gebaren von Medienunternehmen vorzugehen, wenn diese unter Einbruch in rechtlich geschützte Sphären auf Kosten von Personen einen immensen Gewinn erwirtschaften.

Literatur und Rechtsprechung diskutieren, welches zivilrechtliche Instrument das effektivste und gerechteste ist, um gegen Medienveröffentlichungen vorzugehen, die das Persönlichkeitsrecht verletzen.[788]

Ergiebig ist an dieser Stelle die nähere Auseinandersetzung mit den Urteilen in Sachen *Caroline von Monaco*.[789] *Caroline von Monaco* klagte gegen einen Verlag, dessen Illustrierte auf den Titelseiten Erzählungen ankündigten, die überschrieben waren mit *„Caroline – Tapfer kämpft sie gegen Brustkrebs"* sowie *„Hilfe für Millionen Frauen – Caroline – Kampf gegen Brustkrebs"*. Die Geschädigte war unstreitig nicht an Brustkrebs erkrankt, sondern hatte sich nur für entsprechende Vorsorgeuntersuchungen eingesetzt.[790]

Die Entscheidung, die sich im Kern um ein erfundenes Interview dreht, steht dabei in der Tradition mit der Entscheidung *Soraya*. Hier

---

787 *Petersen,* Medienrecht, S. 132, Rdn. 30.

788 *Petersen,* Medienrecht, S. 132, Rdn. 31 f.

789 BGH NJW 1996, S. 984 – *Caroline von Monaco.*

790 Vgl. BGH NJW 1995, S. 861 – *Caroline von Monaco.*

veröffentlichte eine Zeitschrift ein Interview mit der bekannten iranischen Prinzessin *Soraya*, ohne dass es jemals ein Gespräch mit ihr gegeben hatte.[791]

Typisch an diesen Persönlichkeitsrechtsverletzungen ist, dass Personen gezielt in ein falsches Licht gerückt werden, wobei die Form der Darstellung nicht der Wirklichkeit entspricht und es das ausgemachte Ziel ist, auf Kosten Prominenter eine Auflagensteigerung beim Publikationsorgan herbeizuführen.[792]

In der Entscheidung *Caroline von Monaco* entschied das Gericht, dass, wenn der Einbruch in das Persönlichkeitsrecht des Betroffenen vorsätzlich mit dem Ziel der Auflagensteigerung und Gewinnerzielung erfolge, es der Gedanke der Prävention gebiete, die Gewinnerzielung als Bemessungsfaktor in die Entscheidung über die Höhe der Geldentschädigung mit einzubeziehen.[793]

Das Gericht befand, dass es sich um eine schwerwiegende Persönlichkeitsrechtsverletzung handelte, weil die Beklagte in Kenntnis der Weigerung der Klägerin, der Presse ein Interview zu geben, ein solches über die Probleme in dem Privatleben und der seelischen Verfassung der Klägerin erfand.[794] Der Klägerin wurden Worte in den Mund gelegt, die sie nicht gesprochen hatte. Zudem wurde ins Blaue hinein über höchstpersönliche Entscheidungen der Klägerin berichtet, die sie zu keinem Zeitpunkt getroffen hatte.[795]

Das Gericht kam zu der Überzeugung, dass die Beklagte mit Vorsatz die Veröffentlichungen zum Zweck der Auflagensteigerung ihres kommerziellen Vorteils brachte und hierfür die Privatsphäre der Klägerin für Sensationslust, Neugier und Unterhaltung der Leser opferte.[796]

Das Gericht führte aus, dass die Zubilligung der Geldentschädigung auf dem Gedanken beruhe, dass ohne einen solchen Anspruch die Verletzung der Würde und der Ehre des Menschen häufig ohne Sank-

---

791 BVerfGE 34, S. 269.

792 *Petersen,* Medienrecht, S. 87, Rdn. 28.

793 BGH NJW 1995, S. 861 ff. – *Caroline von Monaco.*

794 BGH NJW 1995, S. 864 – *Caroline von Monaco.*

795 BGH NJW 1995, S. 864 – *Caroline von Monaco.*

796 BGH NJW 1995, S. 864 – *Caroline von Monaco.*

tion bliebe, mit der Folge, dass der Rechtsschutz der Persönlichkeit Gefahr laufe, zu verkümmern.[797] Bei dem Anspruch auf Geldentschädigung wegen der Verletzung des allgemeinen Persönlichkeitsrechts stehe die Genugtuung des Opfers im Vordergrund.

Hierfür zog das Gericht den Rechtsbehelf, der auf den Schutzauftrag aus Art. 1, 2 I GG zurückgeht, als Anspruchsgrundlage heran. Der Rechtsbehelf solle zudem der Prävention dienen. Das Gericht stellte klar, dass es ihm um eine *„fühlbare Geldentschädigung"* und einen *„echten Hemmungseffekt"* ginge, nicht aber darum, in Fällen der rücksichtslosen Kommerzialisierung der Persönlichkeit eine *„Gewinnabschöpfung"* vorzunehmen.[798]

Die Literatur hat die Entscheidung aufgenommen und hierzu fruchtbar Stellung bezogen.[799] *Prinz* stellte hierzu heraus, dass es keine einheitlichen Kriterien zur Bemessung der Geldentschädigung gebe, wenn – wie durch das Gericht erfolgt – exponiert auf die Genugtuung und die Prävention abgestellt werde.[800] So habe die Rechtsprechung in der Vergangenheit mit unterschiedlicher Gewichtung abgestellt auf die Solvenz des Täters,[801] die durch die Verletzung erzielte Auflagensteigerung,[802] die Relation zur Schmerzensgeldzubilligung bei Körperverletzungen,[803] die Schwere der Tat,[804] die Verbreitungsdichte der Falschmeldung[805] sowie die Art der Berichterstattung und den Wert für die öffentliche Meinungsbildung.[806]

Nach *Prinz* resultiert hieraus ein sogenanntes Begründungsdurcheinander, das in der Konsequenz zu widersprüchlichen Entscheidungen

---

797 BGH NJW 1995, S. 865 – *Caroline von Monaco.*

798 BGH NJW 1995, S. 865 – *Caroline von Monaco.*

799 So etwa *Prinz,* Geldentschädigung bei Persönlichkeitsrechtsverletzungen durch Medien, NJW 1996, S. 953 ff. sowie *Steffen,* Schmerzensgeld bei Persönlichkeitsverletzung durch Medien, NJW 1997, S. 10 ff.

800 Prinz, Geldentschädigung bei Persönlichkeitsverletzungen durch Medien, NJW 1996, S. 954.

801 OLG Hamburg AfP 1992, S. 376.

802 OLG Frankfurt a.M. AfP 1993, S. 753.

803 LG Hamburg AfP 1994, S. 243.

804 OLG Hamburg AfP 1995, S. 508; OLG Hamm NJW-RR 1993, S. 735.

805 OLG Düsseldorf AfP 1990, S. 142.

806 OLG Frankfurt a.M. AfP 1993, S. 753.

führe.[807] Er macht dies an folgenden Fällen exemplarisch fest: So sei für die fälschliche öffentliche Zuordnung einer Person zur *RAF* vom Gericht[808] einmal keine, dann aber bei vergleichbarem Sachverhalt eine Entschädigung von DM 2.000,00 zugesprochen worden.[809] In einem anderen Fall sei für die rechtswidrige Veröffentlichung des Bildes eines vollbekleideten Mädchens, dem ein erfundenes, anrüchiges Zitat unter falschem Namen untergeschoben wurde, der Betrag von DM 5.000,00 zugesprochen worden.[810] Der Betrag von lediglich DM 500,00 wurde einem Mann zugesprochen, von dem Bilder veröffentlicht wurden, die ihn nackt in einer Sauna zeigten und der darüber hinaus mit einer entsprechend gesetzten Bildunterschrift in den Rotlichtbereich gerückt wurde.[811]

Prinz knüpft an die Ausführung des Gerichts an, dass auch die Erzielung von Gewinn aus der Rechtsverletzung als Bemessungsfaktor in die Entscheidung über die Höhe der Geldentschädigung einzubeziehen sei.[812] Hiernach müsse der Gewinn ermittelt und dann durch die Gewinnentschädigungszahlung vollständig abgeschöpft werden. Würde lediglich ein Teil des Gewinns berücksichtigt und dem Verletzer ein anderer Teil belassen bleiben, wäre für ihn die erfolgte Persönlichkeitsrechtsverletzung noch immer lukrativ, sodass mangels Prävention die nächste Persönlichkeitsrechtsverletzung drohe.[813]

Es geht folglich darum, einen rechtlich gangbaren Weg zu finden, die vollständige Abschöpfung des rechtswidrig erlangten Gewinns reibungslos vornehmen zu können.

807 *Prinz,* Geldentschädigung bei Persönlichkeitsrechtsverletzungen durch Medien, NJW 1996, S. 954.

808 LG Hamburg, Urteil v. 03.06.1988 – Az 74 O 76/88.

809 LG Hamburg, Urteil v. 24.08.1990 – Az 324 O 64/90.

810 OLG Hamburg, AfP 1995, S. 508.

811 AG Kaufbeuren, AfP 1988, S. 277.

812 *Prinz,* Geldentschädigung bei Persönlichkeitsrechtsverletzungen durch Medien, NJW 1996, S. 955 unter Bezugnahme auf BGH NJW 1995, S. 861, 865 – *Caroline von Monaco.*

813 *Prinz,* Geldentschädigung bei Persönlichkeitsrechtsverletzungen durch Medien, NJW 1996, S. 955.

Auch *Steffen* stellt auf die Geschäftsführung ohne Auftrag ab.[814] Hierbei müsse beachtet werden, dass sie nicht lediglich an dem Gewinn aus den mehr verkauften Exemplaren festgemacht werden könne, denn der Mehrverkauf sei nur zum Teil auf die Persönlichkeitsrechtsverletzung zurückzuführen. Vielmehr ginge der gesteigerte Verkauf auf ein komplexes Bündel von Gründen zurück.

Eine differenzierte Betrachtung sei vorzunehmen, wenn auf den vorbenannten Rechtsbehelf abgestellt werde, denn das Bedürfnis für eine Entschädigung könne z.B. dann entfallen, wenn der Betroffene den Zugriff der Medien geradezu herausgefordert habe.[815] Betroffen seien in vielen Fällen Personen des öffentlichen Lebens, für deren Persönlichkeitsbild die Anteilnahme und Kritik der Öffentlichkeit Bestandteil seien. Dies müsse berücksichtigt werden.

Es müsse stets geprüft werden, welche Sphäre des Verletzten der Verletzer beeinträchtigt habe. Etwa die Intim-, Geheim- und/oder Privatsphäre oder das informationelle Selbstbestimmungsrecht, z.B. durch Falschzitate oder frei erfundene Interviews. Erst hierdurch lasse sich bestimmen, wie negativ sich die Berichterstattung auf das Persönlichkeitsbild und den Ruf des Verletzten ausgewirkt habe.[816] Zugleich könne auch sein vermarktbares Image gelitten haben.[817]

Die Notwendigkeit der Herausarbeitung eines rechtlichen Instrumentariums, von dem ein effektiver Hemmungseffekt ausgeht, ergibt sich auch aus einem anderen Grund: Während für Körperverletzungen Schmerzensgelder bis zu DM 800.000,00 zugesprochen wurden, sind die Beträge für Persönlichkeitsrechtsverletzungen deutlich niedriger.[818]

---

814 *Steffen,* Schmerzensgeld bei Persönlichkeitsverletzung durch Medien, NJW 1997, S. 14.

815 BGH, NJW 1964, S. 1471 – *Sittenrichter,* BGH NJW 1965, S. 1476 – *Glanzlose Existenz.*

816 *Steffen,* Schmerzensgeld bei Persönlichkeitsverletzung durch Medien, NJW 1997, S. 11 ff.

817 *Steffen,* Schmerzensgeld bei Persönlichkeitsverletzung durch Medien, NJW 1997, S. 11.

818 *Steffen,* Schmerzensgeld bei Persönlichkeitsverletzung durch Medien, NJW 1997, S. 11.

Dies lässt sich z.B. an den folgenden höchstrichterlichen Entscheidungen zum Persönlichkeitsrecht[819] in den Jahren 1958 bis 1989 festmachen: Für ein erfundenes Exklusivinterview DM 15.000,00,[820] für schwere Eingriffe in die Eigensphäre, z.B. durch einen Mitschnitt eines Telefongesprächs, DM 10.000,00,[821] für eine besonders schwere Diffamie DM 5.000,00 bis DM 10.000,00,[822] für unwahre Berichte, die den Charakter des Geschädigten als mies anprangern, DM 10.000,00 bis DM 15.000,00,[823] für unberechtigte Werbebildnisse um DM 10.000,00,[824] für Bildveröffentlichungen zur Ausstattung von Berichten mit sexuellem Einschlag 10.000,00 bis 15.000,00,[825] für Nacktfotos DM 3.000,00 bis DM 5.000,00[826] und für ungenehmigte Bildnisveröffentlichungen von Opfern oder Zeugen DM 2.000,00 bis DM 3.000,00.[827] An dieser Entwicklung ist bedenklich, dass die Rechtsprechung[828] die Diskrepanz zu den Schmerzensgeldern bis zum heutigen Tag vergrößert hat.[829]

II. Gewinnherausgabe nach der angemaßten Eigengeschäftsführung

Dies vorangestellt stellt sich die Frage, ob die Gewinnabschöpfung über die angemaßte Eigengeschäftsführung einen praktikablen Lösungsweg darstellt. Bereits ein Vorteil ist, dass ihr im Unterschied zum Rechtsbehelf nach Art. 2 I, 1 I GG i.V.m. § 823 I BGB höhenmäßig nicht die Grenzen der Geldentschädigung gesetzt sind.[830] Im Unterschied zur Geldentschädigung[831] läuft die Gewinnabschöpfung über die angemaßte Eigengeschäftsführung auch nicht Gefahr, den Charakter eines

---

819 Aufgeführt bei *Steffen,* Schmerzensgeld bei Persönlichkeitsverletzung durch Medien, NJW 1997, S. 12.

820 BGH NJW 1965, S. 685.

821 BGHZ 73, S. 120 – *Kohl/Biedenkopf.*

822 BGHZ 39, S. 124.

823 OLG Düsseldorf NJW 1980, S. 599; OLG Köln NJW 1987, S. 2682.

824 BGH NJW 1958, S. 827 – *Herrenreiter;* BGH NJW 1961, S. 2059 – *Ginseng.*

825 OLG Frankfurt a. M. AfP 1987, S. 526.

826 OLG Oldenburg NJW 1989, S. 400.

827 OLG Frankfurt a.M. AfP 1976, S. 181.

828 BGH NJW 1995, S. 864 – *Caroline von Monaco.*

829 *Petersen,* Medienrecht, S. 88, Rdn. 31.

830 *Petersen,* Medienrecht, S. 133, Rdn. 35.

831 BGH NJW 1996, S. 985.

sogenannten systemfremden punitive damage zu bekommen, weil sie bereits als Rechtsinstitut systemkonform im Bürgerlichen Recht angelegt ist.

Der Weg über §§ 687 II, 681 S. 2 BGB ermöglicht grundsätzlich die Erlösherausgabe und Auskehr aller erlangten Vorteile vom Schädiger an den Geschädigten. Der Betroffene kann als Geschäftsherr von dem in Anspruch genommenen Medienunternehmen all die durch die Publikation erwirtschafteten Vorteile abschöpfen. Nahezu immer dürfte der Schadensersatz unterhalb des Erlöses liegen, denn nach § 678 BGB müsste das Medienunternehmen dann nicht nur nach § 249 I BGB den Zustand herstellen, der ohne das schädigende Ereignis bestehen würde.[832]

Die Pflicht zur Gewinnherausgabe trifft die Medienunternehmen in der Konsequenz somit härter als der Schadensersatz oder die Geldentschädigung. Für die Medienunternehmen würde sich folglich der Hemmungseffekt einstellen, von dem die Rechtsprechung spricht. Auch würde der Anreiz zur Zuwiderhandlung entfallen.

Außerdem wäre eine Orientierung an der Gewinnerzielung als Bemessungsfaktor obsolet, da der Geschäftsherr vom Geschäftsführer die Auskehr eben aller erwirtschafteten Vorteile verlangen kann.
In Bezug auf die Herausgabe des Gewinn, den Medienunternehmen unter Einbruch in das Persönlichkeitsrecht des Geschädigten erwirtschaftet haben, hilft das Deliktsrecht, wie bereits ausgeführt,[833] nicht wesentlich weiter. Hinzu tritt, dass Medienunternehmen sich durch die Auferlegung von etwaigen Schmerzens- und Schadensersatzzahlungen nicht davon abhalten lassen, fortgeführt Persönlichkeitsverletzungen vorzunehmen, wenn nach einer aufgestellten Kosten-Nutzen-Rechnung der erwirtschaftete Gewinn überwiegt.

An dieser Stelle vermag auch § 252 BGB nicht weiterzuhelfen. § 252 S. 1 BGB legt fest, dass der zu ersetzende Schaden auch den entgangenen Gewinn (lucrum cessans) umfasst. Nach § 252 S. 2 BGB gilt als entgangen der Gewinn, welcher nach dem gewöhnlichen Lauf der Dinge oder nach den besonderen Umständen, insbesondere nach den

832 *Petersen,* Medienrecht, S. 134, Rdn. 35.
833 Vgl. BGH NJW 1995, S. 865 – *Caroline von Monaco.*

getroffenen Anstalten und Vorkehrungen, mit Wahrscheinlichkeit erwartet werden konnte.[834]

Der entgangene Gewinn umfasst alle vermögenswerten Vorteile, die dem Vermögen des Geschädigten zum Zeitpunkt des schädigenden Ereignisses noch nicht angehörten und danach nicht mehr zugeflossen sind, aber ohne das schädigende Ereignis zugeflossen wären.[835] § 252 S. 2 BGB fungiert als Beweiserleichterung und ergänzt § 287 ZPO.[836] Folglich braucht der Geschädigte nur die Umstände darzulegen und zu beweisen, aus denen sich die Wahrscheinlichkeit seines Gewinneintritts ergeben.

Indes handelt es sich hierbei um eine Vorschrift, die dem Geschädigten dient. Sie zielt darauf ab, dass dieser seinen entgangenen Gewinn ersetzt verlangen kann. Die Norm bietet aber keine Handhabe gegen Medienunternehmen, um bei diesen den durch sie erzielten Verletzererlös abzuschöpfen.

Vor dem Hintergrund der Gewinnherausgabe sind auch die Vorschriften über die ungerechtfertigte Bereicherung wenig zielführend. Wie bereits aufgezeigt, kann der Verletzte nur die Zahlung einer marktüblichen Vergütung verlangen, die der Verletzer durch seinen unerlaubten Eingriff in die fremden Persönlichkeitsrechte erspart hat (§ 818 II BGB). Diese umfassen gerade nicht den Erlös, den der Verletzer eingefahren hat.

Hinzu tritt, dass je intimer die unerlaubt verwerteten personenbezogenen Informationen sind, desto schwieriger erweist sich die Ermittlung marktüblicher Vergütungssätze.[837] Es stellt sich auch die Frage, welchen vermögenswerten Vorteil ein Medienunternehmen bei einer erfundenen Berichterstattung über eine prominente Person überhaupt erlangt haben soll.

Eine Gewinnherausgabe lässt sich in Fällen der vorliegenden Art nicht über § 816 BGB bewerkstelligen. § 816 I S. 1 BGB bestimmt, dass wenn der Nichtberechtigte über einen Gegenstand eine Verfügung

---

834 BGH NJW-RR 1989, S. 2670.

835 BGH NJW 2000, S. 2670.

836 BGH NJW 1959, S. 1079; *Palandt-Grüneberg,* § 252 BGB, Rdn. 4

837 *Beuthien,* Was ist vermögenswert, die Persönlichkeit oder ihr Image?, NJW 2003, S. 1221.

trifft, die dem Berechtigten gegenüber wirksam ist, er dem Berechtigten zur Herausgabe des durch die Verfügung Erlangten verpflichtet ist.

Rechtsfolge von § 816 I S. 1 BGB ist der Anspruch gegen den Verfügenden auf die Herausgabe des durch die Verfügung Erlangten. Gemeint ist damit nach Ansicht der Rechtsprechung der Gegenwert, der dem Veräußerer aufgrund des Rechtsgeschäfts, das der Verfügung zugrunde lag, zugeflossen ist.[838] Der nichtberechtigt Verfügende hat somit auch den Mehrbetrag herauszugeben, den er als Gewinn über den objektiven Wert der Sache hinaus erzielt hat.

§ 816 I S. 1 BGB hilft jedoch nicht weiter, denn eine Verfügung im Sinne der Norm meint jedes Rechtsgeschäft, das unmittelbar auf Bestand und Inhalt eines Rechts einwirkt, insbesondere Übertragung, Belastung, Inhaltsänderung oder Aufhebung.[839] Die Veröffentlichung eines nicht abgegebenen Interviews oder die Publikation einer kompromittierenden Geschichte in einer Zeitschrift ist indes keine Verfügung im Sinne der Norm.[840] Es handelt sich um eine tatsächliche Handlung. Gleiches gilt für einen Eingriff in ein fremdes Persönlichkeitsrecht und die unerlaubte Zurverfügungstellung von intimen Informationen, die einen Einblick in ein fremdes Persönlichkeitsbild gewähren.

In der Literatur hat sich vor allem die Stimme von *Canaris* Gehör verschafft, wenn über die Vorschriften §§ 818, 819 BGB gleichwohl eine Gewinnherausgabe nach den allgemeinen Vorschriften erfolgen soll.[841] Nach seiner Ansicht kann ein Publikationsorgan, das ein erfundenes Interview veröffentlicht und den Mangel des Grundes kennt, gem. § 818 I BGB nach den allgemeinen Vorschriften haften.[842]

§ 819 I BGB verlangt das Bestehen eines Bereicherungsanspruchs und die Kenntnis des Bereicherungsschuldners vom Fehlen des Rechtsgrundes. Erforderlich ist die positive Kenntnis der Tatsachen, auf denen

---

838 BGH NJW 1997, S. 191.

839 Vgl. BGHZ 101, S. 26. Davon zu unterscheiden sind die schuldrechtlichen Verpflichtungen, BGHZ 131, S. 305 ff. sowie der Verbrauch einer Sache, BGHZ 14, S. 8 f.

840 Vgl. auch *Petersen,* Medienrecht, S. 138, Rdn. 47.

841 *Larenz/Canaris,* Schuldrecht II/2, § 71 I 1 und 2a.

842 *Wagner,* Geldersatz für Persönlichkeitsrechtsverletzungen, ZEuP 2000, S. 200, 225, der für eine hypothetische Lizenzgebühr zuzüglich eines Zuschlags eintritt, deren Höhe sich an dem vom Verletzer erzielten Gewinn orientiert.

die Rechtsgrundlosigkeit beruht und die Erkenntnis ihrer rechtlichen Bedeutung hinsichtlich des Fehlens des Rechtsgrundes. Nach Ansicht der Rechtsprechung gehört zu den allgemeinen Vorschriften auch § 285 BGB.[843] In der Konsequenz bedeutet dies, dass der verschärft haftende Bereicherungsschuldner, der infolge einer Veräußerung des Kondiktionsgegenstandes nicht zur Herausgabe in der Lage ist, den rechtsgeschäftlichen Erlös herauszugeben hat, denn von § 285 BGB umfasst sind im Unterschied zu § 818 I BGB auch die rechtsgeschäftlichen Surrogate. Hierunter fällt der Veräußerungsgewinn.

Diese Auffassung erfährt im Schrifttum deutliche Kritik.[844] So soll sich bei Eingriffen in das allgemeine Persönlichkeitsrecht eine Pflicht zur Herausgabe des Verletzererlöses nicht aus den Vorschriften über die Verschärfte Bereicherungshaftung nach §§ 819 I, 818 IV BGB i.V.m. § 285 BGB, sondern lediglich aus den Vorschriften über die unerlaubte Geschäftsanmaßung nach §§ 687 II, 681 S. 2, 667 BGB herleiten lassen.[845]

Es wird angeführt, dass die §§ 819 I, 818 IV BGB den nachträglichen Untergang des nach § 812 I BGB gegenständlich Erlangten voraussetzen.[846] Der Persönlichkeitsrechtsverletzer habe im Sinne von § 812 I S. 1 Alt. 2 BGB durch seinen Eingriff die Möglichkeit erlangt, z.B. ein fremdes Persönlichkeitsbild zu nutzen. Da die Nutzungsmöglichkeit nicht herausgegeben werden könne, sei Wertersatz in Höhe des ersparten marktüblichen Nutzungsentgelts zu leisten. In Folge dessen bestünde für die §§ 819 I, 818 IV BGB kein Raum. Zwar könne es zur verschärften Bereicherungshaftung nach §§ 819 I, 818 IV BGB i.V.m. § 818 II BGB kommen, wenn die Wertbereicherung wieder wegfalle. Hierum ginge es aber gerade nicht bei Persönlichkeitsrechtsverletzungen.[847] Der Verletzererlös rühre nicht aus dem Eingriff selbst her, sondern werde dem Verletzer von Dritten als Vertragsentgelt geleistet. Da

---

843 BGH WM 1985, S. 89; BGHZ 75, S. 203.

844 *Beuthien,* Persönlichkeitsgüterschutz vor und nach dem Tode, S. 91–99. Zusammenfassende Darstellung bei *Petersen,* Medienrecht, S. 139.

845 *Beuthien,* Persönlichkeitsgüterschutz vor und nach dem Tode, S. 99.

846 *Beuthien,* Persönlichkeitsgüterschutz vor und nach dem Tode, S. 93.

847 *Beuthien,* Persönlichkeitsgüterschutz vor und nach dem Tode, S. 93.

aber das vertraglich Geleistete nicht nach § 812 I S. 1 Alt. 2 BGB abgeschöpft werden könne, käme die verschärfte Bereicherungshaftung nach §§ 819 I, 818 IV BGB nicht in Betracht.

Diesem Problem kann nach *Beuthien*[848] auch nicht mit der von *Canaris* vorgeschlagenen sogenannten logischen Sekunde entgegentreten werden. *Canaris* schlägt vor, dass die Nutzung des fremden Persönlichkeitsrechts zunächst nach § 812 BGB erlangt werde, so dass sie eigentlich wieder herauszugeben sei. Im folgenden Moment dann aber wieder wegfiele.

Hiergegen wird ins Feld geführt, dass derjenige, der sich etwas einverleibt hat, um den Genuss bereichert bleibe, wenn er dadurch Aufwendungen erspart habe. Die verschärfte bereicherungsrechtliche Haftung erübrige sich in den Fällen, in denen sich die Unmöglichkeit der Herausgabe aus der unkörperlichen Beschaffenheit des Erlangten ergebe.[849]

Außerdem sei § 285 BGB bei Persönlichkeitsrechtsverletzungen nicht anwendbar, weil die Norm durch § 818 II BGB gesperrt sei.[850] Zudem laufe dieser Lösungsweg über § 285 BGB auf einen Widerspruch zum bürgerlich-rechtlichen Anspruchssystem hinaus, weil ein entsprechender Erlös bereicherungsrechtlich nur über § 816 I 1 BGB herauszuverlangen sei.[851] Die Voraussetzungen der Norm würden aber nicht vorliegen.
Außerdem sei nach dem Lösungsweg von *Canaris* bereits bei leicht fahrlässigen Falschmeldungen eine volle Gewinnabschöpfung möglich, wohingegen § 687 II BGB die positive Kenntnis erfordere.

Für die Ansicht *Beuthiens* spricht, dass in Fällen erfundener Interviews oder bei entstellenden Skandalgeschichten der direkte Vorsatz bereits vorliegt. In den Fällen, in denen nur die leichte Fahrlässigkeit gegeben sei, haftet das Medienunternehmen in aller Regel wegen unzulänglicher Recherche anderweitig.[852] Im Ergebnis sprechen daher

848 *Beuthien,* Persönlichkeitsgüterschutz vor und nach dem Tode, S. 93.
849 *Beuthien,* Persönlichkeitsgüterschutz vor und nach dem Tode, S. 93.
850 *Beuthien,* Persönlichkeitsgüterschutz vor und nach dem Tode, S. 94.
851 *Beuthien,* Persönlichkeitsgüterschutz vor und nach dem Tode, S. 95.
852 So auch *Petersen,* Medienrecht, S. 139, Rdn. 51.

gewichtige Gründe dafür zu untersuchen, ob und wie eine Gewinnherausgabe nach den Grundsätzen der angemaßten Eigengeschäftsführung erfolgen kann.

1. Anspruchsvoraussetzungen

Behandelt jemand ein fremdes Geschäft als ein eigenes, obwohl er weiß, dass er dazu nicht berechtigt ist, kann der Geschäftsherr von dem das Geschäft Führenden die Herausgabe von allem aus der Geschäftsführung Erlangten fordern (§§ 687 II S. 1, 681 S. 2, 667 BGB). § 687 II BGB verlangt eine widerrechtliche und vorsätzliche Verletzung durch den Geschäftsführer.

Geschäftsbesorgung meint jede Tätigkeit rechtsgeschäftlicher oder tatsächlicher Art, wobei es sich um ein einmaliges Tätigwerden oder auch um lang andauernde Aktivitäten handeln kann.

§ 687 II BGB erfordert, dass der Geschäftsführer ein fremdes Geschäft vornimmt. Hierunter fallen Rechtshandlungen, die ihrem Inhalt und ihrer Rechtsfolge nach zu einem anderen Rechtskreis gehören. Es muss ein fremdes, absolutes Recht verletzt sein, das im Sinne von § 823 I BGB Deliktsrechtsschutz genießt. Hierzu werden Eingriffe in vermögenswerte Ausschließlichkeitsrechte wie Urheber- und Patentrechte gezählt, die dem Geschäftsherrn selbst vorbehalten sind. Es muss ein Eingriff in ein Verwertungsrecht vorliegen, das ausschließlich einem anderen zugewiesen ist.[853]

Die angemaßte Eigengeschäftsführung nach § 687 II BGB verlangt zudem die positive Kenntnis (Vorsatz), dass es sich um ein fremdes Geschäft handelt und den Willen, dieses zum eigenen Vorteil auszuführen.[854] Die Geschäftsanmaßung setzt beim Geschäftsführer die Kenntnis der fehlenden Befugnis zur Verwertung des ausschließlich einem Dritten zugewiesenen Gegenstandes voraus. Die fahrlässige Unkenntnis der Fremdheit reicht somit nicht aus. Die Einschränkung auf der subjektiven Ebene begründet damit die weit gefächerten Rechtsfolgen.[855]

---

853 Vgl. *Beuthien/Schmölz,* Persönlichkeitsschutz durch Persönlichkeitsgüterrechte, S. 51.

854 Zur Vermutung des Fremdgeschäftsführungswillen beim objektiv fremden Geschäft vgl. BGHZ 98, S. 240.

855 Jedoch soll sich dieses Korrektiv in etlichen medienrechtlichen Fällen, in denen es um die Verletzung des allgemeinen Persönlichkeitsrecht geht, nicht auswirken,

Ein fremdes Geschäft als ein eigenes behandelt insbesondere derjenige, der das Persönlichkeitsrecht eines anderen in einer Weise verwertet, die der Verletzte auch selbst gegen Entgelt gewählt hätte. Dies gilt z.B. für die Nutzung eines Fotos oder des Namens einer Person zu Produktwerbezwecken.[856] Maßt sich ein Dritter die Entscheidung darüber an, ein fremdes Persönlichkeitsrecht zu verwerten, dann ist er in einem fremden Rechtskreis tätig und behandelt ein fremdes als ein eigenes Geschäft.

Des Weiteren setzt die Geschäftsanmaßung die Verwertung eines Gegenstandes voraus. § 687 II BGB verlangt ein objektives, das heißt gegenständliches Geschäft. Typischerweise unterfallen § 687 II BGB die Veräußerung,[857] die Verwertung und die Nutzung einer fremden Sache. Somit ist § 687 II BGB nicht anwendbar auf Eingriffe in den eingerichteten und ausgeübten Gewerbebetrieb[858] oder bei Eingriffen in vertraglich begründete Rechtspositionen.[859]

Wie schon dargelegt, ist die menschliche Persönlichkeit gerade kein Gegenstand, sondern ein Bestandteil der natürlichen Person. Während sich ein Gegenstand außerhalb der Person befindet, entwickelt und formt sich die Persönlichkeit innerhalb des Menschen. Daher kann die Persönlichkeit auch nicht Gegenstand einer Geschäftsbesorgung sein. Anders verhält es sich mit dem Persönlichkeitsbild, das sich als unkörperlicher Gegenstand außerhalb der Person befindet. Da das Persönlichkeitsbild ein Rechtsgut mit wirtschaftlichem Zuweisungsgehalt ist, kann es als unkörperlicher Gegenstand das Objekt der angemaßten Geschäftsführung sein.[860]

Die Voraussetzungen von § 687 II BGB sind gegeben, wenn jemand vorsätzlich ein fremdes Persönlichkeitsbild ausbeutet, indem er

---

weil die Medienunternehmen häufig darüber informiert sind, dass sie zur Publikation eines Fotos oder verunglimpfenden Berichts nicht berechtigt sind, vgl. *Petersen,* Medienrecht, S. 134.

856 *Lettl,* Allgemeines Persönlichkeitsrecht und Medienberichterstattung, WRP 2005, S. 1085.

857 BGHZ 75, S. 205.

858 BGHZ 7, S. 218.

859 BGHZ 131, S. 306.

860 Vgl. *Beuthien,* Was ist vermögenswert, die Persönlichkeit oder ihr Image?, NJW 2003, S. 1221.

z.B. Fotos oder persönliche Informationen in Medienerzeugnissen verarbeitet, hierzu aber nicht befugt ist.[861] Eine Ausbeutung liegt hingegen nicht vor, wenn im Wege einer Güter- und Interessenabwägung ermittelt wird, dass die Medien- und Kunstfreiheit schwerer wiegt als der Schutz des Rechts am Persönlichkeitsbild. In diesem Fall ist die mediale Kommerzialisierung ein eigenes und kein fremdes Geschäft.[862]

Kontrovers diskutiert wird die Frage, ob die Fremdheit des Geschäfts dann nicht vorliegt, wenn der Betroffene einer Verwertung unter keinen Umständen zugestimmt hätte.[863] Kann ein Medienunternehmen etwa im Fall der Veröffentlichung eines entstellenden Bildes, der Publikation eines erfundenen Interviews oder mit der irreführenden Verbreitung einer Brustkrebsmeldung überhaupt ein fremdes Geschäft als ein eigenes behandeln?[864]

Hierzu wird die Ansicht vertreten, dass bei der Beeinträchtigung eines fremden Persönlichkeitsrechts nur dann ein fremdes Geschäft als eigenes behandelt werde, wenn es sich um vermögenswerte Abspaltungen handele, deren Verwertung nach Lage des Einzelfalls üblich sei und statt durch den Rechtsinhaber durch einen Dritten (Geschäftsführer) erfolge.

Als Argument wird angeführt, dass der Betroffene das Geschäft, etwa die Veröffentlichung eines Bildes, in der durch das Medienunternehmen gewählten Weise selbst nicht hätte vornehmen können.

Dieser Ansicht ist indes nicht zu folgen, da es für den Eingriff in einen fremden Rechtskreis nicht darauf ankommen kann, ob der Berechtigte seine Befugnisse nutzen wollte oder nicht. Wie bereits ausgeführt, ist ein Geschäft dann objektiv fremd, wenn in den Rechts- und Interessenkreis eines anderen eingegriffen wird.[865] Das hypothetische Einverständnis des Betroffenen kann an dieser Stelle kein taugliches

861 Vgl. *Beuthien/Schmölz,* Persönlichkeitsschutz durch Persönlichkeitsgüterrechte, S. 51.

862 Vgl. *Beuthien/Schmölz,* Persönlichkeitsschutz durch Persönlichkeitsgüterrechte, S. 51.

863 *Petersen,* Medienrecht, S. 136, Rdn. 42.

864 Vgl. *Lettl,* Allgemeines Persönlichkeitsrecht und Medienberichterstattung, WRP, 2005, S. 1085; Petersen, Medienrecht, S. 137, Rdn. 43.

865 BGHZ 40, S. 28, 31.

Kriterium sein. Es ist vielmehr auf die Reichweite des bürgerlichen Güterrechts abzustellen, das dem Schutz der Persönlichkeit dient.

Dem Einzelnen ist es aufgrund seines Selbstbestimmungsrechts vorbehalten, über die Verwertung seiner ihm zugewiesenen Gegenstände selbst zu entscheiden. Hieraus kann nicht abgeleitet werden, dass dann ein eigenes Geschäft des Verletzers vorliegt, wenn dieser dem Willen des Betroffenen zuwider handelt. Maßt sich also ein Dritter die Entscheidung darüber an, ein fremdes Persönlichkeitsrecht zu verwerten, dann ist er in einem fremden Rechtskreis tätig und behandelt ein fremdes Geschäft als sein eigenes. Hierfür spricht auch die Umsetzung effektiven Rechtsschutzes.[866]

Bei der Geschäftsführung ohne Auftrag besorgt der Geschäftsführer das Geschäft des Geschäftsherrn ohne von ihm beauftragt oder ihm gegenüber sonst dazu berechtigt zu sein (§ 677 BGB). Die Bezeichnung Geschäftsführung ohne Auftrag ist daher begrifflich zu kurz gefasst, da es nicht um das Fehlen eines Auftragsvertrags geht, sondern um das Fehlen eines jeden Rechtsverhältnisses. Die Geschäftsführung ohne Auftrag ist daher ausgeschlossen, wenn die Rechte und Pflichten hinsichtlich der Geschäftsführung zwischen den Parteien durch ein vertragliches oder gesetzliches Rechtsverhältnis geregelt sind.

Der Anspruch des Geschäftsherrn gegen den Geschäftsführer auf Herausgabe des durch die Geschäftsführung Erlangten, unter Einbruch in das fremde Persönlichkeitsbild des Geschäftsherrn, ist folglich nur dann gegeben, wenn dem Handeln des Geschäftsführers kein legitimierendes Rechtsverhältnis zu Grunde liegt (§§ 662, 675 I BGB).[867]

2. Inhalt und Umfang der angemaßten Eigengeschäftsführung (§ 687 II BGB)

Da der Handelnde bei der unerlaubten Eigengeschäftsführung nach § 687 II BGB ein objektiv fremdes Geschäft wissentlich ausschließlich zu seinem eigenen Vorteil führt, kann der Geschäftsherr gegen ihn zahlreiche Ansprüche geltend machen. Aufgrund des Umstands, dass das Verhalten des Geschäftsführers nicht gerechtfertigt ist, kann sich der

---

866 So auch *Lettl*, Allgemeines Persönlichkeitsrecht und Medienberichterstattung, WRP 2005, S. 1085.

867 Zu nichtigen Verträgen zwischen den Beteiligten vgl. BGH NJW 1997, S. 48.

Geschäftsherr gegen den Geschäftsführer auf Ansprüche aus unerlaubter Handlung und ungerechtfertigter Bereicherung berufen.

Der Geschäftsherr hat insbesondere nach § 687 II BGB die Möglichkeit, das Geschäft an sich zu ziehen, indem er die Rechte eines Geschäftsherrn der Geschäftsführung ohne Auftrag geltend macht (§§ 677, 678, 681, 682 BGB). Zu diesen Rechten gehört der Anspruch auf Herausgabe des durch die Geschäftsbesorgung Erlangten (§§ 687 II S. 1, 681 S.2, 667 BGB). Somit muss der Geschäftsführer, der sich fremde Herrschaftsrechte anmaßt, alles, was er durch seine Handlungen innerhalb des fremden Geschäftskreises erlangt hat, herausgeben. Hierunter fällt auch der aufgrund besonderer Geschäftstüchtigkeit erzielte Übererlös.

3. Bestimmungsmöglichkeiten zur Höhe der Erlösherausgabe

Gegen die Gewinnherausgabepflicht der Medienunternehmen bei einer Persönlichkeitsrechtsverletzung wurden in der Vergangenheit die Beweis- und Bezifferungsschwierigkeiten vorgebracht.[868] Denn der in seinem Persönlichkeitsgüterrecht Verletzte hat im Rechtsstreit nachzuweisen, welchen Erlös der Eingreifer mittels der Verwertung seines Persönlichkeitsbildes erlangt hat. Im Folgenden soll daher aufgezeigt werden, welche rechtlichen Möglichkeiten für den in seinem Recht am Persönlichkeitsbild Verletzten bestehen, um den Verletzererlös vollständig abschöpfen zu können.

a) Abschöpfung des Vermögensvorteils

Prinz schlägt vor, den Gewinn nicht im betriebswirtschaftlichen Sinn zu verstehen, sondern als einen abstrakten Vermögensvorteil aufzufassen.[869] So soll bei einem Verlag der Vermögensvorteil vollständig abgeschöpft werden können, der kausal darauf zurückgeht, dass sich die Ausgabe einer Zeitschrift wegen einer persönlichkeitsrechtsverletzenden Titelgeschichte besser verkauft als die vorangegangenen Ausgaben.

Für die Feststellung des Vermögensvorteils könne bei Printmedien auf die Steigerung der Auflagen abgestellt werden, da es den Verlagen

868 Vgl. hierzu etwa *Petersen,* Medienrecht, S. 135, Rdn. 39; *Gounalakis,* Persönlichkeitsschutz und Geldersatz, AfP 1998, S. 10, 19.

869 *Prinz,* Geldentschädigung bei Persönlichkeitsrechtsverletzungen durch Medien, NJW 1996, S. 955 f.

möglich sei festzustellen, in welchem Umfang sich das Kaufverhalten der Leser ob einer sensationellen Geschichte verändert habe.[870] So soll etwa die Zeitschrift *Bunte* mit der Titelgeschichte über die Hochzeit *Michael Schumachers* eine Mehrauflage von 20.000 Heften erzielt haben.[871]

Für die Ermittlung des Vermögensvorteils könne man sich auch an der Höhe der Werbepreise orientieren. *Prinz* schlägt vor, sich für die Bestimmung der Vorteilsberechnung an den Preisen zu orientieren, die die Verlage an ihre Informanten zahlen, um in den Besitz von Bildmaterial oder auch begehrter Informationen zu kommen, wie z.B. Enthüllungsgeschichten, Schicksalsschläge etc. So sollen Fotos von durchschnittlich bekannten Schauspielern etwa DM 7.000,00 kosten,[872] Paparazzifotos DM 9.000,00[873] und Exklusivfotos von *Michael Schumachers* Hochzeit DM 50.000,00.[874] Den Betrag von DM 250.000,00 soll der *Focus* gar für das Exklusivinterview mit *Jürgen Schneider* gezahlt haben.[875]

Grundsätzlich gilt, dass nach §§ 687 II S. 1, 681 S. 2, 667 BGB der Verletzte vom Verletzer neben dem Mehrerlös auch jeden anteiligen Erlös herausverlangen kann. Bei der rechtswidrigen Mitbenutzung fremder Verwertungsrechte wird dergestalt verfahren, dass eine Aufteilung des Gesamterlöses nach dem qualitativen und quantitativen Verhältnis erfolgt. Daher kann auch der anteilige Grunderlös abgeschöpft werden.[876] Hierbei handelt es sich um eine übliche Vorgehensweise, die im Immaterialgüterrecht Anwendung findet.[877]

Genauere Angaben, wie verfahren werden kann, wenn es zu einer Zwangskommerzialisierung eines fremden Persönlichkeitsbildes im redaktionellen Teil von Zeitungen und Zeitschriften gekommen ist, lassen sich bei *Beuthien/Schmölz* finden.[878] Im Vordergrund steht hier die

870 *Prinz,* Geldentschädigung bei Persönlichkeitsrechtsverletzungen durch Medien, NJW 1996, S. 956.

871 Vgl. *Die Woche* vom 22.09.1995, S. 52.

872 LG Hamburg, Urteil v. 18.03.1994 – 324 O 62/93.

873 LG Hamburg, Urteil v. 31.07.1992 – 324 O 258/92.

874 Vgl. Die Woche v. 18.08.1995, S. 8.

875 Vgl. Die Woche v. 15.09.1995, S. 23.

876 *Beuthien/Schmölz,* Persönlichkeitsschutz durch Persönlichkeitsgüterrechte, S. 54.

877 Vgl. zum Patenrecht, RGZ 156, S. 321, 326.

878 *Beuthien/Schmölz,* Persönlichkeitsschutz durch Persönlichkeitsgüterrechte, S. 55.

Frage, welcher Anteil des Erlöses für das gesamte Printwerk auf den verletzenden Beitrag zurückzuführen ist. Es wird vorgeschlagen, bei Zeitschriften den Gesamterlös aus dem Vertrieb und der Werbung zu ermitteln und dann durch die Anzahl der Seiten der Publikation zu teilen. Der durchschnittliche Seitenerlös sei dann auf den Umfang des verletzenden Beitrages zu übertragen.[879]

In ähnlicher Weise könne auch bei der Zwangskommerzialisierung fremder Persönlichkeitsbilder in Rundfunk und Fernsehen vorgegangen werden.[880] In einem ersten Schritt sei der Gesamterlös des Programms aus Gebührenaufkommen und Werbeeinnahmen innerhalb eines bestimmten Zeitraums zu ermitteln. Anschließend werde dieser durch die Anzahl der Sendeminuten während der Dauer des verletzenden Beitrags dividiert. Der hiernach ermittelte Erlös pro Minute sei dann auf die Dauer des verletzenden Beitrags zu übertragen.[881]

Für die Fälle, in denen zu Werbezwecken ein fremdes Persönlichkeitsbild rechtswidrig verwertet wurde, könne der Verletzte von dem Verletzer das Entgelt verlangen, das dieser mit der Zwangskommerzialisierung erlangt habe. Alternativ kann er sich an den Auftraggeber der Werbeanzeige halten und von diesem die durch die Anzeige erzielte Erlössteigerung fordern.[882]

Hartl kommt zu dem Ergebnis, dass die Gewinnabschöpfung indes nur in seltenen Fällen in Betracht kommen könne. So sei es zwingend erforderlich, dass sich durch eine Veröffentlichung auf der Titelseite einer Zeitschrift Auflagensteigerungen einstellten, die über die üblichen Verkaufszahlen signifikant hinausgingen.[883] In Fällen von Presseveröffentlichungen führe die Mischfinanzierung aus Einnahmen aus der

---

879 *Beuthien/Schmölz,* Persönlichkeitsschutz durch Persönlichkeitsgüterrechte, S. 56.

880 *Beuthien/Schmölz,* Persönlichkeitsschutz durch Persönlichkeitsgüterrechte, S. 56.

881 *Beuthien/Schmölz,* Persönlichkeitsschutz durch Persönlichkeitsgüterrechte, S. 56.

882 So auch *Beuthien/Schmölz,* Persönlichkeitsschutz durch Persönlichkeitsgüterrechte, S. 55. Zum Mehrerlös vgl. *Prinz,* Geldentschädigung bei Persönlichkeitsrechtsverletzungen durch Medien, NJW 1996, S. 956.

883 *Hartl,* Persönlichkeitsrechte als verkehrsfähige Vermögensgüter, S. 87 f. und auch *Siemes,* Gewinnabschöpfung, AcP 201, 2001, S. 228 f.

Werbung und aus dem Verkauf zudem zu Schwierigkeiten bei der Bemessung der Einnahmen. Denn diese müssten kausal auf die Persönlichkeitsrechtsverletzung zurückzuführen sein.[884]

Die Verlagsunternehmen würden hierzu ins Feld führen, dass der Großteil ihrer Einnahmen nicht auf die Verletzung fremder Persönlichkeitsrechte zurückginge. Maßgebend seien vielmehr die Werbepreise. Diese würden aber vor der Veröffentlichung entsprechender Ausgaben festgelegt werden, sodass es sich verbiete, auf diese abzustellen.[885]

Gegen die Methode, den Gesamterlös einer Zeitschrift, zusammengesetzt aus dem Werbe- und Verlaufserlös, durch die Gesamtseitenzahl zu teilen und den dann gewonnenen Seitenerlös auf den Umfang des entsprechenden Artikels zu beziehen, würde sprechen, dass die vorbenannte Kausalität unberücksichtigt bliebe.[886] Diese Vorgehensweise berechne den Gewinn einer Persönlichkeitsrechtsverletzung unabhängig vom öffentlichen Interesse an dem entsprechenden Artikel.[887] Hiernach würde zu Unrecht so getan, als ob jedem Bericht innerhalb einer Zeitschrift dieselbe Bedeutung zukomme. Unberücksichtigt bliebe bei der Ermittlung der Einnahmen, dass der Verkauf einer Zeitung in großen Zahlen auch über Abonnements liefe.[888]

Für die Feststellung der kausalen Einnahmen sei es erforderlich, diese von den abzugsfähigen Kosten zu trennen, die dem Verlagshaus entstanden seien. Da die meisten Verlagshäuser aber nicht nur eine Zeitschrift herausbringen würden, sei es diffizil, den auf die allgemeinen Verwaltungskosten entfallenden Kostenanteil präzise zu bestimmen.[889]

Hartl rekurriert auf die von *Prinz* eingebrachten sogenannten mittelbaren Vermögensvorteile von Persönlichkeitsverletzungen.[890] Nach *Prinz* müsse berücksichtigt werden, dass ein das Persönlichkeitsrecht verletzender Beitrag zu einem Langzeiteffekt und zu dauerhaft steigenden Auflagenzahlen führen könne. Da es schwierig sei, den Nachweis

---

884 *Hartl*, Persönlichkeitsrechte als verkehrsfähige Vermögensgüter, S. 86.
885 *Hartl*, Persönlichkeitsrechte als verkehrsfähige Vermögensgüter, S. 86.
886 *Beuthien/Schmölz*, Persönlichkeitsschutz durch Persönlichkeitsgüterrechte, S. 56.
887 *Hartl*, Persönlichkeitsrechte als verkehrsfähige Vermögensgüter, S. 86.
888 *Hartl*, Persönlichkeitsrechte als verkehrsfähige Vermögensgüter, S. 87.
889 *Hartl*, Persönlichkeitsrechte als verkehrsfähige Vermögensgüter, S. 89.
890 *Prinz*, Geldentschädigung bei Persönlichkeitsrechtsverletzungen durch Medien, NJW 1996, S. 953, 956.

zu erbringen, in welchem Umfang ein konkreter Beitrag in einer Zeitschriftenausgabe noch positive Nachwirkungen auf Käuferverhalten bei später erscheinenden Ausgaben entfalte, könne der Vermögensvorteil lediglich geschätzt werden.

Hartl richtet sich gegen diese Schätzung ob ihrer Unbestimmtheit und stuft sie als einen Willkürakt ein. Denn die Schätzung würde in der Konsequenz bedeuten, dass der Geschädigte nicht nur den kausalen Gewinn, der durch die Zeitschriftenauflage erzielt wurde, abschöpfen könnte. Er wäre darüber hinaus auch in der Lage, den Gewinn einzufahren, der z.B. im Wege von zwei folgenden Zeitschriftenauflagen generiert würde.

Es sei fraglich, wie zu verfahren sei, wenn der in seinem Persönlichkeitsrecht Verletzte klageweise gegen ein Verlagshaus vorgeht und hierbei für die Bestimmung des Gewinns die Dauer von z.B. drei Ausgabenzyklen für sich in Anspruch nimmt. Während dieser Zeitspanne könnte es sein, dass den Kläger weitere, neue Persönlichkeitsrechtsverletzungen treffen. Es könnte aber auch sein, dass in diesen Zeitraum die Persönlichkeitsrechtsverletzung einer weiteren Person falle. Eine vollständige Zurechnung des Gewinns der späteren Auflage zu einer weiteren Persönlichkeitsrechtsverletzung sei daher aus materiellrechtlicher Sicht nicht mehr möglich.[891]

b) Ermittlung der Schadenshöhe (§ 287 ZPO)

Für den Fall, dass die Vorteilsermittlung problematisch ist, weil etwa die Persönlichkeitsrechtsverletzung nicht auf der Titelseite eines Printmediums oder im Fernsehen vorab nicht in einer Sendung angekündigt wurde, gleichwohl aber für viele Leser und Zuschauer nachweislich von gesteigertem Interesse war, kann auf § 287 ZPO abgestellt werden.[892]

Die Vorschrift ermöglicht es dem Richter, in dem dort aufgezeigten Rahmen, den Umfang des Vermögensvorteils, den das Medienunternehmen erlangt hat, zu schätzen. Hier tritt für den Kläger erleichternd hinzu, dass der geschätzte Gewinn nach der Rechtsprechung nicht passgenau dem wirklichen Gewinn entsprechen muss.[893] Der BGH führt

891 *Hartl*, Persönlichkeitsrechte als verkehrsfähige Vermögensgüter, S. 90.
892 Zur Schadensschätzung nach § 287 ZPO vgl. *Adolphsen*, S. 237, Rdn. 43 ff.
893 BGH GRUR 1993, S. 54, 59.

aus, dass das Gericht durch § 287 ZPO hinsichtlich der Auswahl der Beweise und der Würdigung der Norm freier gestellt ist und in den Grenzen eines freien Ermessens einen großen Spielraum erhält.[894]

Gleichwohl ist das Gericht bei seiner Schätzung des Erlöses nicht völlig frei, sondern hat an greifbare Schätzungsgrundlagen anzuknüpfen.[895] Zwischen der unrechtmäßigen Inanspruchnahme eines fremden Persönlichkeitsbildes und dem herauszugebenden Erlös muss ein ursächlicher Zusammenhang bestehen.[896]

c) Auskunftsanspruch (§§ 687 II S. 1, 681 S. 2, 666 BGB)

Bei den vorbenannten praktischen und rechtlichen Hürden im Hinblick auf die Bestimmung des konkreten Gewinnerlöses bietet es sich an, den Blick auf einen Anspruch zu werfen, der in diesem Sachzusammenhang von der Rechtsprechung und Literatur lange Zeit unberücksichtigt blieb.

Bei Vorliegen der Voraussetzungen der angemaßten Geschäftsführung stehen dem Opfer einer Persönlichkeitsrechtsverletzung gegen den Geschäftsführer Ansprüche aus § 666 BGB über § 681 S. 2 BGB zu. Das Medienunternehmen muss dem Opfer, über das in einer Zeitschrift berichtet wird, bei Vorliegen der vorbenannten Voraussetzungen Auskunft darüber geben, was genau es durch die Geschäftsführung erlangt hat.[897]

Neben diesem im BGB geregelten Anspruch kennt das Sonderprivatrecht zahlreiche Auskunftsansprüche, die auf Auskunft und Rechnungslegung gerichtet sind, um die Durchsetzung eines Schadensersatz-, Beseitigungs- oder eines Bereicherungsanspruchs vorzubereiten. Hierunter fallen etwa § 101 UrhG, § 19 MarkenG, § 46 DesignG, § 24 b GebrMG und § 140 b MarkenG. Eine allgemeine Auskunftspflicht kennen das BGB und die ZPO[898] nicht.

§ 666 BGB nennt als die drei Pflichten, die der Beauftragte gegenüber dem Auftraggeber zu erfüllen hat, die Benachrichtigungs-, Auskunfts- und Rechenschaftspflicht. Die Belastung des Beauftragten zielt

894 BGH GRUR 1993, S. 54, 59.
895 BGH NJW 1988, S. 3016 f.
896 RGZ 156, S. 321.
897 *Petersen,* Medienrecht, S. 135, Rdn. 40.
898 BGH NJW 90, S. 3151.

nach dem Willen des Gesetzgebers darauf ab, dem Auftraggeber die Informationen zu verschaffen, die er benötigt, um seine Ansprüche vorbereiten zu können. Die Anwendbarkeit der Norm ist im folgenden Sachzusammenhang gegeben, da § 666 BGB die entsprechende Anwendung auf die Eigengeschäftsführung findet (§ 687 II BGB).

Nach § 666 1. Fall BGB hat der Geschäftsherr dem Geschäftsführer alle unbekannten Informationen, die diesen über den Stand der Dinge zu unterrichten vermögen, mitzuteilen. Der Geschäftsherr soll damit in die Lage versetzt werden, seine Rechte wahrnehmen und sachgerechte Entscheidungen treffen zu können. Die Benachrichtigung hat dabei ausführlich, verständlich und unverzüglich zu erfolgen.

Nach § 666 2. Fall BGB hat der Geschäftsführer dem Geschäftsherrn auf Verlangen über den Stand des Geschäfts Auskunft zu erteilen, wobei sich Inhalt und Grenzen der Auskunft nach dem Verlangen des Geschäftsherrn unter Beachtung des Rechtsverhältnisses zwischen Geschäftsherrn und Geschäftsführer zu richten haben. Es kann sich dabei um die Beantwortung einzelner Fragen[899] handeln oder aber um die Abgabe eines Gesamtberichts.[900]

Bereits die nach § 666 BGB genannten Pflichten sind dem Geschäftsherrn dabei hilfreich, wenn er von dem Geschäftsführer die relevanten Informationen verlangen kann, die er benötigt, um eine Bestimmung des konkreten Gewinnerlöses vornehmen zu können. Hiermit ist der in seinem Recht am Persönlichkeitsbild Verletzte der Schwierigkeit der Bezifferung des Anspruchs ein Stück weit enthoben.

Die Pflicht der Rechenschaftsablegung nach § 666 3. Fall BGB geht über den Umfang der Auskunft nach § 666 2. Fall BGB noch hinaus, da der Geschäftsherr von dem Geschäftsführer verlangen kann, über den gesamten Ablauf und die Ergebnisse der Geschäftsführung informiert zu werden. Die Vorschrift zielt darauf ab, dem Geschäftsherrn Gewissheit zu verschaffen. Die Rechenschaft muss daher vollständig, richtig, verständlich und nachprüfbar sein, wenn der Geschäftsherr sie verlangt.[901]

---

899 OLG Karlsruhe NJW 1971, S. 1042.
900 BGHZ 97, S. 188, 192.
901 BGHZ 109, S. 260, 266.

Im Einzelnen ergeben sich wiederum die Maßstäbe für den Umfang und die Form der Rechenschaft aus der Verkehrsüblichkeit sowie aus den Umständen des Einzelfalls.[902] Die Beweislast für die Richtigkeit der Rechnung trägt der Geschäftsführer.

Werden die Auskunft oder die Rechenschaft nicht oder nicht vollständig erbracht, kann der Geschäftsherr auf Erfüllung klagen.[903] Bei schuldhafter Nicht-, Schlecht- oder zu später Erfüllung der Pflichten aus § 666 BGB hat der Geschäftsführer wegen Pflichtverletzung nach § 280 BGB Schadensersatz zu leisten, wenn sie adäquat kausal zu einer Schädigung des Geschäftsherrn geführt hat.[904]

§ 259 BGB konkretisiert wiederum die Rechenschaftspflicht, indem die Vorschrift die Art und Weise, in der eine Verpflichtung zur Rechenschaftslegung zu erfüllen ist, bestimmt. Die Norm trägt dem Interesse des Gläubigers an einer umfassenden und übersichtlichen Information Rechnung, die ihn in den Stand setzt, die Ordnungsgemäßheit der Verwaltung, über die Rechenschaft abzulegen ist, zu überprüfen.[905]

Der Anwendungsbereich ist eröffnet, da durch das Gesetz eine Rechenschaftslegung in den Fällen von §§ 666, 681 S. 2, 687 II S. 1 BGB begründet wird. Aus §§ 666, 681, 687 II BGB i.V.m. § 242 BGB besteht der Grundsatz, wonach derjenige rechenschaftspflichtig ist, wer fremde Angelegenheiten oder solche Angelegenheiten besorgt, die zugleich eigene und fremde sind.[906]

Die Verpflichtung, Rechenschaft abzulegen, umfasst die Pflicht, genaue Informationen durch die Vorlage einer geordneten Aufstellung der Einnahmen sowie der Ausgaben zu geben.[907]

Die Rechtsprechung geht im Immaterialgüterrecht sogar so weit, dass z.B. der verletzte Patentinhaber durch ein rechtskräftiges Urteil auf Auskunftserteilung, das eine Berechnung des Schadens nach dem entgangenen Lizenzgebühr ermöglicht, nicht daran gehindert ist, eine wei-

902 BGHZ 41, S. 318, 321.

903 RG HRR 1928, S. 1726. Vgl. zur Zwangsvollstreckung §§ 887, 888 ZPO.

904 BGH WM 1966, S. 1037.

905 BGH NJW 2012, S. 58 f. Hiernach hat der aus § 666 BGB Rechenschaftspflichtige nach § 667 auch Verträge und Abrechnungen herauszugeben.

906 BGHZ 10, S. 385 ff.

907 BGHZ 93, S. 327 ff.

tere Klage auf Rechenschaftslegung zu erheben, um etwa die zur Berechnung der Herausgabe des Verletzergewinns erforderlichen Informationen zu erhalten.[908]

Der Verpflichtete ist zur Vorlage einer geordneten Zusammenstellung, das heißt einer zweckmäßigen, übersichtlichen und verständlichen Aufgliederung seiner Einnahme- und Ausgabeposten angehalten.[909] Fehlen Belege, so muss der Schuldner für jeden Einzelfall darlegen, dass es ihm trotz seines Bemühens nicht gelungen ist, die Belege von den beteiligten Dritten zu erhalten.[910]

Begrenzungen des Anspruchs auf Rechenschaftslegung können sich u.U. ergeben aus Gründen der Zumutbarkeit,[911] aus dem allgemeinen Datenschutz[912] und einem etwaigen Geheimhaltungsinteresses des Schuldners. Hat der Anspruchsteller Grund zu der Annahme, dass die in der Rechnung enthaltenen Angaben über die Einnahmen nicht mit der erforderlichen Sorgfalt gemacht wurden, kann er als Druckmittel die Abgabe der eidesstattlichen Versicherung verlangen (§ 259 II, III BGB).[913]

Mit dem Anspruch auf Rechenschaftsablegung nach §§ 666 3. Fall, 259 BGB ist der Anspruchsteller der Schwierigkeit der Benennung des Anspruchs in praktischer und rechtlicher Hinsicht erheblich enthoben. Dies wurde von der Rechtsprechung und Literatur bisher nicht ausreichend berücksichtigt. Dem Anspruchsteller ist es möglich, die auf einer Verletzung des Persönlichkeitsbildes kausal beruhenden Einnahmen von den abzugsfähigen Kosten zu trennen, die beispielsweise dem Verlagshaus entstanden sind.[914]

Das Medienunternehmen kann somit in Anspruch genommen werden darzulegen, was ihm durch die Geschäftsanmaßung zugeflossen ist. Dies wird ihm womöglich unliebsamer als eine Gegendarstellung

908 BGHZ 93, S. 327 ff.
909 BGH NJW 1985, S. 2699 f.
910 LG Aurich NdsRpfl. 1973, S. 18 f.
911 BGH NJW 1982, S. 573 f.
912 Vgl. §§ 28 ff. BDSG.
913 Ist die Rechnungslegung unvollständig, hat der Berechtigte noch keinen Anspruch auf Abgabe der eidesstattlichen Versicherung, denn er muss zunächst die Ergänzung anfordern. Erst wenn die Rechnungslegung ergänzt ist, also der Anspruch nach § 259 I BGB erfüllt ist, greift § 259 II BGB.
914 *Hartl*, Persönlichkeitsrechte als verkehrsfähige Vermögensgüter, S. 89.

sein,[915] da mit der Preisgabe von Informationen auch interne Kalkulationen umfasst sind, die das Unternehmen geheim gehalten wissen will.[916] Auf diesem Weg kann insbesondere dem von *Götting* vorgebrachten Einwand entgegen getreten werden, in der Praxis sei es nicht möglich darzulegen, ob und in welchem Umfang der finanzielle Erfolg einer Ware auf der unrechtmäßigen Verwendung eines fremden Namens oder Bildnisses beruhe.[917]

III. Der Aufwendungsersatzanspruch des Geschäftsführers (§§ 687 II S. 2, 684 S. 1 BGB)

Macht der Geschäftsherr die in § 687 II S. 1 BGB aufgeführten Ansprüche geltend, so ist er seinerseits dem Geschäftsführer nach § 684 S. 1 BGB verpflichtet (vgl. § 687 II 2 BGB) und haftet dem Geschäftsführer nach den Vorschriften über die ungerechtfertigte Bereicherung. Nach § 687 II 2 BGB, 684 S. 1 BGB wird der Geschäftsherr verpflichtet, die Aufwendungen des Geschäftsführers bis zur Höhe der Bereicherung zu ersetzen, wenn die Voraussetzungen von § 683 BGB nicht vorliegen bzw. der Geschäftsherr die Geschäftsführung nicht genehmigte (§ 684 S. 1, 2 BGB).

Was der Geschäftsherr durch die angemaßte Eigengeschäftsführung erlangt hat, kann der Geschäftsführer nur insoweit herausverlangen, als dadurch das Vermögen des Geschäftsherrn noch gemehrt ist. Dazu gehört auch der Ersatz von werterhaltenden Aufwendungen, die später ebenso für den Geschäftsherrn unvermeidlich angefallen wären.[918]

Der Verletzte braucht dem Verletzer folglich nur die Aufwendungen zu erstatten, die ihm tatsächlich zugeflossen sind (§ 684 S. 1 i.V.m. §§ 812 ff. BGB). Nicht abzugsfähig sind daher alle betrieblichen Aufwendungen des Medienunternehmens, die zwar auf die unerlaubte Verwertung des fremden Persönlichkeitsbildes abzielten, aber unnötig

---

915 Zur generalpräventiven Verhaltenssteuerung nach §§ 687 II, 666 BGB vgl. *Petersen,* Medienrecht, S. 136.

916 *Petersen,* Medienrecht, S. 136, der den Wirtschaftsprüfervorbehalt nennt, der jedoch nur bei einem Wettbewerbsverhältnis zu gewähren ist, vgl. hierzu OLG Hamm, ZUM 2009, S. 159, 163.

917 *Götting,* Sanktionen des postmortalen Persönlichkeitsrechts, GRUR 2004, S. 803.

918 OLG Düsseldorf NJW-RR 1996, S. 913.

und/oder erfolglos waren.[919] Erfolglose Aufwendungen sind nicht zu ersetzen, da sie nicht zu einer Vermögensmehrung führen.[920]

IV. Zusammenfassung

Der Anspruch auf Erlösherausgabe nach §§ 687 II, 681 S. 2, 667 BGB setzt einen Eingriff in das Recht am Persönlichkeitsbild voraus, dessen wirtschaftliche Verwertung allein dem Inhaber, also dem Persönlichkeitsbildträger, zugeteilt ist. Der Anspruch erfordert, dass jemand wissentlich ein fremdes Geschäft als sein eigenes behandelt. Ein fremdes Geschäft besorgt, wer in ein fremdes Persönlichkeitsbild eingreift, soweit nicht die Medien- oder Kunstfreiheit überwiegen oder die Zustimmung des Persönlichkeitsbildträgers vorliegt.

Da der Eingreifer als Geschäftsführer die Geschäftsanmaßung vorsätzlich vornimmt, kann der Persönlichkeitsbildträger als Geschäftsherr nach §§ 687 II, 681 S. 2, 667 BGB von ihm den gesamten Erlös herausverlangen. Der Anspruch besteht auch dann, wenn der Verletzte die Verwertung seines Persönlichkeitsbildes unter keinen Umständen gestattet hätte oder wenn eine Verwertungsvereinbarung hierüber rechts- oder sittenwidrig gewesen wäre.

Im Gegenzug kann der Geschäftsführer vom Geschäftsherrn nach §§ 687 II, 684 S. 1 BGB den Ersatz der Aufwendungen verlangen, die den Verletzten bereichern.

Macht der Verletzte den Anspruch auf Erlösherausgabe nach §§ 687 II, 681 S. 2, 667 BGB geltend, hat er die Darlegung und Beweisführung für den Erlös, den der Verletzer eingenommen hat, zu erbringen. Der Betroffene hat gegen den Eingreifer einen Anspruch auf Auskunft und Rechnungslegung betreffend den Verwertungserlös nach den Vorschriften §§ 687 II S. 1, 681 S. 2, 666 BGB.

Der Vorteil der Gewinnabschöpfung liegt darin, dass ihr im Unterschied zum Rechtsbehelf nach Art. 2 I, 1 I GG i.V.m. § 823 I BGB höhenmäßig nicht die Grenzen der Geldentschädigung gesetzt sind. Der Weg über §§ 687 II, 681 S. 2 ermöglicht die Erlösherausgabe und

919 Vgl. auch *Beuthien/Schmölz,* Persönlichkeitsschutz durch Persönlichkeitsgüterrechte, S. 59, die hier von eigenpersönlichen Gegenstand sprechen.

920 Vgl. auch *Beuthien/Schmölz,* Persönlichkeitsschutz durch Persönlichkeitsgüterrechte, S. 59, worunter etwa der Ankauf unerlaubt angefertigter Fotos von einem Paparazzo fallen.

Auskehr aller erlangten Vorteile vom Schädiger an den Geschädigten. Der Betroffene kann als Geschäftsherr von dem in Anspruch genommenen Medienunternehmen all die durch die Publikation erwirtschafteten Vorteile abschöpfen.

Die Pflicht zur Gewinnherausgabe trifft die Medienunternehmen in der Konsequenz damit härter als der Schadensersatz oder die Geldentschädigung, sodass sich für sie ein spürbarer Hemmungseffekt einstellt.

Die mit der Gewinnherausgabepflicht vorgebrachten Beweis- und Bezifferungsschwierigkeiten lassen sich lösen, denn die nach § 666 BGB genannten Pflichten helfen dem Geschäftsherrn, wenn er von dem Geschäftsführer die relevanten Informationen verlangt, die er benötigt, um eine Bestimmung des konkreten Gewinnerlöses vorzunehmen. Werden die Auskunft oder die Rechenschaft nicht oder nicht vollständig erbracht, kann der Geschäftsherr auf Erfüllung klagen. Bei schuldhafter Nicht-, Schlecht- oder zu später Erfüllung der Pflichten aus § 666 BGB hat der Geschäftsführer wegen Pflichtverletzung nach § 280 BGB Schadensersatz zu leisten.

§ 259 BGB konkretisiert die Rechenschaftspflicht, da die Vorschrift die Art und Weise, in der eine Verpflichtung zur Rechenschaftslegung zu erfüllen ist, bestimmt. Mit dem Anspruch auf Rechenschaftsablegung nach §§ 666 3. Fall, 259 BGB ist der Anspruchsteller der Schwierigkeit der Benennung der Höhe des Anspruch auf Erlösherausgabe nach §§ 687 II, 681 S. 2, 667 BGB in praktischer und rechtlicher Hinsicht deutlich enthoben. Flankierend kann § 287 ZPO herangezogen werden.

C. Die Einbettung des Rechts am Persönlichkeitsbild in die Systematik der unerlaubten Handlung (§ 823 I BGB)

I. Der Schutz der Persönlichkeit durch das allgemeine Persönlichkeitsrecht (§ 823 I BGB)

Die Rechtsprechung[921] und die Literatur[922] schützen die Persönlichkeit durch das allgemeine Persönlichkeitsrecht.[923] Der BGH erkennt das allgemeine Persönlichkeitsrecht als einheitliches, umfassendes Recht des Einzelnen gegenüber jedermann auf Achtung seiner Menschenwürde und Entfaltung seiner individuellen Persönlichkeit an und qualifiziert es als sonstiges Recht im i.S.v. § 823 I BGB.[924] Unter dem Persönlichkeitsrecht wird das unveräußerliche, höchstpersönliche Recht auf Entfaltung und Schutz der Persönlichkeit verstanden, wobei das allgemeine Persönlichkeitsrecht aus dem Schutz der Menschenwürde und der Handlungsfreiheit abgeleitet wird (Art. 1 I und 2 I GG).

Die Rechtsprechung hat das allgemeine Persönlichkeitsrecht anhand von zwei Fallgruppen entwickelt: Zum einen anhand der Kränkung der Persönlichkeit und zum anderen anhand der Ausnutzung des wirtschaftlichen Wertes der menschlichen Persönlichkeit.[925] Die Garantie der Menschenwürde nach Art. 1 I S. 2 GG verpflichtet die gesamte staatliche Gewalt, wobei unter Menschenwürde der soziale Wert- und Achtungsanspruch gemeint ist, der dem Menschen wegen seines Menschseins und des damit einhergehenden intrinsischen Werts zukommt.[926]

Diese verfassungsrechtlich vorgegebene Wertung hat der BGH mit der Schaffung des allgemeinen Persönlichkeitsrechts versucht, durch die

---

921 BGHZ 13, S. 334 – *Leserbrief*; BGHZ 24, S. 72 – *Krankenpapier;* BGHZ 26, S. 349 – *Herrenreiter;* BGHZ 35, S. 363 – *Ginsengwurzel*; BGHZ 50, S. 133 – *Mephisto;* BGHZ 143, S. 214 – *Marlene Dietrich.*

922 *Hubmann,* Das Persönlichkeitsrecht, S. 303; *Palandt/Sprau,* § 823, Rdn. 83 ff.

923 BVerfGE 34, S. 269.

924 BGHZ 50, S. 143.

925 Vgl. BGHZ 20, S. 345 – *Paul Dahlke;* BGHZ 143 S. 214 – *Marlene Dietrich.* Zu den Persönlichkeitsrechten als Abwehrrechte vgl. *Pfeifer*, Eigenheit oder Eigentum, GRUR 2002, S. 499.

926 BVerfGE 87, S. 209, 228.

Aufnahme in das einfachgesetzliche Recht über § 823 I BGB umzusetzen. Der Rechtsschutz des allgemeinen Persönlichkeitsrechts nach § 823 I BGB zielt damit auf den Schutz vor ideellen Beeinträchtigungen sowie auf dem Schutz des wirtschaftlichen Wertes des Persönlichkeitsbildes vor rechtswidriger Verwertung ab.

1. Der Schutz ideeller Interessen

Während Vermögensrechte auf den Schutz materieller Interessen ausgerichtet sind, zielen Persönlichkeitsrechte neben dem Schutz vor kommerzieller Ausbeutung auch auf den Schutz ideeller Interessen ab. Beide Rechte stehen daher in einem antinomischen Verhältnis zueinander. Dieses Verständnis vom Widerstreit beider Interessen lässt sich nach Stimmen in der Literatur deutlich an dem Urheberrecht[927] und dem Firmenrecht festmachen, die als Mischrechte sowohl den Schutz der Persönlichkeit als auch den des Vermögens zum Gegenstand haben, gleichwohl hierbei in disjunktiver Abgrenzung zueinander stehen.

Das antagonistische Verständnis von Vermögensrecht auf der einen und dem Persönlichkeitsrecht auf der anderen Seite ist verstärkt worden durch die Ausrichtung des Persönlichkeitsrechts als Reaktion auf die Verbrechen im Nationalsozialismus.[928] Das Persönlichkeitsrecht ist Ausdruck der Idee, dass dem Menschen seine Menschenrechte nicht vom Staat verliehen werden, sondern ihm kraft seiner Natur zustehen. Dies lässt sich an der Begründung des BGH festmachen, der das Persönlichkeitsrecht aus der Achtung und Wahrung der Menschenwürde heraus entwickelte.[929]

Eine weitere Intensivierung der Trennlinie zwischen Persönlichkeits- und Vermögensrecht nahm der Gesetzgeber in § 253 BGB vor. § 253 I BGB schließt für immaterielle Schäden nicht die Herstellung nach § 249 BGB aus, wohl aber die Geldentschädigung gem. § 251 BGB, wenn diese nicht für den jeweiligen Fall vom Gesetz vorgesehen ist. Ein Schaden, der nicht Vermögensschaden ist, liegt hiernach bei einer Einbuße an immateriellen Gütern vor, wie z.B. Leben, Gesundheit,

927 Vgl. *Ulmer,* Urheber- und Verlagsrecht, § 18, S. 117 f.
928 BVerfGE 113, S. 48, 50.
929 BGHZ 13, S. 334, 338 – *Leserbrief.*

Freiheit und Ehre. Führen Nichtvermögensschäden, also ideelle Schäden, zu Einbußen an Vermögenswerten in Form von materiellen Schäden, sind diese ersatzfähig.

Die Ausrichtung des Persönlichkeitsrechts auf den Schutz ideeller Interessen geht auf die Naturrechtslehre der Philosophie des deutschen Idealismus zurück.[930] Die menschliche Person samt ihren Rechten wurde als Subjekt exponiert in das Zentrum philosophischer Systeme gestellt. In der Aufklärung wurde der Mensch diametral in Abgrenzung zu der ihn umgebenden Außenwelt gesetzt.

Mit der Frage, wie sich dem Einzelnen die Inhalte seiner sinnlich wahrnehmbaren Umwelt zeigen, beschäftigte sich *Kant* intensiv. Die Erkenntnisse seiner Arbeiten waren im Folgenden prägend für die Rechtswissenschaft. So sind nach seiner Ansicht Raum und Zeit lediglich Formen der sinnlichen Anschauung, also nur Bedingungen der Existenz der Dinge.[931] Diese erkenntnistheoretische Auffassung vom Verhältnis zwischen Subjekt und Objekt, also das Zusammenspiel von Mensch und den sich ihm zeigenden Gegenständen, müsste erst noch aufgeweicht und für die Rechtswissenschaft fruchtbar gemacht werden.

Probleme stellten sich ein, als es darum ging, das Persönlichkeitsrecht konkret in die Systematik des Zivilrechts einzubetten.[932] Denn Kennzeichnend für das Eigentumsrecht war die Herrschaft des Subjekts über ein bestimmtes Objekt, das den Gegenstand von Verfügungen darstellte und einen Vermögenswert besaß. In Gegnerschaft hierzu stand das unveräußerliche Persönlichkeitsrecht, das nicht auf ein Herrschaftsobjekt gerichtet ist, sondern auf das Subjekt, also die Person als Zweck an sich selbst.[933]

Savigny führt hierzu aus, dass die Anerkennung von Persönlichkeitsrechten in der Konsequenz auf die Annahme eines Herrschaftsrechts an

930 Insbesondere *Kant*, der mit seine Lehre von der Autonomie der Persönlichkeit das mit Recht auf Freiheit und Selbstverantwortung ausgestattete Individuum in den Vordergrund seiner Arbeiten stellte, vgl. *Klippel*, S. 198 ff. *Leuze*, Die Entwicklung des Persönlichkeitsrechts, S. 27 ff.

931 *Kant*, Kritik der reinen Vernunft, Erscheinungen und das Ding an sich, S. 34 f. (Vorrede zur zweiten Auflage).

932 *Leuze*, Die Entwicklung des Persönlichkeitsrechts, S. 46 ff.; *Simon*, Das allgemeine Persönlichkeitsrecht und seine gewerblichen Erscheinungsformen, S. 175.

933 Zur Philosophie Kants hierzu vgl. *Hruschka*, Die Person als ein Zweck an sich selbst, JZ 1990, S. 1 ff.

der eigenen Person hinauslaufe. Eine solche sogenannte Ineinsetzung von Subjekt und Objekt[934] sei nicht nur widersprüchlich, sondern würde auch die ethische Wertigkeit der Person missachten, die letztlich auf das inakzeptable Recht auf Selbstmord hinauslaufe.[935]

Da sich ein Recht der Person an sich selbst nicht mit der Subjekt-Objekt-Beziehung gemäß dem Eigentum als Prototyp eines Vermögensrechts vereinbaren ließ, bildete sich das Verständnis heraus, dass Persönlichkeitsrechte kraft ihrer Natur den Gegensatz zu Vermögensrechten darstellen müssen, da sie nicht auf den Schutz sinnlich fassbarer, sondern immaterieller und ideeller Werte ausgerichtet seien.[936]

Die idealistisch ausgerichtete Natur des Persönlichkeitsrechts lässt sich an dem Definitionsversuch von *Smoschewer* festmachen. Er formuliert, das Persönlichkeitsrecht sei *„der Inbegriff der nicht in Geld aufwiegbaren Werte, die der Einzelne als Einzelwesen besitzt.“*[937]

2. Der Schutz kommerzieller Interessen

In Bezug auf das Deliktsrecht ist das allgemeine Persönlichkeitsrecht nicht auf den Schutz immaterieller Interessen begrenzt. Der persönlichkeitsrechtliche Vermögensschutz hat insbesondere durch die Entscheidungen in Sachen *Marlene Dietrich* deutliche Erweiterungen und Konkretisierungen erfahren, indem der 1. Zivilsenat den bei besonderen Persönlichkeitsrechten anerkannten vermögensrechtlichen Ansatz auf das allgemeine Persönlichkeitsrecht übertrug. Hiernach soll das allgemeine Persönlichkeitsrecht nicht nur dem Schutz ideeller, sondern auch kommerzieller Interessen der Persönlichkeit dienen.[938]

Das Gericht bestimmte, dass die Dauer des Schutzes der vermögenswerten Bestandteile des allgemeinen Persönlichkeitsrechts entsprechend § 22 S. 3 KUG auf zehn Jahre nach dem Tod begrenzt ist.[939]

934 *Götting,* Persönlichkeitsrechte als Vermögensrecht, S. 6.

935 *v. Savigny,* System des heutigen Römischen Rechtes, Bd. I, S. 336; *Leuze,* Die Entwicklung des Persönlichkeitsrechts, S. 49; *Simon,* Das allgemeine Persönlichkeitsrecht und seine gewerblichen Erscheinungsformen, S. 175.

936 *Götting,* Persönlichkeitsrechte als Vermögensrecht, S. 6.

937 *Smoschewer,* Das Persönlichkeitsrecht im allgemeine und im Urheberrecht, Ufita, 1930, S. 119, 136.

938 BGHZ 143, S. 214, 218 ff. – *Marlene Dietrich.*

939 BGHZ 169, S. 193.

Verfassungsrechtliche Bedenken gegen diese richterliche Fortbildung des Persönlichkeitsschutzes bestehen nicht.[940]

Liegt eine schuldhafte und rechtswidrige Verletzung des allgemeinen Persönlichkeitsrechts vor, kann sich der Verletzte des Instrumentariums der dreifachen Schadensberechnungsart bedienen, wie es für Eingriffe in Immaterialgüterrechte anerkannt ist.[941] Hiernach hat der Geschädigte ein Wahlrecht, das erst dann erlischt, wenn erfüllt wurde oder der Anspruch rechtskräftig anerkannt wurde.[942] Dem kommerziellen Schaden kann der in seinem Persönlichkeitsrecht Verletzte dann im Wege der objektiven Schadensberechnungsart,[943] der Zahlung einer fiktiven Lizenzgebühr[944] oder mit Hilfe der Herausgabe des Gewinns entgegentreten.

Indes führt die Anerkennung von vermögenswerten Bestandteilen des allgemeinen Persönlichkeitsrechts nicht zur Verdrängung seiner immateriellen Schutzinhalte. Es kann vorkommen, dass eine einzige Verletzungshandlung die ideellen wie auch die kommerziellen Interessen betrifft. So kann etwa in der freien Erfindung eines Interviews lediglich die Aneignung des Vermögenswertes einer prominenten Person liegen,[945] da immaterielle Interessen nicht verletzt wurden.

Wird jedoch in einem weiteren, ebenfalls frei erfundenen Artikel wahrheitswidrig die Behauptung aufgestellt, *Caroline von Monaco* leide an Brustkrebs, dann tritt zu der rechtswidrigen Verwertung des Vermögenswertes des Persönlichkeitsrechts noch eine ideelle Verletzung hinzu. Es wird eine Verfälschung des Bildes der Person in der Öffentlichkeit herbeigeführt, die der Betroffene nicht hinnehmen muss.

II. Der Schutz der Persönlichkeit durch das Recht am Persönlichkeitsbild (§ 823 I BGB)

Nach Ansicht der Rechtsprechung und der Literatur soll im Fall der Verletzung des allgemeinen Persönlichkeitsrechts dem Verletzten ein Schadensersatzanspruch in Höhe der verkehrsüblichen Vergütung nach

940 BVerfG NJW 2006, S. 3409 f.
941 Grundlegend RGZ 35, S. 63, 67 ff.; BGHZ 143, S. 214, 231 f.
942 BGHZ 119, S. 20, 23; BGH NJW 1995, S. 1420 ff.
943 OLG Köln VersR 1998, S. 507.
944 BGHZ 20, S. 355.
945 BGHZ 128, S. 1.

den Grundsätzen der Lizenzanalogie zustehen (§ 823 I BGB).[946] Dies soll aber dann nicht gelten, wenn der Verletzte der Vermarktung seiner Persönlichkeit unter keinen Umständen zugestimmt hätte.[947] Dann soll dem Geschädigten nur eine Entschädigung in Geld zustehen, wobei dem Präventionsgedanken entsprechend der Gewinn, den der Verletzer erzielt hat, bei der Bemessung der Höhe des Schadensersatzanspruchs Berücksichtigung finden soll. Zu einer vollständigen Abschöpfung des Verletzergewinns und zu einer Rückführung an den Verletzten führt dieser Rechtsweg indes nicht. Von einem umfassenden Rechtsschutz der Persönlichkeit kann folglich nicht die Rede sein.

1. Der Schutz ideeller Interessen

Die vorangestellten Ausführungen gebieten es daher, einen anderen Rechtsweg zu beschreiten. Wenn es der effektive Rechtsschutz der Persönlichkeit verlangt, dass ideelle wie kommerzielle Aspekte gleichermaßen geschützt werden, so müssen sie berücksichtigt und normgerecht in § 823 I BGB eingebettet werden können.

Im Folgenden soll gezeigt werden, wie dies geschehen kann. Hierfür bietet sich die nun folgende Herangehensweise an.[948]

Wie bereits dargelegt, wird unter Persönlichkeit die individuelle personale Identität verstanden, die sich im Wechselspiel externer und eigener Einflüsse bildet.[949] Dem Gedanken folgend, dass Art. 2 I GG von der individuellen Selbstentfaltung und von der Autonomie des Einzelnen ausgeht, soll dem Menschen die Entfaltung dessen ermöglicht werden, was in ihm angelegt ist. Die Persönlichkeit ist als ein Bestandteil des lebenden Menschen anzusehen. Hierbei wird von einem natürlichen Begriff der Persönlichkeit des Menschen ausgegangen, unter exponierter Achtung seiner Würde,[950] die auf der Einzigartigkeit[951] seiner biologischen Anlagen beruht.

946 BGH NJW 1992, S. 2753; BGHZ 20, S. 345.

947 BGH NJW 1979, S. 2205; BGHZ 26, S. 349.

948 Vgl. *Beuthien/Schmölz,* Persönlichkeitsschutz durch Persönlichkeitsgüterrechte, S. 62 ff.

949 BVerfGE 79, 256, 268; *Britz,* Freie Entfaltung durch Selbstdarstellung, S. 1, 9 ff.

950 *Biene,* Starkult, Individuum und Persönlichkeitsgüterrecht, S. 8. *Hubmann,* Das Persönlichkeitsrecht, S. 47, 51, 59.

951 Vgl. *Pfeifer,* Individualität im Zivilrecht, S. 12.

Die Persönlichkeit ist nicht gleichzusetzen mit den der Verdinglichung zugänglichen Identitätsmerkmalen, denen als Wirtschaftsgut ein Marktwert zukommen kann. Die Persönlichkeit ist vom Persönlichkeitsbild strikt getrennt zu halten. Letzteres kann vergleichbar mit Fotografien, schriftlichen Aufzeichnungen und Tonaufnahmen, Gegenstand von Angebot und Nachfrage sein und bedarf als Vermögenswert des Schutzes durch die Rechtsordnung.

Die Persönlichkeit indes ist in Gänze ideeller Natur und unstofflich. Als Bestandteil des lebenden Menschen hat die Persönlichkeit aufgrund ihres Qualitätscharakters deliktsrechtlich i.S.v. § 823 I BGB daher neben den Persönlichkeitsrechtsgütern Leben, Körper, Gesundheit und Freiheit zu stehen.

Die Persönlichkeit ist aber kein sonstiges Recht nach § 823 I BGB, weil dem Leben, der Gesundheit, dem Körper und der Freiheit die Eigenschaft abgesprochen wird, Gegenstand subjektiver Rechte zu sein, da sie anders als das Eigentumsrecht keine Herrschaftsrechte sind.[952]

Es stellt sich nun die Frage, an welche Stelle die Persönlichkeit innerhalb des Katalogs von § 823 I BGB zu setzen ist. Die Frage stellt sich auch bei der Suche nach der zutreffenden systematischen Verortung des allgemeinen Persönlichkeitsrechts innerhalb von § 823 I BGB. Hierzu werden unterschiedliche Ansichten vertreten. Der BGH sieht es als sonstiges Recht i.S.v. § 823 I BGB an.[953] Nach einer anderen Ansicht soll das allgemeine Persönlichkeitsrecht im Wege der verfassungskonformen Auslegung von dem Tatbestandsmerkmal der Freiheit mit umfasst sein.[954] *Medicus* plädiert dafür, den gesetzlichen Schutzkatalog von § 823 I BGB rechtsfortbildend um das Lebensgut der Persönlichkeit zu ergänzen.[955]

Dieser Ansatz kann auch für eine systemkonforme Einbettung der Persönlichkeit innerhalb von § 823 I BGB genutzt werden. Nach heute nahezu einhelliger Ansicht wird das Rechtsgut Freiheit i.S.v. § 823 I BGB auf die körperliche Fortbewegungsfreiheit beschränkt.[956] Gemeint

---

952 *Larenz/Canaris* II/ 2, § 76 I 1, S. 374.

953 Vgl. BGHZ 13, S. 334.

954 *Eckert,* Der Begriff der Freiheit im Recht der unerlaubten Handlungen, JuS 1994, S. 625, 630.

955 *Medicus/Petersen,* Bürgerliches Recht, S. 312, Rdn. 615.

956 OLG München OLGZ 1985, S. 466 f.; *Larenz/Canaris* II/ 2, § 76 II 2, S. 385 f.

sind Fälle, in denen der objektive Tatbestand der Freiheitsberaubung erfüllt ist (vgl. § 239 StGB). Die Willens- und die Handlungsfreiheit sollen ausgeklammert werden und im Rahmen von Art. 2 I GG verfassungsrechtlichen Schutz genießen.[957]

Indes erzwingt die Entstehungsgeschichte keineswegs ein solch enges Verständnis des Rechtsgutes. So sprachen das Reichsgericht und eine Vielzahl von Entscheidungen nicht von einer Freiheit i.S.v. § 823 I BGB, die allein mit der Fortbewegungsfreiheit gleichzusetzen ist.[958]

Gegen den weiten Freiheitsbegriff, der neben der körperlichen Fortbewegungsfreiheit auch die innere Willensfreiheit der Person schützt, wird angeführt, dass eine solche Interpretation nicht mit der Entscheidung des Gesetzgebers in Einklang zu bringen sei. Insbesondere seien mit der Schaffung und Anerkennung des Rechts am eingerichteten und ausgeübten Gewerbebetrieb und des allgemeinen Persönlichkeitsrechts etwaige Schutzlücken durch die Rechtsprechung geschlossen worden.[959] Daher sei es geboten, den Begriff Freiheit i.S.v. § 823 I BGB restriktiv zu interpretieren.

Dem ist jedoch nicht beizupflichten, denn hiernach ist es möglich, nur einen Teilbereich der Persönlichkeitsentfaltung zu schützen. Die Freiheit der Willensbestimmung im Sinne des BGB wird von der Rechtsprechung aufgefasst als die Bestimmbarkeit einer Person, durch vernünftige Erwägungen handeln zu können.[960] Die Freiheit der Willensbestimmung und Handlungsfähigkeit sind eng verwoben mit dem zivilrechtlichen Begriff der Verantwortlichkeit (§ 104 Nr. 2 BGB).

Diesem liegt das Verständnis zu Grunde, dass die personale Entwicklung ein fortlaufender interaktiver Prozess von Aktion und Reaktion ist. Der Mensch befindet sich in einem Dialog mit seiner Umwelt, wobei jedes Handeln auf irgendeine Weise beantwortet wird. Hierauf wiederum reagiert der Einzelne, indem er die Folgen seiner Handlung wahrnimmt und auf emotionaler und kognitiver Ebene verarbeitet.[961]

---

957 BVerfGE 6, S. 32, 36 f. – *Elfes.*

958 RGZ 58, S. 24, 28. Vgl. auch *Eckert,* Der Begriff der Freiheit im Recht der unerlaubten Handlungen, JuS 1994, S. 628 ff.

959 *MüKo/Wagner* § 823 Rdn. 161.

960 BGH NJW 1996, S. 918.

961 *Cording/Roth,* Zivilrechtliche Verantwortlichkeit und Neurobiologie, NJW 2015, S. 27.

Aus dieser biografischen Kontinuität erwächst die Fähigkeit des Einzelnen, sein künftiges Verhalten erfahrungsabhängig gestalten zu können.

Verantwortliches Handeln erfordert daher die Möglichkeit, bei der Bildung und Ausübung seines Willens frei zu sein. Denn nur dann kann der Einzelne die in ihm angelegte und verfassungsrechtlich geschützte Persönlichkeit zur vollen Entfaltung bringen. Dies wird ihm ermöglicht, wenn die Freiheit i.S.v. § 823 I BGB als eine umfassende Freiheit verstanden wird, die neben der körperlichen Fortbewegungsfreiheit auch die Willensfreiheit schützt. Ihre Verletzung löst einen Schmerzensgeldanspruch aus, der in der Rechtsfolge auf die Kompensation und die Genugtuung ausgerichtet ist.

Nichts anderes vermag sich auch einzustellen, wenn die Sondertatbestände der §§ 824, 825, 826 BGB herangezogen werden. So dient § 824 BGB dem Schutz des wirtschaftlichen Rufes, der sogenannten Geschäftsehre, vor unmittelbaren Beeinträchtigungen durch unwahre Tatsachenbehauptungen. § 825 BGB gewährt jedermann Schutz vor Verletzung seiner sexuellen Selbstbestimmung. § 826 BGB stellt neben § 823 I (sonstiges Recht) und § 823 II BGB (Schutzgesetz) eine weitere Generalklausel im Deliktsrecht dar.

Die Vorschrift erfordert, dass durch den Verstoß gegen die guten Sitten ein Schaden entstanden ist. Hierunter fallen Vermögensschäden sowie Beeinträchtigungen rechtlich anerkannter Interessen wie Nichtvermögensschäden. Das Recht am eingerichteten und ausgeübten Gewerbebetrieb als sonstiges Recht i.S.v. § 823 I BGB wiederum zielt auf den Schutz von Unternehmen ab, den das Reichsgericht durch §§ 823 I, II, 824 I, 826 BGB, UWG und GWB als nicht ausreichend erachtete.[962]

Wie bereits dargelegt, bestimmen die Rechtsprechung und die Literatur, dass im Fall der Verletzung des allgemeinen Persönlichkeitsrechts dem Verletzten ein Schadensersatzanspruch in Höhe der verkehrsüblichen Vergütung nach den Grundsätzen der Lizenzanalogie zusteht.[963] Der Anspruch wird dem Geschädigten aber versagt, wenn er

962 RGZ 58, S. 24.
963 BGH NJW 1992, S. 2753; BGHZ 20, S. 345.

der Vermarktung seiner Persönlichkeit unter keinen Umständen zugestimmt hätte.[964] Es klafft somit eine Rechtsschutzlücke, die weder die Sondertatbestände §§ 824, 825, 826 BGB, noch das allgemeine Persönlichkeitsrecht, noch das Recht am eingerichteten und ausgeübten Gewerbebetrieb zu schließen vermögen.

Es bietet sich daher an, das in § 823 I BGB bestehende Tatbestandsmerkmal Freiheit grundrechtskonform so auszulegen, dass dieses neben der körperlichen Bewegungsfreiheit auch die allgemeine Willens- und Handlungsfreiheit umfasst.[965] Verletzungen des Tatbestandsmerkmals Freiheit i.S.v. § 823 I BGB können dann einen Anspruch auf Geldentschädigung begründen, wobei das Schmerzensgeld der Kompensation und Genugtuung dient.[966] Das Rechtsgut Freiheit i.S.v. § 823 I BGB im weiten Sinne ist damit besser für den Schutz der Willens- und Handlungsfreiheit geeignet, als das allgemeine Persönlichkeitsrecht und das Recht am eingerichteten und ausgeübten Gewerbebetrieb, denn diese bedürfen als Rahmenrechte noch der Konkretisierung. Zudem sind auch diese Rechte nicht in der Lage, die oben aufgezeigte Lücke beim Schutz der Persönlichkeit zu schließen.

2. Der Schutz kommerzieller Interessen

Es stellt sich sodann die Frage, wo das Recht am Persönlichkeitsbild innerhalb von § 823 I BGB norm- und systemgerecht zu verorten ist und wie es dem Schutz kommerzieller Interessen dienen kann. Wie bereits dargelegt, befindet sich das Persönlichkeitsbild außerhalb des Identitätsmerkmalträgers, wie dies auch bei den verdinglichten Ausflüssen der Persönlichkeit der Fall ist.

Sie alle nehmen herausgeschält aus dem forum internum des Menschen im forum externum neben ihm Platz in der Außenwelt. In verdinglichter Form sind sie nun nicht mehr Bestandteil der Persönlichkeit des menschlichen Organismus, sondern sind für Dritte dauerhaft sichtbar geworden und können zum Rechts- und Wirtschaftsgut werden.

---

964 BGH NJW 1979, S. 2205.

965 BVerfGE 6, S. 32, 36 f. – *Elfes*.

966 So auch *Beuthien/Schmölz*, Persönlichkeitsschutz durch Persönlichkeitsgüterrechte, S. 63.

Gleiches gilt für das Persönlichkeitsbild, das sich aus den einzelnen Ausflüssen der Persönlichkeit speist und als unikales Konglomerat auf seinen Identitätsmerkmalträger zurückweist. Da das Persönlichkeitsbild die soziale Geltung widerspiegelt, derer der Mensch für die Achtung seiner Würde bedarf (Art. 1 I GG), kann die Verwertung des Persönlichkeitsbildes die Persönlichkeit des Einzelnen verletzen. Dies kann geschehen, indem sein Wille nicht beachtet wird und/oder sein Geltungsanspruch herabgesetzt wird. Insbesondere kann sein Recht verletzt sein, allein zu bestimmen, wer Informationen erhält, die Auskunft über ihn geben. Die Verwertung und Vermarktung eines fremden Persönlichkeitsbildes kann damit die innere Freiheit der Persönlichkeit des Menschen verletzen.[967]

Als sonstiges Recht i.S.v. § 823 I BGB werden entsprechend dem Rechtscharakter der anderen in § 823 I BGB geschützten Rechtsgüter nur absolute, ausschließliche Rechtsgüter anerkannt. Neben den absoluten Rechtsgütern hat sich das sonstige Recht i.S.v. § 823 I BGB als ein Einfallstor für die Rechtsfortbildung des Deliktsrechtsschutzes erwiesen. Offene Tatbestände wie das allgemeine Persönlichkeitsrecht und das Recht am eingerichteten und ausgeübten Gewerbebetrieb[968] fallen hierunter. Als sonstige Rechte i.S.v. § 823 I BGB gilt etwa auch das Immaterialgüterrecht.

Für das Immaterialgüterrecht gilt, wie auch für alle anderen sonstigen Rechte i.S.v. § 823 I BGB, dass sie absoluten Rechtsgutscharakter haben, sodass Dritte von ihrer Nutzung ausgeschlossen werden können.[969] Bei dem Persönlichkeitsbild handelt es sich um einen immateriellen Gegenstand im Sinne des bürgerlichen Vermögensrechts, dessen Schutz durch die Zuordnung eines absoluten Herrschaftsrechts erzielt wird. Kennzeichnend für das Herrschaftsrecht ist die rechtliche Verfügungsmacht über einen bestimmten Gegenstand, sei er körperlich oder unkörperlich.

Der natürlichen Person als Träger des Persönlichkeitsbildes obliegt es, zu entscheiden, ob und in welchem Umfang sie Dritten den Eingriff und die Nutzung ihres vermögenswerten Persönlichkeitsbildes erlaubt.

---

967 *Beuthien/Schmölz,* Persönlichkeitsschutz durch Persönlichkeitsgüterrechte, S. 62.
968 OLG Jena Rdl 2007, S. 190.
969 Vgl. zum Urheberrecht BGH NJW 2004, S. 3102, 3105.

Ausnahmen können sich aus der Medienfreiheit nach Art. 5 I GG und/oder der Kunstfreiheit gem. Art. 5 III GG ergeben, wenn diese im Einzelfall nach einer Güter- und Interessenabwägung überwiegen. Wiegen diese schwerer, so ist die Verwertung des fremden Persönlichkeitsbildes nicht rechtswidrig.

Für die Rechtsfolgen der unerlaubten Verwertung des Persönlichkeitsbildes sind die §§ 823 I, 252 BGB heranzuziehen. Das Persönlichkeitsbild als unkörperlicher Gegenstand ist als ein sonstiges Recht i.S.v. § 823 I BGB zu qualifizieren, das dem Eigentum vergleichbar ein absolutes Herrschaftsrecht ist, bei dem die wirtschaftliche Verwertung allein dem Inhaber zugewiesen ist.[970]

III. Anspruchsvoraussetzungen

Anders als beim Bereicherungsrecht, wo es um die Beseitigung einer Vermögensverschiebung geht, zielt das Deliktsrecht auf die Wiedergutmachung eines eingetretenen Schadens ab. Damit die Schadensersatzpflicht ausgelöst wird, muss ein unerlaubter Eingriff in einen fremden Rechtskreis unter den Voraussetzungen von § 823 I BGB vorliegen.

1. Verhalten

Der objektive Tatbestand erfordert eine Verletzungshandlung, durch die ein Schaden verursacht worden ist. Hierfür muss jemand durch sein Verhalten ein fremdes Persönlichkeitsbild verletzt haben, das als geschütztes Recht unter § 823 I BGB fällt. Tatbestandsmäßig kann das jedes menschliche Verhalten sein, das als Tun oder Unterlassen vom Willen beherrschbar ist.[971] Hierunter fallen etwa das Aufstellen von Tatsachenbehauptungen oder das Treffen von Werturteilen in der Öffentlichkeit, die sich abträglich auf ein fremdes Persönlichkeitsbild auswirken.

---

970 *Beuthien/Schmölz*, Persönlichkeitsschutz durch Persönlichkeitsgüterrechte, S. 64. Vgl. zur Ansicht, wonach dass das sonstige Recht nicht zwingend anhand der Parallele Eigentum zu bestimmen ist, *Zeuner*, 25 Jahre Karlsruher Forum, S. 196 ff.

971 BGHZ 39, S. 103.

2. Rechtsverletzung

Ein Verhalten ist nur dann tatbestandsmäßig, wenn es die Verletzung einer der durch § 823 BGB geschützten Rechtsposition adäquat verursacht hat. Es muss eine Rechtsverletzung i.S.v. § 823 I BGB vorliegen, denn nicht jeder Eingriff in den Bereich eines anderen führt zu einer Schadensersatzpflicht. § 823 I schützt lediglich bestimmte Rechte. § 823 I BGB führt das Eigentum und sonstige Rechte nebeneinander auf. Hieraus folgt, dass das sonstige Recht dem Eigentum ähnlich sein muss. Da das Eigentum von jedermann zu achten ist und von jedermann verletzt werden kann, sind nur solche Rechte, die diese Rechtsqualität aufweisen (absolute Rechte), sonstige Rechte i.S.v. § 823 I BGB. Dies ist bei dem Recht am Persönlichkeitsbild der Fall, sodass es als sonstige Rechte i.S.v. § 823 I BGB zu qualifizieren ist.

Da die Struktur des Rechts am Persönlichkeitsbild der des allgemeinen Persönlichkeitsrechts gleicht, kann auf die von der Rechtsprechung entwickelten Fallgruppen zum allgemeinen Persönlichkeitsrecht Rückgriff genommen werden. Die Rechtsprechung nimmt eine Verletzung des allgemeinen Persönlichkeitsrechts etwa beim Eindringen in die Privatsphäre und/oder Weitergabe von Angelegenheiten aus einer fremden Privatsphäre an.

Von einem Eindringen in die Privatsphäre geht die Rechtsprechung aus, wenn etwa heimliche Bildaufnahmen im privaten Bereich gemacht werden.[972] Hierunter fasst sie auch die Freiheit und Selbstbestimmung des Menschen, selbst darüber zu bestimmen, ob seine Worte einzig seinem Gesprächspartner, einem bestimmten Kreis oder der Öffentlichkeit zugänglich sein sollen, und erst recht, ob seine Stimme mittels eines Tonträgers festgehalten werden darf.[973]

---

972 BGHZ 24, S. 200.
973 BGHZ 27, S. 284.

Als Weitergabe von Angelegenheiten aus fremder Privatsphäre gelten die negative, insbesondere verfälschte Darstellung eines Lebensbildes in Presse, Funk und Fernsehen[974] oder die unbefugte Veröffentlichung eines für ein Biologiebuch vorgesehenes Nacktfoto, das im Fernsehen gezeigt wird.[975]

a) Schutzbereiche des Rechts am Persönlichkeitsbild

Für die Benennung der Schutzbereiche des Rechts am Persönlichkeitsbild können die für das allgemeine Persönlichkeitsrecht entwickelten Sphären herangezogen werden. Auch hier es gilt zu bestimmen, welche sich im Persönlichkeitsbild zeigende Wirkungssphäre der Persönlichkeit verletzt ist.[976] In Betracht kommen die Intim-, die Privat- und Sozialsphäre. Der Schutz des Persönlichkeitsbildes nimmt dabei wie der Schutz der Persönlichkeit von innen nach außen ab.

Die Intimsphäre stellt den engsten Persönlichkeitsbereich dar. Sie genießt den stärksten Schutz.[977] Den Schutz vor der Öffentlichkeit kann die Persönlichkeit für Lebensvorgänge beanspruchen, die zur Wahrung und Entwicklung der Individualität vor Einblicken der Öffentlichkeit abgeschirmt bleiben müssen.[978] Zur Intimsphäre gehören grundsätzlich alle Vorgänge aus dem Bereich der Sexualität sowie Bildnisse, Äußerungen und Zitate. Eine Berichterstattung hierüber ist in den Medien ohne Einwilligung des Betroffenen generell unzulässig.

Die Privatsphäre ist der Bereich, zu dem andere Menschen nach der sozialen Anschauung nur insoweit Zugang haben, als ihnen der Betroffene Einblicke gewährt.[979] Der Schutz der Privatsphäre strahlt in drei Richtungen aus: Es geht um den häuslichen Bereich,[980] die besonders geschützte räumliche Sphäre außerhalb des häuslichen Bereichs in einer sogenannten örtlichen Abgeschiedenheit[981] sowie Umstände außerhalb

974 BGHZ 31, S. 308.
975 BGH NJW 1985, S. 1617.
976 Vgl. *Beuthien,* Das Recht am Persönlichkeitsbild, S. 315, Rdn. 18.
977 BGH NJW 1995, S. 1617, 1619.
978 BGH NJW 1981, S. 1366, BVerfG NJW 1973, S. 891 f.
979 BGH AfP 1979, S. 303 – *Kohl/Biedenkopf.*
980 BGH NJW 1996, S. 1128 f. – *Caroline von Monaco.*
981 BGH NJW 1996, S. 1128 f. – *Caroline von Monaco.*

des räumlich-gegenständlichen Bereichs, worunter etwa finanzielle Verhältnisse[982] oder Glaubensbekenntnisse[983] fallen.

Das Recht auf Achtung der Privatsphäre ist Ausfluss des allgemeinen Persönlichkeitsrechts, das jedermann einen autonomen Bereich der eigenen Lebensgestaltung zusteht, in dem er seine Individualität unter Ausschluss anderer entwickeln und wahrnehmen kann.[984] Hierzu gehört auch das Recht, für sich selbst zu sein und sich selbst zu gehören.[985]

Die Sozialsphäre erfasst den Bereich einer Person jenseits der Privatsphäre, der nach außen so in Erscheinung tritt, dass er auch von Dritten wahrgenommen werden kann, die keine persönliche Beziehung zu dem Betroffenen haben.[986] Die Sozialsphäre schützt und bewahrt die persönliche Eigenart und das Selbstbestimmungsrecht des Menschen in seinen persönlichen Beziehungen zu der Gesellschaft.[987] Es geht um den Menschen als Teil der sozialen Gesellschaft, wie etwa am Arbeitsplatz oder im Bereich seiner gewerblichen oder politischen Betätigung.

b) Verletzungstatbestände

Die Verletzungstatbestände des Rechts am Persönlichkeitsbild als gesellschaftliches Spiegelbild der menschlichen Persönlichkeit fallen vielfältig aus. Grundsätzlich gilt, dass das Recht am Persönlichkeitsbild dann verletzt ist, wenn auf eine fremde Person ein Licht fällt, das deren Persönlichkeitsbild in der Öffentlichkeit verändert, insbesondere verfälscht.[988] Es ist zu beachten, dass nicht jede Verletzung des allgemeinen Persönlichkeitsrechts zugleich eine Verletzung des Rechts am Persönlichkeitsbild darstellt. So verletzt zwar jeder rechtswidrige Eingriff in die informationelle Selbstbestimmung das allgemeine Persönlichkeitsrecht. Die

982 OLG Hamburg AfP 1992, S. 376.

983 BVerfG NJW 1997, S. 2669 f.

984 BVerfG NJW 1973, S. 1226 f. – *Lebach;* BGH NJW 1996, S. 1128 – *Caroline von Monaco.*

985 BVerfG NJW 1973, S. 1226 f. – *Lebach;* BGH NJW 1996, S. 1128 – *Caroline von Monaco.*

986 *Prinz/Peters,* Medienrecht, S. 83, Rdn. 76.

987 BGH NJW 2005, S. 592 – *Abtreibungsarzt.*

988 BGH NJW 1965, S. 685 – *Soraya.* So kann durch ein rechtswidriges Interview ein fremdes Persönlichkeitsbild wirtschaftlich ausgebeutet werden.

Verletzung des Rechts am Persönlichkeitsbild muss damit aber nicht zwangsläufig einhergehen.[989]

Für die Herausarbeitung der Verletzungstatbestände bietet es sich an, einen Blick auf die von der Rechtsprechung entwickelten falltypischen Gestaltungen[990] und die von dem Schrifttum nach Fallgruppen systematisierten Sachverhalte zu werfen.

Das Bundesverfassungsgericht führt aus, dass für seine Rechtsprechung und die des Bundesgerichtshofs der Inhalt des allgemeinen Persönlichkeitsrechts nicht abschließend bestimmt ist, sondern dass bisher lediglich besondere Ausprägungen herausgestellt wurden. Als anerkannt subsumiert es unter die Schutzgüter des allgemeinen Persönlichkeitsrechts die Intim-, Privat- und Geheimsphäre,[991] die persönliche Ehre, das Verfügungsrecht über die Darstellung der eigenen Person,[992] das Recht am eigenen Bild und am gesprochenen Wort[993] sowie das Recht, von der Unterschiebung nicht getaner Äußerungen verschont zu bleiben.[994]

In der Literatur wird darauf abgehoben, dass in das Recht am Persönlichkeitsbild durch Tatsachenbehauptungen und/oder Werturteile eingegriffen wird. Betroffen sind stets Daten, die für das Leben einer Person stehen. Konkret soll es sich hierbei um persönliche Verhaltensweisen und/oder Ereignisse handeln.[995]

Nach anderer Ansicht werden Fallgruppen gebildet, nach denen das allgemeine Persönlichkeitsrecht in seinen besonderen Ausprägungen verletzt sein kann.[996] Hierzu werden die Selbstbestimmung über die Darstellung der Person gezählt, das Recht auf informationelle Selbstbestimmung, das Lebens- und Charakterbild sowie der Schutz vor Ausbeutung von Persönlichkeitsgütern. Die zweite Gruppe gilt dem Schutz

---

989 Vgl. *Beuthien,* Das Recht am Persönlichkeitsbild, S. 316, Rdn. 19.

990 BVerfG NJW 1997, S. 2669 f., – *Scientologen,* BVerfG NJW 1984, S. 419 – *Volkszählungsgesetz,* BVerfG NJW 1980, S. 2070 f. – *Eppler.*

991 BVerfG NJW 1969, S. 1707 – *Mikrozenzus.*

992 BVerfG NJW 1973, S. 1226 – *Lebach.*

993 BVerfG NJW 1973, S. 891 – *Tonbandaufnahme.*

994 BVerfG NJW 1973, S. 1221 – *Soraya.*

995 *Beuthien,* Das Recht am Persönlichkeitsbild, S. 316, Rdn. 20.

996 *Prinz/Peters,* Das Medienrecht, S. 65, Rdn. 52 ff.

vor Indiskretion, die aufgeteilt wird in die Geheim-, Intim-, Privat-, Sozial- und Öffentlichkeitssphäre. Je weitere Gruppen bilden der Schutz vor Unwahrheit, der Schutz von Ehre und Ruf sowie die Gefährdung von Leben und Freiheit.

Zu beachten ist, dass sich die Verletzung stets auf einen außerhalb der Person befindlichen materiellen oder immateriellen Gegenstand im Sinne des bürgerlichen Vermögensrechts beziehen muss, der im Wege eines absoluten Herrschaftsrechts einer Person zugeordnet werden kann und als sonstiges Recht i.S.v. § 823 I BGB qualifiziert wird.

In der Typizität der folgenden Fallgruppen soll näher aufgezeigt werden, wann das Recht am Persönlichkeitsbild verletzt sein kann. So ist eine Verletzung freilich im Fall der Verfälschung des Persönlichkeitsbildes durch unwahre, die Identität des Einzelnen verletzende Tatsachenbehauptungen zu sehen. Denn Niemand darf in das falsche Licht gerückt werden, niemandem soll etwas in den Mund gelegt werden, was er nicht gesagt hat, niemandem sollen Handlungen unterschoben werden, die er nicht getan hat. Es darf nicht falsch zitiert werden. Berühmte Fälle hierfür sind die Entscheidungen *Soraya*[997] und *Caroline von Monaco.*[998]

Als eine weitere Gruppe kann der Schutz vor unbefugter Ausspähung von Geheimnissen der Privatsphäre gesehen werden.[999] Der Schutz vor unbefugter Ausspähung von Geheimnissen der Privatsphäre gegen bestimmte Eingriffshandlungen ist im Speziellen durch das Brief-, Fernmelde-, Post- und Datenschutzgesetz geschützt. Der Schutz dieser Straftatbestände wird über § 823 II BGB in das Bürgerliche Recht übertragen und darüber hinaus durch das allgemeine Persönlichkeitsrecht geschützt.

Mit der vorbenannten Gruppe verwoben ist der Schutz vor unbefugter Verbreitung von Geheimnissen aus der Privatsphäre. Dieser soll erzielt werden über § 823 II BGB, insbesondere durch §§ 22 ff. KUG und § 203 StGB (Arzt- und Anwaltsgeheimnis). Die Rechtswidrigkeit

997 BGH NJW 1965, S. 685 – *Soraya.*

998 BGHZ 128, S. 1 – *Caroline von Monaco.*

999 Zu Aufnahmen von Ferienwohnungen Prominenter aus Hubschraubern heraus, vgl. BGH NJW 2004, S. 762.

der Verletzungshandlung ergibt sich hierbei aus dem Bruch der Vertraulichkeit, die mit der unbefugten Weitergabe des anvertrauten Geheimnisses erfolgt ist.

Als eigene Gruppe wird der Schutz der Persönlichkeit gegen kommerzielle Auswertung angesehen. Die Rechtsordnung trägt hier dem Umstand Rechnung, dass es einen Markt für die Kommerzialisierung von Persönlichkeitsmerkmalen gibt. Ein oder mehrere Persönlichkeitselemente werden faktisch zum Gegenstand von Angebot und Nachfrage und bekommen einen Preis zugesprochen. Hierfür steht exemplarisch die Entscheidung *Blauer Engel*.[1000]

Den vorangestellten Fallgruppen ist gemein, dass sie der Absicherung der Persönlichkeit dienen, indem sie die Befugnis zur Selbstbestimmung ausbauen und vor verschiedenen Eingriffshandlungen schützen. Eingriffshandlungen in das Recht am Persönlichkeitsbild können folglich durch Tatsachenbehauptungen, Meinungsäußerungen, Ausspähen und Verbreiten von Privatgeheimnissen und durch die kommerzielle Nutzung persönlichkeitsstiftender Elemente erfolgen. Die Fallgruppenbildung ist als ein offener Tatbestand anzusehen, der um weitere Gruppen ergänzt werden kann.

Bei *Beuthien* finden wir in vier Gruppen aufgeteilt, wann mit der Verletzung von Lebensdaten einer Person zugleich die Verletzung ihres Persönlichkeitsbildes einhergeht.[1001] Die hier aufgezeigten Gruppen decken sich inhaltlich teils mit den vorbenannten Systematisierungsversuchen. Ihnen ist indes eigen, dass *Beuthien* stets auf die Lebensdaten abstellt, die für die dahinter stehende Person persönlichkeitsprägend sind.

Die erste Gruppe stellt auf die Erfindung nicht bestehender Lebensdaten ab. Hierzu gehört exemplarisch die Entscheidung *Leserbrief*.[1002] Nach Ansicht des Gerichts wurde hier ein falsches Persönlichkeitsbild erschaffen, das die persönlichkeitsrechtliche Eigensphäre des Klägers verletzte. Von einem rechtswidrigen Eingriff in das vermögenswerte Lebensbild ist in den Fällen die Rede, wo es um erdachte Interviews mit prominenten Personen geht.[1003]

1000 BGH NJW 2000, S. 2201 – *Blauer Engel*.

1001 *Beuthien*, Handbuch des Persönlichkeitsrechts, S. 316, Rdn. 22 ff.

1002 BGHZ 13, S. 334.

1003 BGH NJW 1965, S. 685 – *Soraya;* BGHZ 128, S. 1 – *Caroline von Monaco*.

Um Eingriffe in das Berufsbild unter Erfindung nicht bestehender Lebensdaten handelt es sich in den Entscheidungen *Ginseng*[1004] und *Frischzellenkosmetik.*[1005]

Nach *Beuthien* stellt die Fälschung fremder persönlichkeitsprägender Lebensdaten eine weitere Fallgruppe dar. Hiernach werde etwa das Persönlichkeitsbild verfälscht, wenn die Presse durch einen gezielten Bericht (Interview) den Eindruck vermittelt, eine bekannte weibliche Person sei an Brustkrebs erkrankt.[1006]

Zur Aufdeckung und Verbreitung fremder persönlichkeitsprägender Lebensdaten werden Berichte gezählt, die Auskunft über das Leben bekannter Personen geben und sie dabei in einem Licht erscheinen lassen, das der Öffentlichkeit bisher nicht bekannt war. So etwa die privaten Briefe aus den Jahren 1969/70, in denen der Schriftsteller *Grass* den ehemaligen Bundesminister Schiller aufforderte, seine NS-Vergangenheit offen zu legen.[1007] Im Jahr 2006 hatte *Grass* seine kurzzeitige Zugehörigkeit zur Waffen-SS als Jugendlicher Ende des Krieges in seinem autobiografischen Buch „*Beim Häuten der Zwiebel*" öffentlich gemacht.

Als eine weitere Fallgruppe fasst *Beuthien* die unerlaubte Verwendung fremder persönlichkeitsprägender Lebensdaten auf, die er wiederum in drei weitere Gruppen unterteilt.[1008] Die erste Gruppe bezeichnet er als redaktionelle Indienstnahme eines fremdes Lebens- oder Berufsbildes, worunter er die zielgerichtete Durchleuchtung des Privatlebens Prominenter zwecks medialer Verbreitung und kommerzieller Verwertung versteht.[1009]

Unter der Bezeichnung öffentliche Berichterstattung über Straftäter und deren Straftaten wird der Umstand benannt, dass ein berechtigtes Interesse der Öffentlichkeit besteht, hierüber informiert zu werden. Diesem Interesse seien aber Grenzen gesetzt. Die Medien seien lediglich berechtigt, über Lebensdaten zu berichten, die unmittelbar mit der Tat

---

1004 BGHZ 53, S. 363.

1005 BGH GRUR 1984, S. 907.

1006 BGHZ 128, S. 1 – *Caroline von Monaco.*

1007 LG Berlin ZUM-RD 2007, S. 423 – *Grass-Schiller-Briefe.*

1008 *Beuthien,* Das Recht am Persönlichkeitsbild, S. 316, Rdn. 25 ff.

1009 Vgl. hierzu BGHZ 128, S. 1 – *Caroline von Monaco;* BGH NJW 1996, S. 1128; BVerfG NJW 2007, S. 1021 – *Caroline von Monaco.*

zusammenhängen (Art. 5 I GG). Hingegen dürfe aber nicht das gesamte Leben des Täters als eine private Lebensgeschichte durchleuchtet und im Rahmen eines Dokumentarspiels aufbereitet werden.[1010]

In die vierte Gruppe stellt *Beuthien* die Verwertung und Vermarktung fremder Lebensläufe in Schrift-, Bühnen- und Filmwerken.[1011] Charakteristisch sei für diese, dass das Persönlichkeitsrecht des Identitätsmerkmalträgers (Art. 1 I, 2 I GG) im Spannungsverhältnis mit der Meinungs- oder Kunstfreiheit stehe (Art. 5 I, III GG), sodass es stets der Güter- und Interessenabwägung im Einzelfall bedürfe. Für Schriftwerke können etwa die Entscheidungen *Mephisto*[1012], *Fiete Schulze*[1013] und *Esra*[1014] herangezogen werden; für Bühnenwerke die Entscheidung *Ehrensache*[1015] und für Filmwerke *Rothenburg*[1016] und *Kommissarin Lucas.*[1017]

Nach *Beuthien* sind in diesem Zusammenhang das avisierte künstlerische Ziel und die Literaturgattung entscheidend. So haben nach seiner Ansicht Biografien einen dokumentarischen Charakter und dürfen nichts Unwahres enthalten und nichts Wesentliches auslassen. Anders liege die Sache bei Erzählungen, wozu er Romane und Novellen zählt. In diesen müssten die dargestellte Person und ihr zugehöriges Lebensbild kreativ zu einer Kunstfigur verselbständigt und verfremdet werden.[1018]

Die Kunstfreiheit stoße dann an ihre Grenzen, wenn Personen, die lediglich teilweise verfremdet werden, weiterhin für einen nicht uner-

---

1010 BVerfG NJW 1973, S. 1226 – *Lebach;* BVerfG NJW 2000, S. 1859 – *Lebach II.* Vgl. zur Verdachtsberichterstattung *Vacca,* Im Namen der Medien ergeht folgendes Urteil, JURA 2013, S. 601.

1011 Weitere Beispielen bei *Beuthien,* Das Recht am Persönlichkeitsbild, S. 316, Rdn. 28 ff.

1012 BVerfG NJW 1971, S. 1645.

1013 BGH GRUR 1974, S. 797

1014 BVerfG NJW 2008, S. 39.

1015 OLG Hamm AfP 2006, S. 261.

1016 OLG Frankfurt AfP 2006, S. 185.

1017 LG Koblenz NJW 2006, S. 261

1018 *Beuthien,* Das Recht am Persönlichkeitsbild, S. 318, Rdn. 29.

heblichen Kreis erkennbar bleiben würden, denn die Kunstfreiheit findet ihre Schranken in der Menschenwürde.[1019] Gleiches gelte für Bühnen- und Filmwerke.[1020]

Für die Beantwortung der Frage, ob eine Verletzung des Rechts am Persönlichkeitsbild vorliegt, der Persönlichkeitsschutz also schwerer als die Kunstfreiheit wiegt, ist stets eine umfassende Güter- und Interessenabwägung vorzunehmen. Kriterien können nach *Beuthien* die Kunstgattung, das Erfordernis, eine real existierende Person in Anspruch zu nehmen, die Art und Weise der Beschaffung der Persönlichkeitsdaten, die Eindringtiefe der Persönlichkeitsverletzung, die Art und das Ausmaß der Verfremdung der Persönlichkeit und die künstlerische Schöpfungshöhe sein.[1021]

1019 BVerfGE NJW 1971, S. 1645 ff. – *Mephisto.*
1020 *Beuthien,* Das Recht am Persönlichkeitsbild, S. 319, Rdn. 30.
1021 *Beuthien,* Das Recht am Persönlichkeitsbild, S. 320, Rdn. 33.

3. Rechtswidrigkeit

Das allgemeine Persönlichkeitsrecht ergänzt als sogenanntes unbenanntes Freiheitsrecht die speziellen Freiheitsrechte.[1022] Es ist seine Aufgabe, die Würde des Menschen als verfassungsrechtliches Konstitutionsprinzip, die innere persönliche Lebenssphäre und die Erhaltung ihrer Grundbedingungen zu gewährleisten, die sich durch die traditionellen Freiheitsgarantien nicht abschließend erfassen lassen.[1023]

Da die Struktur des Rechts am Persönlichkeitsbild der des allgemeinen Persönlichkeitsrechts ähnelt, handelt es sich bei ihm ebenfalls um einen offenen Tatbestand, der die Herausarbeitung der Verletzungshandlung verlangt.[1024] Drängt sich die Rechtswidrigkeit der Verletzungshandlungen nicht evident auf, muss sie im Wege der einzelfallbezogenen Güter- und Interessenabwägung positiv festgestellt werden. Die Interessenabwägung ist dann vorzunehmen, wenn das Recht am Persönlichkeitsbild den Grundrechten anderer gegenübersteht.

So kann bei der Güter- und Interessenabwägung der Aspekt der Rechtswidrigkeit der Informationserlangung eine gewichtige Rolle spielen.[1025] Es gilt der Grundsatz, dass je enger sich der Schutzbereich (Intim-, Privat- und Sozialsphäre) um den Kern der Persönlichkeit schließt, umso eher ist der Eingriff als rechtswidrig zu bewerten. Je weiter er vom Kern der Persönlichkeit entfernt ist und den öffentlichen Bereich berührt, desto eher wird das fremde Verhalten rechtmäßig sein.

a) Wahrnehmung berechtigter Interessen

Der Eingriff in ein fremdes Persönlichkeitsbild kann durch ein berechtigtes Interesse gerechtfertigt sein. Bei *Beuthien* finden wir aufgeführt, wann dies der Fall sein kann.[1026] Der berechtigte Eingriff kann etwa folgen aus der Meinungsfreiheit (Art. 5 I 1 GG), der Pressefreiheit und der Freiheit der Berichterstattung durch Rundfunk und Film (Art. 5 I 2

1022 BVerfG NJW 1993, S. 1463 – *Poller.*
1023 BVerfG NJW 1993, S. 1463 – *Poller.*
1024 *Beuthien,* Das Recht am Persönlichkeitsbild, S. 320, Rdn. 34 f.
1025 BGHZ 73, S. 120, 124.
1026 *Beuthien,* Das Recht am Persönlichkeitsbild, S. 321, Rdn. 36.

GG), der Kunstfreiheit (Art. 5 III 1. Fall GG) und der Wissenschaftsfreiheit (Art. 5 III S. 1. Fall 2 GG). Er kann sich außerdem ergeben aus rechtfertigenden Umständen nach § 824 II BGB und § 193 StGB.

Rechtwidrige Verletzungen des Rechts am Persönlichkeitsbild können vor allem durch die Medien erfolgen. Der wirtschaftliche Wettbewerb unter den Medienunternehmen führt bisweilen zu übertriebenen Zuspitzungen und Skandalen.[1027] Beeinträchtigungen des Rechts am Persönlichkeitsbild sind indes dann rechtmäßig, wenn sie durch das Grundrecht der Presse- und Medienfreiheit (Art. 5 I S. 2 GG) gedeckt sind.

Es konkretisiert die jedermann zustehenden Grundrechte auf freie Meinungsäußerung und auf Informationsfreiheit für den öffentlichen Bereich der Presse und der Medien. Nach der Rechtsprechung ist das Grundrecht der Pressefreiheit ebenso wie das auf freie Meinungsäußerung für die freiheitliche Demokratie konstituierend, da die Presse zur politischen Meinungsbildung entscheidend beiträgt. [1028]

Geschützt sind Tatsachenbehauptungen und Meinungsäußerungen, wobei stets eine kontextbezogene Deutung der Äußerung in Presseveröffentlichungen notwendig ist.[1029] Dem Schutzbereich unterfallen zudem Anzeigen und die Werbung.

Je stärker eine Presseäußerung das Recht am Persönlichkeitsbild zu beeinträchtigen vermag, desto höher fällt der Sorgfaltsmaßstab aus. Die Verletzung der Verpflichtung zur sorgfältigen Prüfung begründet die Rechtswidrigkeit des verletzenden Verhaltens. Je schärfer die Kritik und je heikler die Sache für den Ruf und die Ehre der Betroffenen ist, und je schwerwiegender die zu besorgenden Folgen sind, umso sorgfältiger hat der Medienangehörige den Wahrheitsgehalt der Tatsachenbehauptung zu überprüfen.[1030] Tatsachenbehauptungen, die sich im Nachhinein als unrichtig erweisen und das Recht am Persönlichkeitsbild fortwirkend beeinträchtigen, muss die Presse berichtigen.

1027 Vgl. zur Medienberichterstattung im Zusammenhang mit dem Rücktritt eines Bundespräsidenten *Kriele*, Zwischenruf, ZRP 2012, S. 53.

1028 BVerfG NJW 2009, S. 3357, BGH NJW 2009, S. 3030.

1029 BGH NJW 2014, S. 3154.

1030 EGMR NJW 2009, S. 3145.

Beeinträchtigungen des allgemeinen Persönlichkeitsrechts können sich einstellen, wenn der Ruf und die Ehre einer Person oder die ihrem Persönlichkeitsschutz unterfallenden Sphären verletzt werden. In diesen Fällen kann sich ein Rechtfertigungsgrund aufgrund der Wahrnehmung von berechtigten Interessen ergeben (§ 193 StGB, § 824 II BGB). Hiernach ist das Aufstellen und Verbreiten nicht erweislich wahrer Tatsachen sowie unwahrer Tatsachen ausnahmsweise durch die Wahrnehmung berechtigter Interessen gedeckt, es sei denn, der Urheber kennt die Unwahrheit oder sie ist ihm infolge grober Fahrlässigkeit nicht bekannt.[1031]

Keine Wahrnehmung berechtigter Interessen stellen die Formalbeleidigung und die Schmähkritik dar. Kein berechtigtes Interesse besteht zudem an der Wiederholung einer unwahren Behauptung.[1032] Diese schlagen durch und können eine rechtswidrige Verletzung des Rechts am Persönlichkeitsbild darstellen.

Eine Besonderheit gilt nach Art. 46 I S. 1 GG, wonach der Abgeordnete Indemnität genießt. Hieraus folgt, dass er zu keiner Zeit wegen einer Äußerung, die er im Bundestag oder in einem seiner Ausschüsse getan hat, gerichtlich oder dienstlich verfolgt oder sonst außerhalb des Bundestages zur Verantwortung gezogen werden darf.

Indes gilt dies nach Art. 46 I S. 2 GG nicht für verleumderische Behauptungen. Unzulässig ist zudem die Wiederholung einer bewusst unwahren Behauptung gegenüber der Presse.[1033] Diese kann geeignet sein, einen rechtswidrigen Eingriff in ein Recht am Persönlichkeitsbild darzustellen.[1034]

b) Einwilligung

Für das Recht am Persönlichkeitsbild gilt, dass die Verletzungshandlung dann nicht rechtswidrig ist, wenn eine Einwilligung vorliegt. Film- und

1031 BVerfG AfP 1999, S. 159; BGHZ 31, S. 308, 318 – *Alte Herren.*

1032 BGH NJW 1975, S. 1882 f.

1033 BGH NJW 1980, S. 780.

1034 Vgl. zur entsprechenden Anwendung von § 23 KUG auf Darstellungen und Berichte, die ein Licht auf das innere Persönlichkeitsbild werfen, *Beuthien,* Das Recht am Persönlichkeitsbild, S. 321, Rdn. 38 ff.

Fotoaufnahmen, Namen und Äußerungen von Personen dürfen grundsätzlich nur mit deren Einwilligung veröffentlicht werden.[1035] Lediglich dann, wenn das Informationsinteresse der Öffentlichkeit das private Geheimhaltungsinteresse überwiegt, bedarf es für den Eingriff in das Recht am Persönlichkeitsbild regelmäßig keiner Einwilligung.

Die Einwilligung ist eine empfangsbedürftige Willenserklärung, für die die §§ 104 ff. BGB gelten.[1036] Wer seine Einwilligung zur Veröffentlichung abgibt, trägt damit bewusst Teile seiner Persönlichkeit in die Öffentlichkeit. Die Rechtsfolgen der Einwilligung treten ein, weil der Erklärende sie will und sie gezielt herbeiführt. Die Wirkung der Einwilligung besteht darin, dass der Rechtsinhaber auf die Ausübung seines Rechts zugunsten eines anderen verzichtet.

Die Einwilligung kann einseitig erklärt werden oder im Wege eines Vertrages, wenn eine Gegenleistung vereinbart wird. Liegt keine ausdrückliche Einwilligung vor, so ist nach den §§ 133, 157 BGB zu ermitteln, wie der Erklärungsempfänger das Verhalten des Betroffenen nach Treu und Glauben verstehen konnte.

Die Einwilligung eines Minderjährigen in die Veröffentlichung seines Persönlichkeitsbildes ist ohne Zustimmung des gesetzlichen Vertreters unwirksam (§§ 2, 106 ff. BGB). Gleiches gilt für die Einwilligung eines Volltrunkenen, da er die Reichweite seiner Einwilligung nicht erfassen kann.[1037]

Die Reichweite der Einwilligung ist durch Auslegung nach den Umständen des Einzelfalls zu ermitteln. Entscheidend ist die Art der geplanten Veröffentlichung, die den Grund für die Erteilung der Einwilligung gegeben hat.[1038] Im Zweifelsfall kann auf die Auslegungsregel nach § 31 V UrhG Rückgriff genommen werden.[1039] Die Vorschrift bestimmt, dass der von den Vertragsparteien zugrunde gelegte Vertragszweck heranzuziehen ist, wenn unklar ist, ob ein Nutzungsrecht eingeräumt wurde, wie weit das Nutzungs- und Verbotsrecht reicht und

1035 *Prinz/Peters*, Medienrecht, S. 222, Rdn. 247.

1036 OLG München, AfP 1982, S. 230.

1037 OLG Frankfurt am Main, NJW 1987, S. 1087.

1038 BGH NJW 1985, S. 1617, 1619 – *Nacktaufnahmen;* BGH GRUR 1962, S. 211 f.; *Hochzeitsbild;* BGH NJW 1956, S. 1554 – *Paul Dahlke.*

1039 OLG Hamburg ZUM 1996, S. 789.

welchen Einschränkungen das Nutzungsrecht womöglich unterliegt (§ 31 V S. 1, 2 UrhG).

Es gilt, dass die Einwilligung nur soweit reicht, wie der mit ihr verfolgte Zweck.[1040] So erteilt ein Mann, der einwilligt, nackt in einem Biologie-Unterrichtsbuch abgebildet zu werden, hiermit nicht seine Einwilligung, dass diese Aufnahmen auch im Fernsehen gezeigt werden.[1041] Die Grenzen des Umfangs der Einwilligung ergeben sich aus der Höchstpersönlichkeit und der Unverzichtbarkeit des Persönlichkeitsrechts.[1042]

Da die Einwilligung eine Willenserklärung ist, kann sie nach den allgemeinen Regeln angefochten werden. Für die Aufhebung der Wirksamkeit der Willenserklärung kann als Grund die arglistige Täuschung in Betracht kommen (§§ 123, 142 I BGB). So liegt Arglist etwa dann vor, wenn ein Reporter den Interviewten über den Zweck der Aufnahme täuscht, indem er dem Arzt vorspiegelt, er wolle seine erfolgreiche Arbeit schildern, in Wirklichkeit aber beabsichtigt, ihn als Pfuscher zu zeigen.[1043]

Der Widerruf kommt für den Fall einer vertraglich vereinbarten wie auch bei einer einseitig erklärten Einwilligung in Betracht.[1044] Der Widerruf einer Einwilligung in eine Medienveröffentlichung ist lediglich dann zulässig, wenn sich seit der erteilten Einwilligung die Umstände derart gravierend geändert haben, dass eine weitere Veröffentlichung das allgemeine Persönlichkeitsrecht des Betroffenen verletzen würde.[1045]

Im Hinblick auf den Widerruf eines erteilten Einverständnisses entschied etwa das OLG Koblenz, dass die Anfertigung erotischer und intimer Bilder innerhalb einer Beziehung keinen rechtswidrigen Eingriff in das Persönlichkeitsrecht der abgebildeten Person begründe. Allerdings seien die Bilder nach einem Beziehungsende wieder zu löschen. Wer innerhalb einer Beziehung der Anfertigung intimer Aufnahmen

1040 *Prinz/Peters,* Medienrecht, S. 556, Rdn. 837.

1041 BGH NJW 1985, S. 1617 – *Nacktaufnahme.*

1042 Vgl. auch *Götting,* Persönlichkeitsrecht als Vermögensrecht, S. 142 f.

1043 *Prinz/Peters,* Medienrecht, S. 224, Rdn. 251.

1044 OLG München, AfP 1987, S. 570 f.

1045 OLG München, AfP 1987, S. 570 f. Vgl. hierzu die analoge Anwendung von § 42 UrhG.

zustimme, gebe damit gleichzeitig sein Einverständnis ab, dass die Aufnahmen im Besitz des Partners blieben und dieser darüber verfügen dürfe. Dieses Einverständnis könne jedoch nach einem Beziehungsende widerrufen werden, denn zu diesem Zeitpunkt bekomme das Persönlichkeitsrecht des Abgebildeten Vorrang vor der Tatsache, dass ursprünglich eine Einwilligung für die Erstellung der Aufnahmen erteilt wurde.[1046]

Der Widerruf hat durch den Betroffenen gegenüber dem Empfänger der Einwilligungserklärung zu erfolgen sowie gegenüber Dritten, die vom Empfänger der Erklärung Rechte übertragen bekommen haben.[1047] Der Widerruf wirkt ex nunc. Nach § 42 III UrhG analog hat derjenige, der widerruft, den Erklärungsempfänger angemessen zu entschädigen. In der Praxis kann sich der Widerruf erübrigen, weil sich das Verbot einer Veröffentlichung bereits aus der definierten Reichweite der erteilten Einwilligung ergibt.

4. Verantwortlichkeit

Der Tatbestand von § 823 I BGB verlangt, dass der Eingreifende schuldhaft handelt (§ 276 BGB). Als Formen des Verschuldens verlangt § 823 I BGB Vorsatz oder Fahrlässigkeit (§ 276 I 1, II BGB). Beide Verschuldensformen müssen sich auf die Verletzung eines von der Vorschrift erfassten Rechts beziehen. Der Eingriff in das Recht am Persönlichkeitsbild muss schuldhaft erfolgen. Erfolgt dieser durch eine Medienberichterstattung, gelten angesichts der Breitenwirkung besonders hohe Anforderungen.

Vorsätzliche Berichterstattungen gibt es immer wieder, wenngleich diese nicht die Mehrzahl ausmachen (§ 276 I 1 BGB). Hierunter fällt etwa die Veröffentlichung des erfundenen Interviews mit *Caroline von Monaco.*[1048] Häufiger treten in der Praxis die fahrlässigen Verstöße auf. Vor diesem Hintergrund wurden für die Medien Pflichten zur Bestimmung der nach § 276 II BGB erforderlichen Pflichten aufgestellt.[1049]

1046 OLG Koblenz, Urteil v. 20.05.2014, Az 3 U 1288/13.
1047 *Prinz/Peters,* Medienrecht, S. 225, Rdn. 252.
1048 BGH NJW 1995, S. 861, 863 – *Caroline von Monaco.*
1049 Vgl. hierzu *Prinz/Peters,* Medienrecht, S. 250, Rdn. 275 ff.

Grundsätzlich gilt, dass die Anforderungen im Lichte von Art. 5 GG zu betrachten sind.

Da die Medien für den Einzelnen ein bedrohender Faktor für den sozialen Geltungsanspruch des Persönlichkeitsbildträgers sein können, haben Vertreter der Medien bei der Berichterstattung die Grundsätze pressemäßiger Sorgfalt zu beachten.[1050] Die Rechtsprechung stellt hohe Anforderungen an die Einhaltung der publizistischen Sorgfalt.[1051] So kann sich ein unrichtiger Pressebericht in nachteiliger Weise auf das Persönlichkeitsbild des Betroffenen auswirken.[1052] Für Redakteure, Reporter, Kommentatoren und Journalisten besteht die Verpflichtung, eine sorgfältige Prüfung der Inhalte der beabsichtigten Veröffentlichungen vorzunehmen.

Zu den publizistischen Sorgfaltspflichten[1053] gehören im Einzelnen die Recherchepflicht, die das Bemühen um Wahrheit und das Gebot der Vollständigkeit[1054] umfasst. Ebenfalls umfasst sind die Zitattreue[1055] und das Gebot, dem Betroffenen erheblicher Tatsachenbehauptungen Gelegenheit zu geben, Stellung zu diesen nehmen zu können.

Als Träger publizistischer Sorgfaltspflichten und damit Schuldner rechtswidriger und schuldhafter Eingriffe in das Recht am Persönlichkeitsbild kommen der Autor, Text- und Bildredakteure, der Chefredakteur sowie der Verleger bzw. die Sendeanstalt in Betracht.

Als Gesamtschuldner haften beim Zahlungsanspruch diejenigen, die gegen die Sorgfaltspflichten verstoßen haben (§§ 830 I 1, 840 I BGB).[1056] Im Innenverhältnis sind die Gesamtschuldner zu gleichen Teilen verpflichtet, sofern nicht etwas anderes bestimmt ist (§ 426 I 1 BGB).

1050 OLG Saarbrücken NJW 2014, S. 2000.

1051 BGH NJW 2014, S. 2029.

1052 Unwahre Berichterstattung über einen Rechtsanwalt, BVerfG NJW 2008, S. 747. Zur Medienöffentlichkeit bei Gerichtsverhandlungen vgl. BVerfG NJW 2014, S. 3013.

1053 BGH AfP 1988, S. 34 – *Intimbericht.*

1054 BGH NJW 1960, S. 476, 478 – *Alte Herren.*

1055 BGH NJW 1982, S. 635, 637 – *Böll/Walden II.*

1056 OLG Köln AfP 1973, S. 479.

5. Rechtsfolgen

Die rechtswidrige und schuldhafte Verletzung des Rechts am Persönlichkeitsbild kann einen Schadensersatz nach §§ 249 ff. BGB zur Rechtsfolge haben. Nach dem Grundsatz für Art und Umfang des Schadensersatzes in § 249 I BGB hat der Ersatzpflichtige wirtschaftlich den Zustand herzustellen, der ohne das schädigende Ereignis bestünde (Naturalrestitution). Geschützt wird das Interesse des Geschädigten an der Erhaltung seiner materiellen Güter (Integritätsinteresse).

Voraussetzung für den Anspruch ist die Verpflichtung des Schädigers zum Ersatz eines zurechenbaren Schadens. Ist die Wiederherstellung des ursprünglichen Zustands nicht möglich, ist Geldersatz zu leisten, wobei sich der zur Herstellung erforderliche Geldbetrag danach bestimmt, was ein verständiger, wirtschaftlich denkender Mensch in der Lage des Geschädigten für zweckmäßig und notwendig halten durfte (§§ 249 II 1, 251 I BGB).

§ 252 BGB bestimmt ergänzend, dass der zu ersetzende Schaden auch den entgangenen Gewinn (lucrum cessans) umfassen kann. Nach § 252 S. 2 BGB gilt als entgangen der Gewinn, der nach dem gewöhnlichen Lauf der Dinge oder nach besonderen Umständen, vor allem nach den getroffenen Anstalten und Vorkehrungen, mit Wahrscheinlichkeit erwartet werden konnte. Der entgangene Gewinn umfasst alle vermögenswerten Vorteile, die dem Vermögen des Geschädigten zum Zeitpunkt des schädigenden Ereignisses noch nicht angehörten und danach nicht mehr zugekommen sind, aber ohne das schädigende Ereignis ihm zugeflossen wären.[1057]

Nach § 252 S. 2 BGB braucht der Geschädigte nur die Umstände darzulegen und zu beweisen, aus denen sich die Wahrscheinlichkeit des Gewinneintritts ergibt. Gelingt ihm dies, so besteht zu seinen Gunsten die Vermutung, dass der Gewinn auch tatsächlich erwirtschaftet worden wäre. Dabei dürfen keine zu strengen Anforderungen gestellt werden.[1058] Als entgangenen Gewinn umfasst § 252 BGB etwa den entgangenen

1057 BGH NJW 2000, S. 2670.
1058 BGH NJW 1998, S. 1633, 1635.

Verdienst aus selbständiger Arbeit.[1059] Einzelne Berufsgruppen, wie etwa Sportler, können unter die Vorschrift fallen.[1060]

Wie bereits dargelegt, können z.B. Abbilder von Personen, Tonbandaufnahmen[1061] und schriftliche Aufzeichnungen Wirtschaftsgüter sein, wenn für sie ein Markt besteht. Dies gilt auch für das Persönlichkeitsbild, das als sonstiges Recht im Sinne von § 823 I BGB zu qualifizieren ist. Das Recht am Persönlichkeitsbild ist mit dem Eigentum dahingehend vergleichbar, da es sich bei ihm ebenfalls um ein absolutes Herrschaftsrecht an Gegenständen handelt.

Soweit ein fremdes Persönlichkeitsbild rechtswidrig und schuldhaft vermarktet wird, das geld- und vermögenswert ist, kann der Träger des Persönlichkeitsbildes Schadensersatz nach §§ 823 I, 252 BGB verlangen.[1062] Dies hat dann zu geschehen, wenn das Persönlichkeitsbild einen wirtschaftlichen Wert hat, der sich verringert oder dem Verletzten ein Gewinn entgeht, der einen Vermögensschaden darstellt.[1063]

Unter Vermögensschaden ist dabei die Einbuße an rechtlich geschützten Positionen zu verstehen. Danach besteht der Schaden in der Differenz von zwei gegenüber gestellten Güterlagen für den Träger des Persönlichkeitsbildes. Der tatsächlichen Lage, die durch das schädigende Ereignis geschaffen wurde, ist gegenüber zu stellen, welche hypothetische Lage bestehen würde, wenn das schädigende Ereignis hinweggedacht wird. Zur Feststellung der Höhe des Vermögensschadens ist auf die Wertdifferenz zwischen der tatsächlichen und der hypothetischen Vermögenslage abzustellen.

Indes wird der Anspruch nicht greifen, wenn dem Persönlichkeitsbild überhaupt kein Vermögenswert zukommt. Am Gewinn wird es fehlen, wenn der Betroffene sein Persönlichkeitsbild nicht wirtschaftlich verwerten wollte und er folglich keine entsprechenden Vorkehrungen getroffen hat.

1059 BGH NJW 1994, S. 654.

1060 Für Fußballer etwa vgl. VersR 1996, S. 334.

1061 LG Köln, Beschluss vom 7.10.2014, Az 28 O 434/14.

1062 *Beuthien,* Das vermögenswerte Image, NJW 2003, S. 1221 f.

1063 Hierbei kann zugleich die Sperrwirkung von § 253 BGB umgangen werden.

Nach *Beuthien* soll dies bei schweren Persönlichkeitsverletzungen der Fall sein, da der Betroffene hier unter keinen Umständen der Verwertung zugestimmt hätte.[1064] Gleiches gilt bei Eingriffen in die Intimsphäre. Die hierbei klaffende Rechtsschutzlücke kann aber über § 812 I S. 1 Alt. 2 BGB und § 687 II BGB geschlossen werden, da diese Vorschriften nicht auf den Ausgleich, sondern auf die Abschöpfung gerichtet sind.

Der vorbenannte Rechtsweg bei Verletzung des unter § 823 I fallenden Rechts am Persönlichkeitsbild steht vom Ergebnis her betrachtet im Wertungsgleichlauf zur den materiellen Schäden beim allgemeinen Persönlichkeitsrecht. Auch hier gilt, dass ein Ersatz des Vermögensschadens, etwa bei rufschädigenden Äußerungen durch die Presse und den Rundfunk, vorzunehmen ist. Ausgeschlossen ist der Schadensersatz dann, wenn beispielsweise ein Abbild für den Betroffenen keinen wirtschaftlichen Wert verkörpert.[1065]

Im Ergebnis ist festzuhalten, dass der Betroffene wegen der Verletzung des Rechts an seinem vermögenswerten Persönlichkeitsbild Ersatz für den erlittenen Vermögensschaden, insbesondere für den ihm entgangenen Gewinn, verlangen kann, wenn der Verletzer rechtswidrig und schuldhaft gehandelt hat (§§ 823 I, 252 BGB). Dies darf er jedoch nur an Stelle des vom Verletzer geschuldeten marktüblichen Verwertungsentgeltes fordern.

Anders liegt die Sache bei schweren und schuldhaften Verletzungen der Freiheit der Persönlichkeit. Dem Betroffenen ist dann der Nichtvermögensschaden wegen der Verletzung des Schutzguts der Freiheit der Persönlichkeit zu ersetzen (§§ 823 I, 253 II BGB i.V.m. Art. 2 I, 1 I GG). Die Höhe des Schmerzensgeldes richtet sich dabei nach dem Ausmaß der erlittenen Verletzung im Seelischen und ist somit losgelöst von der gesellschaftlichen Stellung (Bekanntheitsgrad, Person der Zeitgeschichte oder Unprominenter) des Betroffenen.

1064 *Beuthien/Schmölz*, Persönlichkeitsschutz durch Persönlichkeitsgüterrechte, S. 64.

1065 BGH NJW 2012, S. 1728.

Auf diese Weise greifen der Schutz der Persönlichkeit (ideelle Interessen) und das Recht am Persönlichkeitsbild über das Persönlichkeitsgüterrecht (kommerzielle Interessen) ineinander und ermöglichen so einen umfassenden Schutz der Persönlichkeit.

IV. Zusammenfassung

Das allgemeine Persönlichkeitsrecht zielt auf den Schutz der Persönlichkeit vor Kränkungen und auf die Abwehr der Ausnutzung des wirtschaftlichen Wertes der menschlichen Persönlichkeit ab. Während Vermögensrechte auf den Schutz materieller Interessen ausgerichtet sind, zielen Persönlichkeitsrechte neben dem Schutz vor kommerzieller Ausbeutung auch auf den Schutz ideeller Interessen ab.

Verletzungshandlungen gegen die Persönlichkeit können die ideellen wie auch die kommerziellen Interessen zugleich verletzen. So kann etwa in der freien Erfindung eines Interviews zu der rechtswidrigen Verwertung des Vermögenswertes des Persönlichkeitsrechts des Betroffenen noch eine ideelle Verletzung hinzutreten, die der Betroffene nicht hinnehmen muss. Er kann dann gegen den Schädiger nach §§ 823 I, 253 II BGB analog vorgehen.

Rechtsprechung und Literatur sprechen im Fall der Verletzung des allgemeinen Persönlichkeitsrechts dem Verletzten einen Schadensersatzanspruch in Höhe der verkehrsüblichen Vergütung nach den Grundsätzen der Lizenzanalogie zu (§ 823 I BGB). Dies soll aber dann nicht gelten, wenn der Verletzte der Vermarktung seiner Persönlichkeit unter keinen Umständen zugestimmt hätte. Zu einer vollständigen Abschöpfung des Verletzergewinns und zu einer Rückführung an den Verletzten führt dieser Rechtsweg indes nicht. Es ist daher erforderlich, einen anderen Lösungsweg zu wählen, der es ermöglicht, ideelle wie auch kommerzielle Aspekte gleichermaßen normkonform über § 823 I BGB zu schützen.

Als Bestandteil des lebenden Menschen steht die Persönlichkeit aufgrund ihres Qualitätscharakters deliktsrechtlich neben den Persönlichkeitsrechtsgütern Leben, Körper, Gesundheit und Freiheit. Die Persönlichkeit ist aber kein sonstiges Recht nach § 823 I BGB, weil dem Leben, der Gesundheit, dem Körper und der Freiheit die Eigenschaft abgesprochen wird, Gegenstand subjektiver Rechte zu sein, da sie anders als das Eigentumsrecht keine Herrschaftsrechte sind. Gleiches gilt für die Persönlichkeit.

Verantwortliches Handeln erfordert die Möglichkeit, frei bei der Bildung und Ausübung seines Willens zu sein. Nur dann kann der Einzelne die in ihm angelegte und verfassungsrechtlich geschützte Persönlichkeit zur vollen Entfaltung bringen. Dies ist möglich, wenn die Freiheit i.S.v. § 823 I BGB als eine umfassende Freiheit verstanden wird, die neben der körperlichen Fortbewegungsfreiheit auch die innere Freiheit schützt. Das äußere Abbild eines Menschen spiegelt sein inneres Persönlichkeitsbild wider. Wird in das innere Persönlichkeitsbild eingegriffen, liegt auch ein Einbruch in die innere Willensfreiheit vor. Diese Verletzung kann einen Schmerzensgeldanspruch auslösen, der in der Rechtsfolge auf die Kompensation und die Genugtuung ausgerichtet ist.

Die Freiheit als Tatbestandsmerkmal von § 823 I BGB ist grundrechtskonform so auszulegen, dass es neben der körperlichen Bewegungsfreiheit auch die allgemeine Willens- und Handlungsfreiheit umfasst. Verletzungen der Freiheit i.S.v. § 823 I BGB können dann einen Anspruch auf Geldentschädigung begründen, wobei das Schmerzensgeld der Kompensation und Genugtuung dient.

Für das Immaterialgüterrecht gilt, wie auch für alle anderen sonstigen Rechte i.S.v. § 823 I BGB, dass sie absoluten Rechtsgutscharakter haben, sodass Dritte von der Nutzung ausgeschlossen werden können. Bei dem Persönlichkeitsbild handelt es sich um einen immateriellen Gegenstand im Sinne des bürgerlichen Vermögensrechts, dessen Schutz durch die Zuordnung eines absoluten Herrschaftsrechts erzielt wird.

Der natürlichen Person als Träger des Persönlichkeitsbildes obliegt es, zu entscheiden, ob und in welchem Umfang sie Dritten den Eingriff und die Nutzung ihres vermögenswerten Persönlichkeitsbildes erlaubt. Ausnahmen können sich aus der Medienfreiheit nach Art. 5 I GG und/oder der Kunstfreiheit gem. Art. 5 III GG ergeben, wenn diese im Einzelfall nach einer Güter- und Interessenabwägung überwiegen.

Für die Rechtsfolgen der unerlaubten Verwertung des Persönlichkeitsbildes sind die §§ 823 I, 252 BGB heranzuziehen. Das Persönlichkeitsbild als unkörperlicher Gegenstand ist als ein sonstiges Recht i.S.v.

§ 823 I BGB zu qualifizieren, das dem Eigentum vergleichbar ein absolutes Herrschaftsrecht ist, bei dem die wirtschaftliche Verwertung allein dem Inhaber zugewiesen ist.

Das Recht am Persönlichkeitsbild ist ein Vermögensrecht.[1066] Ein Vermögensschaden liegt an diesem dann vor, wenn der Persönlichkeitsbildträger eine in Geld messbare Einbuße erlitten hat. Ob eine in Geld messbare Einbuße vorliegt, bestimmt sich danach, ob hierfür ein Markt besteht (sogenannte Kommerzialisierungsthese).[1067] Dies ist der Fall, da es sich bei dem Persönlichkeitsbild um ein vermögenswertes Recht handelt, welches bei seiner Verletzung durch Geld ausgeglichen werden kann.

In Fällen, in denen lediglich die Ehre und nicht die vermögenswerten Interessen des Einzelnen verletzt sind, kann es nicht helfen.[1068] Die Ehre ist zwar ein Bestandteil des allgemeinen Persönlichkeitsrechts, jedoch betrifft sie nicht den äußerlichen und gegenständlichen Bereich der Person.[1069] Die sogenannte innere Ehre wird als das Selbstwertgefühl und die menschliche Würde aufgefasst, während unter die sogenannte äußere Ehre das Ansehen und die Selbstdarstellung der Person verstanden werden.

Für die Benennung der Schutzbereiche des Rechts am Persönlichkeitsbild können die für das allgemeine Persönlichkeitsrecht entwickelten Sphären herangezogen werden, denn es gilt auch hier zu bestimmen, welche sich im Persönlichkeitsbild zeigende Wirkungssphäre der Persönlichkeit verletzt ist.

Die Verletzungstatbestände des Rechts am Persönlichkeitsbild als gesellschaftliches Spiegelbild der menschlichen Persönlichkeit fallen vielfältig aus. Grundsätzlich gilt, dass das Recht am Persönlichkeitsbild dann verletzt ist, wenn auf eine fremde Person ein Licht fällt, das deren Persönlichkeitsbild in der Öffentlichkeit verändert, insbesondere verfälscht. Es ist zu beachten, dass nicht jede Verletzung des allgemeinen

---

1066 Andere Ansicht *Götting,* Sanktionen des postmortalen Persönlichkeitsrechts, GRUR 2004, S. 804 ff.

1067 BGHZ 92, S. 85, 90 f., *Weyers,* Der Begriff des Vermögensschadens im deutschen Recht, S. 49.

1068 *Helle,* Persönlichkeitsschutz durch Persönlichkeitsgüterrechte: Erlösherausgabe statt nur billige Entschädigung in Geld, MMR 1999, Heft 11, S. XIX.

1069 *Siebrecht,* Der Schutz der Ehre im Zivilrecht, JuS 2001, S. 337.

Persönlichkeitsrechts zugleich eine Verletzung des Rechts am Persönlichkeitsbild darstellt. So verletzt zwar jeder rechtswidrige Eingriff in die informationelle Selbstbestimmung das allgemeine Persönlichkeitsrecht, die Verletzung des Rechts am Persönlichkeitsbild muss damit aber nicht zwangsläufig einhergehen.

So ist eine Verletzung freilich im Fall der Verfälschung des Persönlichkeitsbildes durch unwahre, die Identität des Einzelnen verletzende Tatsachenbehauptungen zu sehen. Denn niemand darf in ein falsches Licht gerückt werden, niemandem soll etwas in den Mund gelegt werden, was er nicht gesagt hat, niemandem sollen Handlungen unterschoben werden, die er nicht getan hat und es darf nicht falsch zitiert werden.

Da die Struktur des Rechts am Persönlichkeitsbild der des allgemeinen Persönlichkeitsrechts ähnelt, handelt es sich bei ihm ebenfalls um einen offenen Tatbestand, der die Herausarbeitung der Verletzungshandlung verlangt. Drängt sich die Rechtswidrigkeit der Verletzungshandlungen nicht evident auf, muss sie im Wege der einzelfallbezogenen Güter- und Interessenabwägung positiv festgestellt werden. Die Interessenabwägung ist dann vorzunehmen, wenn das Recht am Persönlichkeitsbild den Grundrechten anderer gegenübersteht.

Der Tatbestand von § 823 I BGB verlangt, dass der Eingreifende schuldhaft handelt (§ 276 I 1, II BGB).

Abbilder von Personen, Tonbandaufnahmen und schriftliche Aufzeichnungen können Wirtschaftsgüter sein, wenn für sie ein Markt besteht. Dies gilt auch für das Persönlichkeitsbild, das als sonstiges Recht im Sinne von § 823 I BGB zu qualifizieren ist. Soweit ein fremdes Persönlichkeitsbild rechtswidrig und schuldhaft vermarktet wird, das geld- und vermögenswert ist, kann der Träger des Persönlichkeitsbildes Schadensersatz nach §§ 823 I, 252 BGB verlangen. Dies hat dann zu geschehen, wenn das Persönlichkeitsbild einen wirtschaftlichen Wert hat, der sich verringert oder dem Verletzten ein Gewinn entgeht, der einen Vermögensschaden darstellt.

Der Anspruch besteht dann nicht, wenn dem Persönlichkeitsbild überhaupt kein Vermögenswert zukommt. Am Gewinn fehlt es, wenn der Betroffene sein Persönlichkeitsbild nicht wirtschaftlich verwerten wollte und er keine entsprechenden Vorkehrungen getroffen hat. Dies ist bei schweren Persönlichkeitsverletzungen der Fall, da der Betroffene hier unter keinen Umständen der Verwertung zugestimmt hätte. Gleiches gilt bei Eingriffen in die Intimsphäre. Die sich hier klaffende Rechtsschutzlücke kann über § 812 I S. 1 Alt. 2 BGB und § 687 II BGB geschlossen werden.

Im Ergebnis gilt festzuhalten, dass der Betroffene wegen der Verletzung seines Rechts am vermögenswerten Persönlichkeitsbild Ersatz für den erlittenen Vermögensschaden, insbesondere für den ihm entgangenen Gewinn, verlangen kann, wenn der Verletzer rechtswidrig und schuldhaft gehandelt hat (§§ 823 I, 252 BGB). Dies darf er jedoch nur an Stelle des vom Verletzer geschuldeten marktüblichen Verwertungsentgeltes fordern.

Anders liegt die Sache bei schweren und schuldhaften Verletzungen der Freiheit der Persönlichkeit. Dem Betroffenen ist dann der Nichtvermögensschaden wegen der Verletzung des Schutzguts der Freiheit der Persönlichkeit zu ersetzen (§§ 823 I, 253 II BGB i.V.m. Art. 2 I, 1 I GG).

Die Höhe des Schmerzensgeldes richtet sich dabei nach dem Ausmaß der erlittenen Verletzung im Seelischen. Auf diese Weise greifen der Schutz der Persönlichkeit (ideelle Interessen) und das Recht am Persönlichkeitsbild (kommerzielle Interessen) ineinander und ermöglichen dergestalt einen umfassenden Persönlichkeitsrechtsschutz.

Hierdurch wird das in den Persönlichkeitsrechten verankerte Gebot erfüllt, die Würde des Menschen zu wahren und ihm das wirtschaftliche Selbstbestimmungsrecht über sich selbst einzuräumen, worauf *Götting* dezidiert hinweist.[1070]

1070 *Götting*, Sanktionen des postmortalen Persönlichkeitsrechts, GRUR 2004, S. 805.

3. Teil

Postmortaler Persönlichkeitsschutz durch das Recht am Persönlichkeitsbild

A. Postmortaler Persönlichkeitsschutz durch das Recht am Persönlichkeitsbild (§ 1922 BGB)

I. Postmortaler Persönlichkeitsschutz nach der Rechtsprechung

Der postmortale Persönlichkeitsschutz betrifft die Persönlichkeitssphäre des Verstorbenen. Mit dem Tod eines Menschen werden die Rechtsgüter, die ihm zu Lebzeiten zugewiesen sind, mangels gegenwärtiger Rechtsträgerschaft und fehlender Rechtssubjektivität hinfällig. Hierzu zählen etwa der Körper, die Freiheit und das Eigentum (§ 823 I BGB).[1071] Gleiches gilt aufgrund der untrennbaren Verbindung für das allgemeine Persönlichkeitsrecht des Erblassers. Als Nichtvermögensrecht ist es wie die immateriellen und höchstpersönlichen Schutzgüter nicht vererblich und erlischt mit dem Tod.[1072]

Für Ansprüche, die auf Beseitigung oder Unterlassung von Beeinträchtigungen des allgemeinen Persönlichkeitsrechts gerichtet und zu Lebzeiten des Erblassers entstanden sind (§§ 823 I, 1004 BGB analog), gilt, dass sie nicht auf den Erben übergehen. Begründet wird dies damit, dass die Ansprüche auf die Entfaltung der Person gerichtet sind, die verstorben ist und daher keiner autonomen Entfaltung mehr fähig ist.[1073]

Das BVerfG[1074] und der BGH[1075] definieren den Inhalt des postmortalen Persönlichkeitsschutzes dergestalt, dass zum einen der allgemeine Achtungsanspruch geschützt sei, der dem Menschen kraft seines Mensch- und Personseins zukomme, zum anderen aber auch der sittliche, personale und soziale Geltungswert, den die Person durch ihre eigene Lebensleistung erworben habe.

1071 *Lipp,* Erbrecht, S. 14 Rdn. 36.

1072 So erlischt das Namensrecht, das auch den Künstlernamen schützt, mit dem Tod des Namensträgers, vgl. BGH GRUR 2007, S. 168 – *kinski-klaus.de.*

1073 BGHZ 50, S. 133, 137 – *Mephisto.*

1074 BVerfG NVwZ 2008, S. 549 f.

1075 BGH NJW 2009, S. 751 f.

Der Unterschied zum Schutz des Persönlichkeitsrechts eines Lebenden liegt darin, dass die künftige Entfaltung der Persönlichkeit beim Verstorbenen als Schutzgegenstand ausscheidet. Mit dem Tod der Person endet der Persönlichkeitsrechtsschutz in all denjenigen Ausprägungen und Konsequenzen, die die Fortentwicklung einer lebenden Person voraussetzen. Diesem Grundgedanken trägt auch die Regelung nach § 42 I 2 UrhG Rechnung, wonach eine postmortale Ausübung des Rückrufsrechts wegen gewandelter Überzeugung weitgehend ausgeschlossen sein soll.[1076]

Anders liegt die Sache bei Schadensersatzansprüchen mit vermögenswertem Inhalt. Diese gehören zum Nachlass, bei Miterben zum Gesamthandsvermögen (§ 2032 I BGB). Kommen immaterielle Schäden neben dem Anspruch auf Naturalrestitution in Geld zum Ausgleich (Schmerzensgeld, § 253 II BGB), so gehen diese Geldersatzansprüche auf den Erben über.[1077]

Was den Nachlass anbelangt, kommt § 1922 I BGB eine tragende Funktion zu. Die Vorschrift bestimmt, dass mit dem Tod einer Person (Erbfall) deren Vermögen (Erbschaft) als Ganzes auf eine oder mehrere andere Personen (Erben) übergeht. Unter Vermögen i.S.v. § 1922 I BGB sind die geldwerten Güter des Erblassers zu verstehen. Zum Vermögen zählt die Gesamtheit aller, auch bedingten, befristeten und zukünftigen vermögensrechtlichen Beziehungen des Erblassers.[1078] Mit dem Erbfall treten die Erben im Wege des sogenannten Vonselbsterwerbs in die vermögensrechtliche Position des Erblassers ein.

Während die vorbenannten Fälle sich auf Ansprüche beziehen, die aus Verletzungen zu Lebzeiten herrühren, stellt sich die Frage, wie bei Eingriffen zu verfahren ist, die erst nach dem Tod einer Person erfolgen. Obgleich das allgemeine Persönlichkeitsrecht höchstpersönlich ist, wird unter Bezug auf Art. 1 I GG ein postmortaler, ideeller Persönlichkeitsschutz gegen Verfälschungen des Lebensbildes einer verstorbenen Person oder ihres künstlerischen Gesamtkunstwerks angenommen.[1079]

1076 *Martin,* Publizistische Freiheit und Persönlichkeitsschutz, S. 238.

1077 Vgl. BGH NJW 1995, S. 783 f.

1078 BGHZ 32, S. 369.

1079 BVerfGE 30, S. 173, 194, 196. – *Mephisto.*

Der postmortale Persönlichkeitsschutz wird mit der aus Art. 2 I i.V.m. Art 1 I GG folgenden, nicht mit dem Tod einer Person endenden Verpflichtung des Staates begründet, den Einzelnen gegen Angriffe auf seine Menschenwürde zu schützen.[1080] Die Angehörigen als Wahrnehmungsbefugte können sich daher im Wege der Beseitigungs- und Unterlassungsklage zu Wehr setzen.[1081] Zu einem Anspruch auf Geldentschädigung führt die rechtswidrige Verletzung des postmortalen Persönlichkeitsrechts indes grundsätzlich nicht.[1082]

Wer zur postmortalen Wahrnehmung befugt ist, richtet sich in erster Linie nach dem Willen des Verstorbenen.[1083] Dies folgt aus der Respektierung seiner Würde und der Autonomie als Person, zu Lebzeiten Verfügungen zu treffen, die über den Tod hinaus Bestand haben und dem postmortalen Persönlichkeitsschutz dienen.[1084]

Hat der Verstorbene seinen Willen nicht erkennbar zum Ausdruck gebracht, so ist über die Person des Wahrnehmungsbefugten in Analogie zu den Vorschriften über den postmortalen Schutz zu entscheiden.[1085] Hierzu können die §§ 194 II, 205 II i.V.m. § 77 StGB; § 22 S. 4 KUG herangezogen werden. Hiernach sind der Ehegatte und die Kinder, bei deren Fehlen die Eltern und nach ihrem Tod die Geschwister und Enkel berufen.

Nach der Rechtsprechung sind postmortale Eingriffe in die sogenannten vermögenswerten Bestandteile des allgemeinen Persönlichkeitsrechts möglich. Nach Ansicht der BGH handelt es sich hierbei um

---

1080 BVerfGE 30, S. 173, 190 – *Mephisto.*

1081 BGHZ 107, S. 384 – *Emil Nolde*; OLG Köln NJW 1999, S. 1969 – *Konrad Adenauer.*

1082 BGHZ 165, S. 203 ff. Vgl. jüngst zur Ablehnung der Vererblichkeit eines Anspruchs auf Geldentschädigung wegen der Verletzung des Persönlichkeitsrechts das Urteil vom 29.4.2014 – VI ZR 246/12. Die Unvererblichkeit folgt nach Ansicht des BGH daraus, dass bei dem Anspruch auf Geldentschädigung wegen Persönlichkeitsrechtsverletzung der Gedanke der Genugtuung im Vordergrund stehe, die aber einem Verstorbene nicht mehr verschafft werden könne. Vertiefend hierzu *Beuthien,* Vereitelt der Tod die Genugtuung?, GRUR 2014, S. 957; *Stender-Vorwachs,* Vererblichkeit eines Geldentschädigungsanspruchs wegen Persönlichkeitsrechtsverletzung, NJW 2014, S. 2831 ff.

1083 BGHZ 50, S. 133, 139 ff. – *Mephisto;* BGHZ 107, S. 384 – *Emil Nolde.*

1084 *Larenz/Canaris,* Lehrbuch des Schuldrechts II/2, S. 534.

1085 BGHZ 50, S. 133, 140 – *Mephisto.*

das ausschließliche Entscheidungsrecht einer Person über die Verwertung bestimmter Ausflüsse ihrer Persönlichkeit. Der BGH zählt zu den vermögenswerten Bestandteilen, die kommerziell verwertet werden können, den Namen (§ 12 BGB), das Bild (§§ 22 ff. KUG), die Unterschrift, die Stimme sowie weitere Merkmale der Persönlichkeit.[1086]

Anders als die höchstpersönlichen und ideellen Bestandteile des Persönlichkeitsrechts, die nicht vererblich sind und im Fall eines postmortalen Eingriffs nur von den Angehörigen oder anderen Wahrnehmungsberechtigten geltend gemacht werden können, sind die sogenannten vermögenswerten Teile des Persönlichkeitsrechts vererblich.[1087] Ihre Verletzung kann Schadensersatzansprüche auslösen (§ 823 I BGB), die die Erben geltend machen können. Nach Ansicht der Rechtsprechung soll aber nur dann ein Eingriff vorliegen, wenn die postmortale Verwertung gegen den ausdrücklichen oder mutmaßlichen Willen des Erblassers erfolgt.

II. Postmortaler Persönlichkeitsschutz durch das Recht am Persönlichkeitsbild

Die vorbenannte Entscheidung[1088] ist in vielerlei Hinsicht angreifbar. So normiert § 253 I BGB, dass für immaterielle Einbußen einer Person grundsätzlich kein Schadensersatz in Geld verlangt werden kann. Die Wahrung der Menschenwürde aus Art. 1 I GG bestimmt, dass die menschliche Persönlichkeit kraft ihres unveräußerlichen Würdeanspruchs nicht kommerzialisiert werden darf. Das Gebot, Kommerzialisierungen zu unterlassen, wird aber umgangen, wenn Erben in die rechtliche Position gebracht werden, bei postmortalen Verletzungen der Würde einer anderen Person an sich selbst eine Entschädigung in Geld verlangen zu können.[1089] Sie selbst sind nicht in ihrer Würde verletzt

1086 BGHZ 143, S. 214 ff. – *Marlene Dietrich.* Instruktiv *Lipp,* Erbrecht, S. 15 Rdn. 42.

1087 BGHZ 143, S. 214 ff. – *Marlene Dietrich.*

1088 BGHZ 143, S. 214 ff. – *Marlene Dietrich.*

1089 So auch *Beuthien,* Postmortaler Persönlichkeitsschutz auf dem Weg ins Vermögensrecht, ZUM 2003, S. 262.

und der Verstorbene kann einen Eingriff in seine Würde nicht mehr erleiden. Schutzobjekt sind die Interessen des Toten.[1090]

Nach Ansicht des BGH soll das allgemeine Persönlichkeitsrecht nicht nur ideelle, sondern auch sogenannte vermögenswerte Bestandteile haben, die auf den Erben übergehen und von diesem gemäß dem ausdrücklichen oder mutmaßlichen Willen des Verstorbenen ausgeübt werden können.[1091] Es wurde bereits aufgezeigt, dass die menschliche Persönlichkeit jedoch ausschließlicher Natur ist. Eine Zerlegung der menschlichen Persönlichkeit in ideelle und nicht ideelle Merkmale, wie das Gericht sie vornimmt, verbietet sich definitionsgemäß.

Es wurde auch dargelegt, dass nur Gegenstände einen Vermögenswert haben, auf die sich Vermögenswerte beziehen. Diese befinden sich außerhalb von der Person. Als Rechtsobjekte sind sie einer Person zugewiesen. Die Person ist Rechtssubjekt und Träger der Rechtsinhaberschaft von Gegenständen. Nach Ansicht des BGH befinden sich die sogenannten vermögenswerten Bestandteile aber innerhalb des allgemeinen Persönlichkeitsrechts und damit zugleich in der Person selbst. Rechtssubjekt und Rechtsobjekt fallen somit in ein und derselben Person zusammen.

Bei genauer Betrachtung erschuf der BGH mit der Postulierung der sogenannten vermögenswerten Bestandteile des allgemeinen Persönlichkeitsrechts ein in dem Menschen selbst liegendes Vermögensrecht.[1092] Dies verbietet sich aber gerade (vgl. § 253 I BGB), womit der BGH sich in einen Wertungswiderspruch begibt, den er nicht aufzulösen vermag.

Weitere Gründe gegen den von der Rechtsprechung eingeschlagenen Weg lassen sich bei *Beuthien* finden. Er hebt darauf ab, dass es nicht einleuchtet, warum nach Ansicht des BGH die Erben über die auf sie übergegangenen vermögenswerten Bestandteile des allgemeinen Persönlichkeitsrechts nicht frei verfügen dürfen, sondern an den Willen des Verstorbenen gebunden sein sollen.[1093]

1090 Vgl. BGHZ 15, S. 249, 259 – *Cosima Wagner*; BGHZ 50, S. 133, 136 – *Mephisto;* BGHZ 107, S. 384, 391 – *Nolde.*

1091 BGHZ 143, S. 214, 226 – *Marlene Dietrich.*

1092 *Beuthien,* Das Recht am Persönlichkeitsbild, S. 313, Rdn. 12.

1093 *Beuthien,* Das Recht am Persönlichkeitsbild, S. 313, Rdn. 15.

Dem ist zuzusprechen, dass mit dem Tod einer Person ihre Rechtsfähigkeit endet, der Mensch also aufhört, das Zurechnungsobjekt von Rechten und Pflichten zu sein. Im Augenblick des Erbfalls treten an die Stelle des Verstorbenen seine Erben als die neuen Träger der vom Erblasser stammenden Rechte und Pflichten. Den Gegenstand der erbrechtlichen Nachfolge bildet die Erbschaft, die in dem Vermögen des Erblassers zu sehen ist. Die Erbschaft besteht aus dem auf den Erben als Ganzes übergegangenen Vermögen des Erblassers, also der Gesamtheit seiner Rechtsverhältnisse (§ 1922 BGB).

Als Rechtsnachfolger sind die Erben bei der Verfügung über die Erbschaft grundsätzlich frei (§ 1922 BGB).[1094] Das Erbrecht zielt darauf ab, die Rechtsposition des im Todesfall zum Erben Berufenen zu schützen. In der Hand einer Person sollen sich die entsprechenden Befugnisse vereinigen. Die nach Ansicht des BGH geforderte Beachtung des mutmaßlichen Willens des Erblassers lässt sich somit schwerlich mit der in § 1922 BGB niedergelegten gesetzgeberischen Wertung in Einklang bringen. Daher erscheint das Festhalten an der erbrechtlichen Grundregel nach § 1922 BGB vorzugswürdig.

Dem Erblasser bleibt es unbenommen, eine Erbenbeschränkung durch Testamentsvollstreckung (§§ 2003 ff. BGB), Teilungsanordnung (§ 2048 BGB), Vermächtnis (§ 1939 BGB), Auflage (§ 1940 BGB) oder Stiftungsgeschäft (§ 81 BGB) vorzunehmen.

Darüber hinaus zeigt sich noch ein weiteres Problemfeld. Der BGH hat bestimmt, dass der ideelle postmortale Persönlichkeitsschutz von einem vom Verstorbenen Beauftragten oder von einem nächsten Angehörigen wahrgenommen werden kann. Fraglich ist aber, wie zu verfahren ist, wenn die kommerziellen[1095] als auch die ideellen Interessen zugleich betroffen sind. Hiernach müssten nach Ansicht des BGH die Erben mit den zur Wahrnehmung des postmortalen Persönlichkeits-

1094 Wenn die Art und Weise der Verwertung dem Achtungsanspruch der Angehörigen nach § 22 S. 3 KUG zu wider laufen, müssen diese zustimmen, vgl. BGHZ 143, S. 214, 226 f. – *Marlene Dietrich.*

1095 Etwa durch die Einräumung eines Nutzungsrechts am Namen oder am Bild der verstorbenen Person.

schutz berufenen Personen, die nicht mit den Erben identisch sind, zusammenwirken. Hierdurch kommt es zu einer künstlichen Aufspaltung, die problembehaftet ist und in der Praxis Probleme aufwirft.[1096]

Problematisch ist auch ein weiterer Aspekt: Für die sogenannten vermögenswerten Bestandteile des Persönlichkeitsrechts gilt, dass sie zum Nachlass gehören. Der Erbe kann durch Vermächtnis, bei Miterben durch Vorausvermächtnis, eine Verpflichtung begründen, dass die sogenannten vermögenswerten Bestandteile bestimmten Einzelpersonen zugewiesen werden. Fraglich ist aber, wie die Übertragung erfolgen soll.

Nach §§ 398 ff. BGB können grundsätzlich alle Forderungen unter Wahrung ihrer Identität ohne Mitwirkung des Schuldners übertragen werden. Forderungen sind umlauffähige Vermögensbestandteile, die vom Gläubiger in den Güteraustausch einbezogen werden können.[1097] § 413 BGB bestimmt, dass auch andere Rechte als Forderungen übertragbar sind. Andere Rechte sind nicht unter § 398 BGB fallende Rechte, wozu das Urheberrecht zählt. Dieses ist nicht übertragbar nach § 29 I UrhG. Dagegen können aber Nutzungsrechte an Urheberrechten übertragen werden. Um die Zuweisung der vermögenswerten Bestandteile des allgemeinen Persönlichkeitsrechts zu bewerkstelligen, wird die Übertragbarkeit nach § 413 UrhG analog zu den für das Urheberrecht geltenden Vorschriften angenommen.[1098]

Offen und unklar ist, wie die sogenannten vermögenswerten Bestandteile des allgemeinen Persönlichkeitsrechts unter Lebenden übertragen werden sollen. Hierfür besteht aber gerade ein gesteigertes, wirtschaftliches Interesse.[1099] Das allgemeine Persönlichkeitsrecht ist als solches, da die Würde, die Autonomie und die Individualität nicht beliebig verfügbar sind, nicht übertragbar. Im Wege eines Persönlichkeitsgüterrechts am Persönlichkeitsbild lässt sich indes eine Übertragung

---

1096 Zum Problem der Frage der Beweislast beim mutmaßlichen Willen des Erblassers, *Götting*, Die Vererblichkeit der vermögenswerten Bestandteile des Persönlichkeitsrechts, 2001, S. 585 f.

1097 Zum verfassungsrechtlichen Schutz vgl. BGH NJW 1980, S. 2705.

1098 *Lichtenstein*, Der Idealwert und der Geldwert, S. 342; *Ahrens*, Fragen der erbrechtlichen Gestaltung postmortaler Persönlichkeitsrechtsverletzungen, ZEV 2006, S. 237 ff.

1099 Nicht abschließend geklärt in BGHZ 143, S. 214, 221 ff. – *Marlene Dietrich*.

vornehmen, ohne den Weg über die Analogie nach § 413 UrhG gehen zu müssen.[1100]

Ein mit der Systematik des Bürgerlichen Rechts stimmiger systemkonformer Lösungsweg lässt sich ohne weiteres bestreiten, wenn das Persönlichkeitsbild als ein vererbliches Persönlichkeitsgüterrecht anerkannt wird, das als Vermögensrecht unter § 1922 BGB fällt. Den Erben ist hierdurch der Weg zu allen Ansprüchen geebnet, die dem Schutz des vermögenswerten Persönlichkeitsbildes des Verstorbenen dienen.

Hierunter fallen der Anspruch aus unerlaubter Handlung (Verletzung eines sonstigen eigentumsähnlichen Vermögensrechts),[1101] ungerechtfertigter Bereicherung (marktübliche Verwertung)[1102] und aufgrund angemaßter Eigengeschäftsführung (Herausgabe des erzielten Erlöses).[1103] Bei Anwendung des Rechts am Persönlichkeitsbild als Persönlichkeitsgüterrecht lässt sich ein postmortaler Persönlichkeitsschutz herbeiführen, der umfassender und interessengerechter ist, als der von der Rechtsprechung eingeschlagene Lösungsweg.

III. Schutzdauer des postmortalen Persönlichkeitsbildes

Wie bereits ausgeführt, besteht unter dem Aspekt des Schutzes der Menschenwürde nach Art. 1 I GG ein postmortaler Achtungsanspruch gegen schwerwiegende Herabsetzungen des Ansehens des Verstorbenen und gegen die Entstellung seines Lebensbildes.[1104] Für die Dauer des postmortalen Achtungsanspruchs gilt, dass die Verletzung des postmortalen allgemeinen Persönlichkeitsrechts stets eine Güter- und Interessenabwägung im Einzelfall erfordert und somit individuell ausfällt und nicht an eine bestimmte Frist gebunden ist.

Sie geht daher über die Frist von zehn Jahren hinaus und endet erst, wenn das Andenken an den Verstorbenen in einer Weise verblasst ist, dass sein Persönlichkeitsinteresse vor dem Hintergrund der Intensität

1100 Vgl. *Beuthien,* Das Recht am Persönlichkeitsbild, S. 313, Rdn. 17, der das Beispiel vom Berufssportler bringt, der als Persönlichkeitsbildträger aus Zeitgründen nicht in der Lage ist, seine Vermögensinteressen selbst wahrzunehmen.

1101 Vgl. oben 2. Teil, C, III, 5.

1102 Vgl. oben 2. Teil, A, II, 3.

1103 Vgl. oben 2. Teil, B, II, 3,

1104 BVerfG NJW 1971, 1645 – *Mephisto.*

der Beeinträchtigung hinter den entgegenstehenden Interessen zurücktritt. Die Rechtsprechung hat im Einzelnen Zeiträume von 15 Jahren,[1105] 30 Jahren[1106] aber auch von 67 Jahren[1107] angenommen.[1108]

Es stellt sich nun die Frage, welche Dauer die Schutzfrist für das Recht am Persönlichkeitsbild hat, das allein auf den Schutz der vermögenswerten (kommerziellen) Aspekte ausgerichtet ist. Hierfür bietet sich eine vergleichende Gegenüberstellung mit der Schutzdauer der vermögenswerten Bestandteile des postmortalen Persönlichkeitsrechts an, denn das Recht am Persönlichkeitsbild gleicht in seiner Struktur dem allgemeinen Persönlichkeitsrecht.

In der Entscheidung *Marlene Dietrich* führte der BGH zum zeitlichen Schutzumfang des postmortalen Persönlichkeitsrechts aus, dass der Schutz der kommerziellen Aspekte zeitlich nicht über den Schutz der ideellen Interessen an der Persönlichkeit hinausreichen könne. In diesem Zusammenhang biete die in § 22 KUG niedergelegte Frist von zehn Jahren einen Anhaltspunkt.

Es bleibt aber offen, ob ein längerer Schutz der kommerziellen Interessen dann in Betracht zu ziehen ist, wenn sich aus dem allgemeinen Persönlichkeitsrecht ausnahmsweise ein längerer Schutz ideeller Interessen ergibt. So entschied das OLG Bremen, dass der (ideelle) Persönlichkeitsschutz auch noch 67 Jahre nach dem Tod des ehemaligen Reichspräsidenten *Ebert* bestand.[1109] Der 21. Zivilsenat des OLG München stellte in seinem Urteil, das die Veröffentlichung vermeintlicher Aktfotos von *Marlene Dietrich* behandelte, ebenfalls fest, dass Ansprüche nicht auf die Frist von 10 Jahren nach § 22 KUG beschränkt seien.[1110]

Vor dem Hintergrund des durch den BGH selbst geprägten Grundsatzes zur Schutzdauer des postmortalen Persönlichkeitsrechts verwundert dann die Entscheidung in Sachen *Klaus Kinski.*[1111] Grund des Rechtsstreits war die Benutzung der Internetdomain *kinski-klaus.de* zur

1105 BVerfG v. 5.4.2001 – 1 BvR 932 / 94, S. 146.

1106 BGH GRUR 1995, S. 668, 670 – *Nolde.*

1107 OLG Bremen NJW-RR 1993, S. 726 f. – *Ebert.*

1108 Die im Entwurf eines Persönlichkeitsschutzgesetzes im Jahr 1959 avisierte Normierung der Schutzdauer von 30 Jahren ist nicht umgesetzt worden.

1109 OLG Bremen NJW-RR 1993, S. 726 f. – *Ebert.*

1110 OLG München ZUM 2002, S. 744.

1111 BGH GRUR 2007, S. 168 – *kinski-klaus.de.*

Werbung für eine Ausstellung über das Leben und das Werk des Schauspielers *Klaus Kinski.* Seine Erben hatten die Beklagten wegen der Nutzung der Domain abgemahnt. Den durch die Abmahnkosten entstandenen Schaden verlangten die Kläger ersetzt. Das Gericht entschied, dass die Schutzdauer der vermögenswerten Bestandteile des postmortalen Persönlichkeitsrechts, wie das Recht am eigenen Bild, auf zehn Jahre nach dem Tod der Person begrenzt sei.

In der Entscheidung wird ausgeführt, dass das Recht am eigenen Bild nach der Entscheidung des Gesetzgebers lediglich eine Schutzdauer von zehn Jahren habe. Die Begrenzung der Schutzfrist beruhe nicht nur auf dem Gedanken, dass das Schutzbedürfnis nach dem Tod mit zunehmendem Zeitablauf abnehme, sondern sie schaffe auch Rechtssicherheit und berücksichtige das berechtigte Interesse der Öffentlichkeit, sich mit dem Leben und Werk einer zu Lebzeiten bekannten Persönlichkeit auseinandersetzen zu können.[1112]

Nach Ansicht des Gerichts habe das Interesse der Erben an einer wirtschaftlichen Verwertung des Persönlichkeitsbildes nach dem Ablauf von 10 Jahren zurückzutreten, weil das Persönlichkeitsbild einer zu Lebzeiten bekannten Person nach ihrem Tod auch Teil der gemeinsamen Geschichte geworden sei. Die Entscheidung des Gesetzgebers über die Dauer des Schutzes des postmortalen Rechts am eigenen Bild sei daher auch auf die Dauer des Schutzes für die vermögenswerten Bestandteile des postmortalen Persönlichkeitsrechts zu übertragen.[1113]

Die Argumente, derer sich der BGH bedient, um die analoge Anwendung von § 22 S. 3 KUG zu begründen, werden im Schrifttum kritisiert.[1114] In der Tat lässt sich in Bezug auf die vom BGH erwähnte Frist anführen, dass jede Frist den Rechtsverkehr erleichtert und Rechtssicherheit bringt. Dafür bedarf es nicht zwangsläufig einer Frist von zehn Jahren.

Jede begrenzte Schutzdauer bringt sowohl Rechtssicherheit als auch Rechtsfrieden, weil eine de facto bestehende Rechtslage nach längerem Zeitablauf nicht mehr in Frage gestellt werden soll. Hierdurch werden

---

1112 BGH GRUR 2007, S. 168 ff. – *kinski-klaus.de.*

1113 BGH GRUR 2007, S. 168 ff. – *kinski-klaus.de.*

1114 *Reber,* Die Schutzdauer des postmortalen Persönlichkeitsrechts, GRUR 2007, S. 494 f.

die Gerichte entlastet und der Schuldner davor bewahrt, für die Erfüllung zeitlich weit zurückliegender Verpflichtungen unbefristet Rücklagen bilden zu müssen.[1115] Diese Gründe wiegen schwerer als das Interesse des Gläubigers an einer zeitlich unbegrenzten Durchsetzung einmal erworbener Ansprüche.

Vor dem Hintergrund, dass die Rechtsprechung für den (ideellen) Persönlichkeitsschutz von einem Zeitraum von bis zu 67 Jahren ausgeht,[1116] kann von einem zeitlich einheitlichen postmortalen Persönlichkeitsschutz nicht die Rede sein. Genau genommen differieren die Schutzfristen für die kommerziellen und ideellen Bestandteile deutlich voneinander, ohne dass hierfür tragende Gründe vorgetragen wurden.

Im Einzelnen muss auch der Umstand Rechnung finden, dass das KUG aus dem Jahr 1907 stammt und der Gesetzgeber es nach über 100 Jahren nicht novelliert hat. Sinn und Zweck von § 22 KUG bestanden ursprünglich darin, lediglich die ideellen Interessen des Abgebildeten oder seiner Angehörigen zu schützen. Dem Gesetzgeber des KUG konnte Anfang des 20. Jahrhunderts nicht bekannt sein, welchen Umfang die Verwertungsmöglichkeiten von Persönlichkeitsmerkmalen bekannter Personen im Zeitalter der Kommunikation und Digitalisierung einmal annehmen werden.

In der Entscheidung *Marlene Dietrich* stellte das Gericht noch heraus, dass der postmortale Schutz bei Wahrung allein der ideellen Interessen weitgehend leer laufe, da hiernach keine Schadensersatz- und Bereicherungsausgleichsansprüche gewährt werden könnten. Auch das BVerfG konstatiert, dass die Regelungen des KUG historisch auf den Schutz der ideellen Interessen abzielen und sich das Recht am eigenen Bild nunmehr über die ideellen Interessen hinaus weiter entwickelt habe.[1117]

Es bedarf daher einer Anpassung, denn es zeigt sich deutlich, dass mit der analogen Anwendung von Vorschriften des überholten KUG in

1115 BGHZ 128, S. 82 f.

1116 OLG Bremen NJW-RR 1993, S. 726 f. – *Ebert.*

1117 BVerfG NJW 2006, S. 3409 – *Marlene Dietrich.*

Bezug auf den durch richterliche Rechtsfortbildung geschaffenen postmortalen Persönlichkeitsschutz die aktuellen Gegebenheiten rechtlich nicht mehr einzufangen sind.[1118]

Kritisch muss auch das vom BGH vorgebrachte Argument betrachtet werden, es bestünde ein anerkennenswertes Interesse der Öffentlichkeit, sich mit dem Leben und Werk einer bekannten Persönlichkeit auseinandersetzen zu können, wofür es einer Frist von zehn Jahren nach § 22 S. 3 KUG analog bedürfe. Es stellt sich die Frage, in welchem Zusammenhang überhaupt die Schutzdauer und die Wahrung der vorbenannten Interessen stehen.

Man muss sich nur vergegenwärtigen, dass der BGH selbst in zahlreichen Entscheidungen bestimmte, dass sich jedermann im Rahmen der freien Meinungsäußerung (Art. 5 I GG) und/oder seiner künstlerischen Tätigkeit (Art. 5 III GG) mit dem Werk und dem Leben einer lebenden wie verstorbenen Person auseinandersetzen darf.[1119] Wäre dem nicht so, wäre die kritische Auseinandersetzung mit dem Leben bekannter Persönlichkeiten in Form von Theaterstücken, Romanen, Biografien und Dokumentationen nicht zulässig.[1120] Die in § 22 S. 3 KUG festgelegte Dauer von zehn Jahren des postmortalen Bildnisschutzes passt somit nicht (mehr), wenn es um den Schutz des Abbilds Verstorbener vor wirtschaftlicher Verwertung geht.

Der BGH hält gleichwohl an der Unterscheidung zwischen den ideellen und den vermögensrechtlichen Bestandteilen fest und definiert unterschiedliche Schutzdauern. Während der Schutz der vermögenswerten Bestandteile analog der für das Recht am eigenen Bild geltenden Regelung auf zehn Jahre nach dem Tod begrenzt ist, besteht für den postmortalen (ideellen) Persönlichkeitsschutz keine feststehende zeitliche Grenze.[1121]

1118 *Reber,* Die Schutzdauer des postmortalen Persönlichkeitsrechts in Deutschland und in den USA, GRUR 2007, S. 494.

1119 BGH GRUR 2000, S. 709, 711 – *Marlene Dietrich.*

1120 Vgl. hierzu auch *Reber,* Die Schutzdauer des postmortalen Persönlichkeitsrechts in Deutschland und in den USA, GRUR 2007, S. 494.

1121 Vgl. OLG Köln NJW 1999, S. 1969, postmortaler Persönlichkeitsschutz für *Konrad Adenauer* auch nach mehr als 30 Jahren nach seinem Tod gegenüber der Behauptung in einem Wahlwerbespot, er würde heute eine rechtsgerichtete Partei wählen.

Es wird in der Literatur diskutiert, wie lange die vermögenswerten Bestandteile des postmortalen Persönlichkeitsrechts geschützt sind. Zur Schutzdauer werden unterschiedliche Ansichten vertreten. Teilweise wird gefordert, den vermögenswerten Bestandteilen des postmortalen Persönlichkeitsrechts so lange Schutz zukommen zu lassen, wie auch die ideellen Bestandteile geschützt sind.[1122] Im Hinblick auf konkrete Schutzdauern werden 30 Jahre[1123] und 35 Jahre[1124] bis 70 Jahre[1125] genannt. Es wird auch vorgeschlagen, die Frist von zehn Jahren gem. § 22 S. 3 KUG nicht mit dem Tod, sondern mit der ersten Verwertungshandlung beginnen zu lassen.[1126]

Vor dem Hintergrund, dass die Rechtsprechung den Schutz der ideellen Bestandteile des Persönlichkeitsrechts von bis zu 67 Jahren nach dem Tod einer Person annimmt,[1127] vermag die letztgenannte Ansicht nicht zu überzeugen. Sie bringt etwa für die Fallkonstellation keinen Rechtsfortschritt, wenn die Verwertungshandlung bereits am ersten Tag nach dem Tod der Person erfolgt, während der Schutz der ideellen Aspekte womöglich noch über Jahrzehnte hinweg anhält.

Als Vorlage für eine Schutzdauer für das Recht am Persönlichkeitsbild von 70 Jahren mag daher § 64 UrhG dienen. Die Vorschrift bestimmt, dass das Urheberrecht 70 Jahre nach dem Tode des Urhebers erlischt. Insbesondere *Götting* hat sich für die Anwendung einer Frist von 70 Jahren post mortem in Anlehnung an den Urheberrechtsschutz ausgesprochen.[1128] Nach seiner Ansicht sei es nicht einzusehen, warum der Urheberrechtsschutz für eine Fotografie als Lichtbildwerk, deren Marktwert allein auf dem Bekanntheitsgrad der abgebildeten Person beruhe, 70 Jahre nach dem Tod des Urhebers fortbestehe, während die auf dem Lebenswerk der verstorbenen Person beruhenden Bestandteile

---

1122 *Frommeyer,* Persönlichkeitsschutz nach dem Tode und Schadensersatz, JuS 2002, S. 13, 18.

1123 *Gregoritza,* Die Kommerzialisierung von Persönlichkeitsrechten Verstorbener, S. 128 ff., 131.

1124 *Jung,* Die Vererblichkeit des Allgemeinen Persönlichkeitsrecht, S. 260 ff.

1125 *Fischer,* Die Entwicklung des postmortalen Persönlichkeitsschutzes, S. 260 f.; *Claus,* Postmortaler Persönlichkeitsschutz im Zeichen allgemeiner Kommerzialisierung, S. 218 ff.

1126 *Beuthien,* Das Recht am Persönlichkeitsbild, S. 324 f., Rdn. 45.

1127 OLG Bremen NJW-RR 1993, S. 726 f. – *Ebert.*

1128 *Götting,* Persönlichkeitsrechte als Vermögensrechte, S. 281.

des Persönlichkeitsrechts bereits nach zehn Jahren erloschen sein sollen.[1129]

Was die postmortale Schutzdauer des Rechts am Persönlichkeitsbild anbelangt, verbietet sich indes die direkte Anwendung von § 64 UrhG, denn auch ein durch eine besonders beharrliche und planmäßige Lebensleistung erarbeitetes Persönlichkeitsbild kann nicht zu einem Werk nach § 2 UrhG werden. Werke im Sinne dieses Gesetzes sind nur persönliche geistige Schöpfungen, die unter § 2 I UrhG fallen. Hierzu gehören etwa Werke der Literatur, Wissenschaft und Kunst.

Das Persönlichkeitsbild fällt auch nicht unter ein verwandtes Schutzrecht nach dem UrhG. Die Ereignisse des Lebens, Schicksale, gleichwohl sie die Allgemeinheit oder nur eine einzelne Person betreffen, sind schutzlos nach dem Urheberrecht. So darf etwa jeder zu berühmten Persönlichkeiten deren Biographie schreiben, denn die historischen Ereignisse und das tatsächlich gelebte Leben fallen nicht unter das UrhG.[1130]

Nach § 64 UrhG beträgt die Schutzdauer die Lebenszeit des Urhebers und endet 70 Jahre nach seinem Tod (post mortem auctoris). Der urheberrechtliche Schutz entsteht im Zeitpunkt der Werkschöpfung und endet 70 Jahre nach dem Tod des Urhebers. Abweichend von § 187 BGB beginnt die Frist nicht mit dem Todestag des Urhebers, sondern nach § 69 UrhG mit dem Beginn des auf das Todesdatum folgenden Kalenderjahres zu laufen. Von der 70-jährigen Schutzfrist p.m.a. umfasst sind nach § 129 I UrhG die Werke, die am 17.9.1965 (§ 143 I UrhG) noch geschützt waren. In entsprechender Anwendung der vorbenannten urheberrechtlichen Vorschriften beträgt die Schutzdauer des Rechts am Persönlichkeitsbild somit ebenfalls die Lebenszeit des Trägers des Rechts am Persönlichkeitsbild sowie 70 Jahre nach seinem Tod.[1131]

1129 *Götting*, Verwendung des Namens einer verstorbenen Persönlichkeit als Internetadresse, GRUR 2007, S. 171. Zur hiermit konform gehenden Schutzdauerregelung im US-amerikanischen Right of Publicity, *Reber*, Die Schutzdauer des postmortalen Persönlichkeitsrechts, GRUR 2007, S. 497 f.

1130 Zum gegebenenfalls existierenden persönlichkeitsrechtlichen Schutz vgl. *Schertz*, Die Verfilmung tatsächlicher Ereignisse, ZUM 1998, S. 757, 760.

1131 Für die Dauer von 70 Jahren im Hinblick auf die vermögenswerten Bestandteile des Persönlichkeitsrechts vgl. LG Dessau-Roßlau GRUR-Prax 2014, S. 231; *Schertz*, Merchandising, S. 161, Rdn. 389.

IV. Zusammenfassung

Mit dem Tod eines Menschen werden die ihm zu Lebzeiten zugewiesenen Rechtsgüter hinfällig. Dies gilt auch für das allgemeine Persönlichkeitsrecht des Erblassers, das als Nichtvermögensrecht unvererblich ist und mit dem Tod erlischt. Indes können Schadensersatzansprüche mit vermögenswertem Inhalt in den Nachlass fallen und Geldersatzansprüche auf die Erben übergehen. Bei Eingriffen, die erst nach dem Tod einer Person erfolgen, wird unter Bezug auf Art. 1 I GG ein ideeller Persönlichkeitsschutz gegen Verfälschungen des Lebensbildes einer verstorbenen Person angenommen.

Der Schutz der Menschenwürde nach Art. 1 I GG fordert, dass die menschliche Persönlichkeit kraft ihres unveräußerlichen Würdeanspruchs nicht kommerzialisiert wird. Das Gebot, Kommerzialisierungen zu unterlassen, wird aber ausgehebelt, wenn Erben in die Lage versetzt werden, bei postmortalen Verletzungen der Würde einer anderen Person eine Entschädigung an sich selbst in Geld zu fordern.

Nur Gegenständen kommt ein Vermögenswert zu. Sie befinden sich außerhalb von der Person. Als Rechtsobjekte sind sie einer Person zugewiesen. Nach Ansicht des BGH befinden sich die sogenannten vermögenswerten Bestandteile aber innerhalb des allgemeinen Persönlichkeitsrechts und damit zugleich in der Person selbst. Rechtssubjekt und Rechtsobjekt fallen hiernach in ein und derselben Person zusammen. Der BGH hat mit den sogenannten vermögenswerten Bestandteilen des allgemeinen Persönlichkeitsrechts ein in dem Menschen selbst liegendes Vermögensrecht erschaffen. Dieses steht aber im Wertungswiderspruch zu § 253 I BGB.

Es mag auch nicht überzeugen, warum nach Ansicht des BGH die Erben über die auf sie übergegangenen sogenannten vermögenswerten Bestandteile des allgemeinen Persönlichkeitsrechts nicht frei verfügen dürfen, sondern an den Willen des Verstorbenen gebunden sein sollen. Ziel des Erbrechts ist es, die Rechtsposition des im Todesfall zum Erben Berufenen in seine Hand zu geben und die in seiner Person vereinigenden Befugnisse zu garantieren. Die nach Auffassung des BGH geforderte Beachtung des mutmaßlichen Willens des Erblassers lässt sich somit schwerlich mit der in § 1922 BGB niedergelegten Wertung vereinbaren.

Es ist auch unklar, warum die sogenannten vermögenswerten Bestandteile des allgemeinen Persönlichkeitsrechts unter Lebenden nach § 413 UrhG analog übertragen werden sollen. Für den rechtlich reibungslosen Überhang besteht ein großes wirtschaftliches Interesse. Im Wege eines Persönlichkeitsgüterrechts am Persönlichkeitsbild lässt sich eine Übertragung vornehmen, ohne den Weg über die Analogie nach § 413 UrhG wagen zu müssen.

Im Hinblick auf die Schutzdauer der ideellen Interessen des allgemeinen Persönlichkeitsrechts gilt, dass die Frist erst endet, wenn das Andenken an den Verstorbenen in einer Weise verblasst ist, dass sein Persönlichkeitsinteresse vor dem Hintergrund der Intensität der Beeinträchtigung hinter den entgegenstehenden Interessen zurücktreten muss. Die Rechtsprechung nimmt hierbei Zeiträume von bis zu 67 Jahren an.

Für die Schutzdauer des Rechts am Persönlichkeitsbild, das auf den Schutz der vermögenswerten (kommerziellen) Interessen ausgerichtet ist, sind die Vorschriften des UrhG heranzuziehen. Als Vorlage dient § 64 UrhG. Hiernach beträgt die Schutzdauer die Lebenszeit des Urhebers und endet 70 Jahre nach seinem Tod. Der urheberrechtliche Schutz entsteht im Zeitpunkt der Werkschöpfung und endet 70 Jahre nach dem Tod des Urhebers. In entsprechender Anwendung beträgt die Schutzdauer des Rechts am Persönlichkeitsbild ebenfalls die Lebenszeit des Persönlichkeitsbildträgers und endet 70 Jahre nach seinem Tod.

Zusammenfassung

Der Verfassungsgeber hat den Schutz der Menschenwürde an die Spitze des Grundgesetzes gestellt (Art. 1 I GG).[1132] Sie markiert den obersten Verfassungswert und fungiert als tragendes Konstitutionsprinzip.[1133] Als Grundsatz- und Leitnorm stellt sie die wichtigste Werteentscheidung der Verfassung dar und macht deutlich, dass der Mensch in der Ordnung des Grundgesetzes zuerst und damit vor dem Staat kommt (Art. 1 I S. 2 GG).

Mit der Menschenwürde ist der soziale Wert- und Achtungsanspruch gemeint, der dem Menschen wegen seines Menschseins zukommt.[1134] Geschützt sind die menschliche Identität und die Personalstruktur. Die Menschenwürde erfasst den absolut geschützten Kernbereich privater Lebensgestaltung.[1135] Die persönliche Lebenssphäre und die Erhaltung ihrer Grundbedingungen schützt das allgemeine Persönlichkeitsrecht.[1136]

Der Schutz entfaltet sich hierfür in unterschiedlichen Bereichen. So kann im Hinblick auf die Darstellung der eigenen Person der Einzelne grundsätzlich selbst darüber entscheiden, wie er sich gegenüber Dritten oder der Öffentlichkeit darstellen will und was seinen sozialen Geltungsanspruch ausmachen soll.[1137] Er wird im Einzelnen vor verfälschenden und/oder entstellenden Darstellungen seiner Person in der Öffentlichkeit geschützt.[1138]

Das Recht auf informationelle Selbstbestimmung[1139] gewährleistet dem Einzelnen die Befugnis, selbst über die Preisgabe und Verwendung persönlicher Daten[1140] zu bestimmen.[1141] Geschützt wird die Befugnis,

---

1132 Hierzu oben 1. Teil, 1. Abschnitt, A, II.
1133 BVerfGE 87, S. 209, 228.
1134 BVerfGE 87, S. 209, 228. Hierzu oben 1. Teil, 1. Abschnitt, A, II.
1135 BVerfGE 109, S. 279, 313.
1136 BVerfGE 54, S. 148, 153.
1137 BVerfGE 63, S. 131, 142.
1138 Hierzu oben 1. Teil, 2. Abschnitt, A, V.
1139 Hierzu oben 1. Teil, 2. Abschnitt, A, V, 3.
1140 Hierzu oben 1. Teil, 1. Abschnitt, D.
1141 BVerfGE 113, S. 29, 46.

grundsätzlich selbst entscheiden zu können, wann und innerhalb welcher Grenzen persönliche Lebenssachverhalte offenbart werden.[1142] Dies gilt auch dann, wenn die Daten nicht die Privat- oder Intimsphäre betreffen, denn der Einzelne kann selbst über die Preisgabe und Verwendung seiner personenbezogenen Daten entscheiden.[1143]

Geschützt werden das Recht am eigenen Bild und das Recht am eigenen Wort.[1144] Jeder kann selbst bestimmen, ob er fotografiert oder seine Stimme[1145] aufgenommen werden darf und was mit den Aufnahmen geschehen soll.[1146]

Das allgemeine Persönlichkeitsrecht bietet damit Schutz gegen Einschränkungen der personalen Entfaltung und der Privatautonomie.[1147] Für Private haben die Grundrechte eine gewichtige Bedeutung, weil das Grundgesetz die Elemente objektiver Ordnung aufstellt, die als verfassungsrechtliche Grundentscheidungen für alle Bereiche der Rechtsordnung gelten, mithin auch für das Privatrecht.[1148]

Im Zentrum des bürgerlich-rechtlichen Persönlichkeitsschutzes steht die menschliche Persönlichkeit. Im Privatrecht erfährt sie zuvorderst durch das bürgerlich-rechtliche allgemeine Persönlichkeitsrecht Schutz.[1149] Neben dieses treten als besondere Erscheinungsformen protegierend das Namensrecht (§ 12 BGB), das Recht am eigenen Bild (§§ 22 ff. KUG), das Recht am eigenen Wort (§ 823 I BGB) und das Recht an der eigenen Stimme (§ 823 BGB).[1150]

Diese Rechte zeichnen sich dadurch aus, dass sie auf einen außerhalb der Person befindlichen, perpetuierten und damit im rechtlichen Sinne auf einen gegenständlichen Persönlichkeitsausfluss ausgerichtet sind.[1151] In dieser Hinsicht unterscheiden sie sich vom allgemeinen Persönlichkeitsrecht und bekommen hierdurch ihre Besonderheit. Gleiches

---

1142 BVerfGE 103, S. 21, 33.

1143 Hierzu oben 1. Teil, 1. Abschnitt, D.

1144 Zum Recht am eigenen Bild nach §§ 22 KUG ff. und dem Recht am eigenen Wort nach § 823 I BGB s. oben 1. Teil, 1. Abschnitt, C, I, III.

1145 Hierzu oben 1. Teil, 1. Abschnitt, C, IV.

1146 BVerfGE 106, S. 28, 39 f.

1147 BVerfGE 72, S. 155, 170.

1148 BVerfGE 73, S. 261, 269.

1149 Hierzu oben 1. Teil, 2. Abschnitt, B, II, 1.

1150 Hierzu oben 1. Teil, 1. Abschnitt, C.

1151 Hierzu oben 1. Teil, 1. Abschnitt, C.

gilt für das Recht am Persönlichkeitsbild, das ebenfalls als ein besonderes Persönlichkeitsrecht auftritt.

Das Verständnis zum Recht am Persönlichkeitsbild erschließt sich, wenn es in einem ersten Schritt von der Person[1152] und der Persönlichkeit[1153] getrennt betrachtet wird.

Die Person ist der Mensch, dem von der Rechtsordnung bestimmte Fähigkeiten wie die Rechts- und Geschäftsfähigkeit zugesprochen werden (§ 1 BGB). Da sich alle Rechtsnormen an die Person richten, ist sie der Bezugspunkt der Güterzuweisung und Urheber aller rechtlichen Betätigungen. Ihre rechtlichen Handlungsmöglichkeiten werden durch subjektive Rechte beschrieben und abgegrenzt. Die Rechtsordnung gewährt dem Inhaber subjektiver Rechte monopolisierte Verhaltensberechtigungen, indem sie ihm allein Verhaltensweisen gestattet, die sie anderen Rechtssubjekten versagt.[1154]

Unter Persönlichkeit wird die individuelle personale Identität des Menschen verstanden, die sich im Wechselspiel externer und eigener Einflüsse bildet. Der verfassungsrechtliche Persönlichkeitsbegriff geht von der individuellen Selbstentfaltung und der Autonomie des Einzelnen aus. Dem Menschen soll die Herausbildung von dem ermöglicht werden, was in ihm angelegt ist. Das Recht auf freie Entfaltung der Persönlichkeit soll jedem Einzelnen einen autonomen Bereich privater Lebensgestaltung ermöglichen (Art. 2 I GG).[1155] Die Persönlichkeit selbst ist unstofflich und mit dem Menschen untrennbar verbunden. Als Inbegriff der natürlichen Eigenschaften und Fähigkeiten des Menschen ist die Persönlichkeit ein wesentlicher Bestandteil der Person.

Unter Persönlichkeitsbild ist nach *Beuthien* der gesellschaftliche Abdruck zu verstehen, den der Einzelne bei seinen Mitmenschen durch seine Äußerungen und sein Verhalten hinterlässt. Dieses strahlt auf seine Mitmenschen aus, das sie als die der betreffenden Person wesenseigene Persönlichkeit auffassen. Als unkörperlicher Gegenstand ist der Persönlichkeitsabdruck für seine Mitmenschen wahrnehmbar.

1152 Hierzu oben 1. Teil, 2. Abschnitt, B, I, 1.
1153 Hierzu oben 1. Teil, 1. Abschnitt, A.
1154 Hierzu oben 1. Teil, 2. Abschnitt, B, I, 1, 3.
1155 Hierzu oben 1. Teil, 1. Abschnitt, A, II.

Das Persönlichkeitsbild setzt sich aus vielen Facetten zusammen. Hierunter fallen etwa das Aussehen, der Name, die Sprechweise, die charakteristische Körperhaltung, Gebärden und die Art zu singen.[1156]

Das Persönlichkeitsbild trägt all das in sich, was dem Menschen im Laufe seines Lebens seine Einzigartigkeit verleiht und was in der Summe allein für ihn steht. Dazu gehören neben seinen körperlichen, geistigen und seelischen Attributen auch persönliche Lebensdaten sowie außergewöhnliche Schicksalsschläge.

Das gesellschaftliche Persönlichkeitsbild ist nicht statisch, sondern dynamisch, da es durch neu erscheinende Persönlichkeitsmerkmale und veränderte Lebensumstände fortwährend ergänzt, vertieft und geformt wird. Das Persönlichkeitsbild, das die vielen Facetten der Persönlichkeit eines Menschen in sich birgt, ist nicht die Person selbst und ist auch nicht mit ihr identisch. Es befindet sich außerhalb der Person wie auch die schützenswerten Ausflüsse der Persönlichkeit. Hierunter fallen etwa das Bildnis (§ 22 KUG), der Name (§ 12 BGB), das eigene Wort (§ 823 I BGB) und die eigene Stimme (§ 823, § 201 StGB).[1157]

Die vorangestellten Ausführungen haben dargelegt, dass das Persönlichkeitsbild, das sich aus den personenbezogenen Daten eines Menschen zu einem Konglomerat speist, für sich ebenfalls den Schutz in Anspruch nehmen kann, der bereits den einzelnen Ausflüssen der Persönlichkeit zukommt. Grund hierfür ist, dass es die soziale Geltung widerspiegelt, derer der Mensch für die Achtung seiner selbst bedarf. Der verfassungsrechtliche Schutzauftrag nach Art. 2 I, 1 I GG, an dem bereits die einzelnen Ausflüsse der Persönlichkeit partizipieren, gilt somit erst recht für das Persönlichkeitsbild als die Summe der schützenswerten Persönlichkeitsausflüsse.

Bei näherer Betrachtung zeigt sich, dass je bekannter eine Person ist, desto mehr wächst das Interesse der Mitmenschen an ihrem Persönlichkeitsbild. Das Persönlichkeitsbild erlangt einen Informationswert und kann sich bei entsprechender Nachfrage zu einem Wirtschaftsgut entwickeln. Wenn es darüber hinaus rechtlich schützenswerte Inhalte in sich trägt, wird es zu einem Rechtsgut, das des Schutzes durch die Rechtsordnung bedarf. Mit steigendem Bekanntheitsgrad einer Person

1156 Vgl. *Beuthien,* Das Recht am Persönlichkeitsbild, S. 309, Rdn. 3.

1157 Vgl. oben 1. Teil, 1. Abschnitt, C.

nimmt der Vermarktungswert ihres Persönlichkeitsbildes zu, wodurch Dritte versucht sind, sich den Werbewert der Person in unlauterer Weise zunutze zu machen.

In diesen Fällen bedarf der Verletzte des Schutzes seines vermögenswerten Persönlichkeitsbildes. Das avisierte Rechtsschutzziel kann hierfür nur über ein absolut geschütztes Vermögensrecht erreicht werden, worunter das allgemeine Persönlichkeitsrecht nicht fällt.

In einem weiteren Schritt bedarf es der Klärung des Verhältnisses von Person, Gegenstand und Herrschaftsrecht. Unter einem Gegenstand im Sinne des Bürgerlichen Rechts wird all das gefasst, was sich als abgrenzbares Etwas außerhalb der Person befindet und damit kein Bestandteil der Persönlichkeit ist.[1158] Hierunter fallen etwa die in den Erzeugnissen der Medien enthaltenen Informationen, die Auskunft über das Leben, das Schicksal und den Werdegang einer Person geben.

Im Rahmen von Herrschaftsrechten können Gegenstände, seien sie körperlich oder unkörperlich, natürlichen oder juristischen Personen im Wege von subjektiven Herrschaftsrechten zugeordnet werden. Als Prototyp eines Herrschaftsrechts gilt das Eigentum, das als dingliches Recht die Person berechtigt, mit der Sache nach Belieben zu verfahren und andere von ihr auszuschließen (§ 903 S.1 BGB).[1159]

An sich selbst und seinen körperlichen Bestandteilen hat der Mensch indes keine dem Eigentum vergleichbare Sachherrschaft. Die Persönlichkeit selbst lässt sich wiederum, da sie unstofflich ist, nicht verwerten. Weil sich das Persönlichkeitsrecht auf keinen Gegenstand bezieht, ist es nicht dinglich. Anders verhält es sich mit dem Persönlichkeitsgüterrecht, das an das Persönlichkeitsbild als einen unkörperlichen Gegenstand anknüpft und dinglicher Natur ist.

Als Immaterialgüterrecht kann das Recht am Persönlichkeitsbild schadensersatzrechtlich als eigentumsähnliches sonstiges Recht im Sinne von § 823 I BGB und bereicherungsrechtlich als Vermögensrecht mit einem wirtschaftlichen Zuweisungsgehalt im Sinne von § 812 I S. 1 Alt. 2 BGB qualifiziert werden. Bei positiver Kenntnis (Vorsatz) im Hinblick auf die Verwertung eines fremden Persönlichkeitsbildes kann

1158 Vgl. oben 1. Teil, 2. Abschnitt, B, I, 2.
1159 Vgl. oben 1. Teil, 2. Abschnitt, B, I, 3.

eine unerlaubte Geschäftsanmaßung im Sinne von § 687 II BGB vorliegen.

Hierbei wird deutlich, dass es sich bei dem Recht am Persönlichkeitsbild keineswegs um einen unbestimmten Begriff handelt, der sich lediglich ökonomisch definieren lässt.[1160]

Im Einzelnen gestattet es über die Eingriffskondiktion den Zugriff auf das vom Verletzer ersparte Verwertungsentgelt (§§ 812 I S. 1 Alt. 2, 818 II BGB)[1161] und bei Vorsatz den Anspruch auf den Verletzererlös (§§ 687 II, 681 S. 2, 667 BGB).[1162] Als Schadensersatz kann stattdessen der dem Verletzten entgangene Gewinn verlangt werden, wenn der Persönlichkeitsbildträger entsprechende Vorkehrungen getroffen hat (§§ 823 I, 252 BGB).[1163]

Damit schließt das Recht am Persönlichkeitsbild eine Rechtsschutzlücke im Bürgerlichen Recht, die sich bisher bei der unerlaubten kommerziellen Verwertung fremder personenbezogener Daten, insbesondere beim fremden Persönlichkeitsbild, zeigte.

Darüber hinaus ermöglichen die vorbenannten Normen vermögensrechtlich einen effektiven postmortalen Persönlichkeitsschutz (§ 1922 BGB).[1164]

Differenzierte Ausführungen zum Persönlichkeitsbild lassen sich bereits Mitte der 1950'er Jahren in den Arbeiten von *Hubmann* und später bei *Ramelow* finden.[1165] In seiner für das allgemeine Persönlichkeitsrecht impulsgebenden Habilitationsschrift präsentiert *Hubmann* darüber hinaus ein Persönlichkeitsgüterrecht.[1166] Das Persönlichkeitsbild tauchte in der Rechtsprechung mit der Entscheidung *Leserbrief* auf und begleitet seit nunmehr über 60 Jahren die Geschichte des Persönlichkeitsrechts.

Das Recht am Persönlichkeitsbild nach *Beuthien* gleicht von seiner Struktur her dem allgemeinen Persönlichkeitsrecht, weil auch seine

---

1160 So *Götting*, Sanktionen des postmortalen Persönlichkeitsrechts, GRUR 2004, S. 804 ff.

1161 Vgl. oben 2. Teil, A, II, 3.

1162 Vgl. oben 2. Teil, B, II, 2.

1163 Vgl. oben 2. Teil, C, III, 5.

1164 Vgl. oben 3. Teil, A, II.

1165 Vgl. oben 1. Teil, 2. Abschnitt, A, V, 1.

1166 Vgl. oben 1. Teil, 2. Abschnitt, B, III, 1.

Grenzen in jedem Einzelfall zu bestimmen sind.[1167] Es hat einen offenen Tatbestand, weil sich in ihm die dynamische Diversifikation und das breite Spektrum der menschlichen Persönlichkeit widerspiegeln. Damit ist es keinesfalls bereits in sich abgeschlossen, sondern bedarf weiterer Konturen und Konkretisierungen durch die Rechtsprechung und die Literatur.

Während das allgemeine Persönlichkeitsrecht auf den Schutz der Persönlichkeit vor Schmähungen (immaterielle Interessen) wie auch auf den Schutz wirtschaftlicher Interessen der Persönlichkeit (materieller Interessen) ausgerichtet ist, wie auch das Urheberrecht (§ 11 KUG) sich aus dem Urheberpersönlichkeitsrecht (§ 12 UrhG) und dem Urheberverwertungsrecht (§§ 15 ff. UrhG) zusammensetzt,[1168] tritt das Recht am Persönlichkeitsbild als Persönlichkeitsgüterrecht allein als ein Vermögensrecht auf.

Das Recht am Persönlichkeitsbild hat mit dem Recht am Namen (§ 12 BGB), am eigenen Bild (§ 22 KUG), am eigenen Wort (§ 823 I BGB) und an der eigenen Stimme (§ 201 StGB) gemeinsam, dass es sich auf einen rechtlich gegenständlichen und damit erfassbaren Ausfluss der Persönlichkeit bezieht, der sich außerhalb der Person befindet.

Da sich das Persönlichkeitsbild aus den mannigfaltigen Facetten menschlichen Daseins speist und all das in sich vereint, was dem Menschen kraft seiner angeborenen Anlagen sowie seiner Biografie seine Einzigartigkeit verleiht, steht es als rechtliches Konglomerat in der Konsequenz aber für mehr, als nur für einen einzelnen Persönlichkeitsausfluss.

Ein unüberwindbarer Unterschied zum Urheberrecht besteht darin, dass das Persönlichkeitsbild kein geschütztes Werk im Sinne von § 2 UrhG und auch sonst kein verwandtes Schutzrecht ist.[1169]

Für die Schutzdauer des Rechts am Persönlichkeitsbild beträgt die Schutzdauer in Anlehnung an § 64 UrhG die Lebenszeit des Persönlichkeitsbildträgers und endet 70 Jahre nach seinem Tod.

1167 *Beuthien,* Das Recht am Persönlichkeitsbild, S. 320, Rdn. 34.

1168 Das allgemeine Persönlichkeitsrecht und das Urheberrecht haben also gemein, dass sie jeweils mindestens zwei Schutzziele verfolgen.

1169 Vgl. oben 3. Teil, A, II.

Die vorangestellten Untersuchungen zeigen, dass das Recht am Persönlichkeitsbild eine belastbare und in sich schlüssige Rechtskonstruktion darstellt, die dem Persönlichkeitsschutz dient. Das Persönlichkeitsbild ist zugleich offen für weitere Untersuchungen.[1170] Fragen ergeben sich etwa aus dem Umstand, dass nicht jede Verletzung der Persönlichkeit zugleich auch eine Verletzung des Persönlichkeitsbildes darstellt. Nicht jede unerlaubte Verwertung und Verbreitung fremder personenbezogener Daten wirkt sich abträglich auf das Persönlichkeitsbild aus und nicht jede Beeinträchtigung führt zu einem Vermögensschaden bei dem Persönlichkeitsbildträger.[1171]

Nach alledem ermöglicht das Recht am Persönlichkeitsbild bereits jetzt die vollständige Abschöpfung des aus der Verletzung erzielten Gewinns, womit es eine wirkungsvolle Abschreckungsfunktion, insbesondere gegenüber Medienunternehmen, erfüllt.[1172] Als Vermögensrecht nimmt es ein eigenes Rechtsschutzziel und eine schon lange geforderte Rechtsschutzaufgabe wahr, die das allgemeine Persönlichkeitsrecht konstruktionsbedingt nicht zu leisten vermag.

1170 So besteht noch Raum bei der genauen Bestimmung der Höhe der Erlösherausgabe, vgl. oben 2. Teil, B, II, 3.

1171 *Beuthien,* Das Recht am Persönlichkeitsbild, S. 311, Rdn. 8.

1172 Vgl. oben 2. Teil, B, II.

Literaturverzeichnis

Adolphsen, Jens: Zivilprozessrecht, 5. Aufl., 2016.

Ahn, Byung Ha: Der vermögensrechtliche Zuweisungsgehalt des Persönlichkeitsrechts, Berlin, 2009.

Ahrens, Claus: Fragen der erbrechtlichen Gestaltung postmortaler Persönlichkeitsrechtsverletzungen, ZEV 2006, S. 237–242.

Allport, Gordon W.: Persönlichkeit: Struktur, Entwicklung und Erfassung der menschlichen Eigenart, Stuttgart, 1959 (zit.: *Allport,* Persönlichkeit).

Arendt, Hannah: The Human Condition, Chicago, 1989.

Arndt, Adolf: Umwelt und Recht, NJW 1967, S. 1845–1847.

Balthasar, Stephan: Eingriffskondiktion bei unerlaubter Nutzung von Persönlichkeitsmerkmalen – Lafontaine in Werbeannonce, NJW 2007, S. 664–666 (zit.: *Balthasar,* Eingriffskondiktion bei unerlaubter Nutzung von Persönlichkeitsmerkmalen).

Bamberger, Georg/*Roth,* Herbert: Beck'scher Online-Kommentar BGB, 39. Edition, 2015 (zit.: *Bamberger/Roth-Bearbeiter*).

Battersby, Gregory/*Grimes,* Charles: The law of merchandising and character merchandising – Merchandising law and practice, Eagan, 2002 (zit. *Battersby/Grimes,* The law of merchandising and character merchandising).

Benda, Ernst/*Umbach,* Dieter C.: Stasi-Akten und das Persönlichkeitsrecht von Politikern, Frankfurt am Main, 2004.

Beuter, Claudia: Die Kommerzialisierung des Persönlichkeitsrechts, Online-Publikation, 2000.

Beuthien, Volker: Das Recht am Persönlichkeitsbild (Lebensbild), in: Handbuch des Persönlichkeitsrechts, Götting/Schertz/Seitz, 2008, § 17, S. 307–325 (zit.: *Beuthien,* Das Recht am Persönlichkeitsbild).

ders.: Ist das Allgemeine Persönlichkeitsrecht eine juristische Missgeburt?, in: Perspektiven des Privatrechts am Anfang des 21. Jahrhunderts, Festschrift für Dieter Medicus zum 80. Geburtstag, 2009, S. 1–13 (zit.: *Beuthien,* Ist das Allgemeine Persönlichkeitsrecht eine juristische Missgeburt?).

ders.: Persönlichkeitsgüterschutz vor und nach dem Tode, Marburg, 2002.

ders.: Postmortaler Persönlichkeitsschutz auf dem Weg ins Vermögensrecht, ZUM 2003, S. 261–262.

ders.: Vereitelt der Tod die Genugtuung? Zur Unvererblichkeit des Anspruchs auf Geldentschädigung für Persönlichkeitsrechtsverletzungen, GRUR 2014, S. 957–960 (zit.: *Beuthien,* Vereitelt der Tod die Genugtuung?).

ders.: Was ist vermögenswert, die Persönlichkeit oder ihr Image? Begriffliche Unstimmigkeiten in den Marlene-Dietrich-Urteilen, NJW 2003, S. 1220–1222 (zit.: *Beuthien,* Was ist vermögenswert, die Persönlichkeit oder ihr Image?).

– *Beuthien,* Volker/*Schmölz,* Anton S.: Persönlichkeitsschutz durch Persönlichkeitsgüterrechte – Erlösherausgabe statt nur billige Entschädigung in Geld, Schriftenreihe Information und Recht, Band 5, München, 1999 (zit.: *Beuthien/Schmölz,* Persönlichkeitsschutz durch Persönlichkeitsgüterrechte).

Biel, Alexander: Converting Image into Equity, in: Brand Equity and Advertising, 1993, S. 67–82 (zit.: *Biel,* Converting Image into Equity).

Biene, Daniel: Starkult, Individuum und Persönlichkeitsgüterrecht: Überlegungen zur interessengerechten rechtlichen Gestaltung der wirtschaftlichen Nutzung von Persönlichkeitsaspekten, Baden-Baden, 2004 (zit.: *Biene,* Starkult, Individuum und Persönlichkeitsgüterrecht).

Binder, Julius: Der Gegenstand, ZHR 59, 1907, S. 1–78.

Boorstin, Daniel J.: Das Image – oder was wurde aus dem amerikanischen Traum?, Hamburg, 1964 (zit.: *Boorstin,* Das Image).

Bosch, Friedrich Wilhelm: Zur Pflicht einen gemeinsamen Familiennamen zu führen, FamRZ 1988, S. 809–810.

Brachfeld, Oliver: Image, in: Historisches Wörterbuch der Philosophie, hrsg. v. Joachim Ritter, 1976 (zit.: *Brachfeld,* Image).

Britz, Gabriele: Freie Entfaltung durch Selbstdarstellung, Eine Rekonstruktion des allgemeinen Persönlichkeitsrechts aus Art. 2 I GG, Tübingen, 2007 (zit.: *Britz,* Freie Entfaltung durch Selbstdarstellung).

Busch, David-Alexander: Romanverbote – Zu den Grenzen der Privatzensur, AfP 2004, S. 203–211.

Canaris, Claus-Wilhelm: Grundrechte und Privatrecht, Berlin, 1999.

Claus, Sabine: Postmortaler Persönlichkeitsschutz im Zeichen allgemeiner Kommerzialisierung, Baden-Baden, 2004.

Cording, Clemens/*Roth,* Gerhard: Zivilrechtliche Verantwortlichkeit und Neurobiologie – ein Widerspruch?, NJW 2015, S. 26–31 (zit.: *Cording/Roth,* Zivilrechtliche Verantwortlichkeit und Neurobiologie).

Däubler, Wolfgang: Anspruch auf Lizenzgebühr und Herausgabe des Verletzergewinns – atypische Formen des Schadensersatzes, JuS 1969, S. 49–54 (zit.: *Däubler,* Anspruch auf Lizenzgebühr und Herausgabe des Verletzergewinns).

Degenhart, Christoph: Das allgemeine Persönlichkeitsrecht, Art. 2 I i.V.m. Art. 1 I GG, JuS 1992, S. 361–368 (zit.: *Degenhart,* Das allgemeine Persönlichkeitsrecht).

Deschenaux, Henri/*Steinauer* Paul-Henri: Personnes physiques et tutelle, 4. Aufl., Bern, 2001.

Deutsch, Erwin: Haftung für unerlaubte bzw. fehlerhafte Genomanalyse, VersR 1991, S. 1205–1209.

Discher, Thomas: Die Peep-Show-Urteile des BVerfG – BVerfGE 64, S. 274, und BVerwG, NVwZ 1990, 668, JuS 1991, S. 642–649 (zit.: *Discher,* Die Peep-Show-Urteile des BVerfG).

Dreier, Thomas/*Schulze,* Gernot: Das Urheberrechtsgesetz, 5. Aufl., 2015.

Dürig, Günter: Der Grundrechtssatz von der Menschenwürde, AöR 81, S. 117–157.

ders.: Die Menschenauffassung des Grundgesetzes, JR 1952, S. 259–263.

Easwaran, Eknath: Die Upanishaden, 3. Aufl., Arkana, München, 2008.

Eberle, Edward J.: Human Dignity, Privacy and Personality in German and American Constitutional Law, in: Utah L. Rev. 963, 1997 (zit.: *Eberle,* Human Dignity).

Eckert, Jörn: Der Begriff der Freiheit im Recht der unerlaubten Handlungen, JuS 1994, S. 625–631.

Ehmann, Horst: Zur Struktur des Allgemeinen Persönlichkeitsrechts, JuS 1997, S.193–202.

Evers, Hans-Ulrich: Der Richter und das unsittliche Gesetz, Berlin, 1956.

Fechner, Frank: Medienrecht, Lehrbuch des gesamten Medienrechts unter besondere Berücksichtigung von Presse, Rundfunk und Multimedia, 17. Aufl., Stuttgart, 2016 (zit.: *Fechner,* Medienrecht).

Fezer, Karl-Heinz: Teilhabe und Verantwortung: Die personale Funktionsweise des subjektiven Privatrechts, München, 1986 (zit.: *Fezer,* Teilhabe und Verantwortung).

Fichte, Johann Gottlieb: Beweis der Unrechtmäßigkeit des Büchernachdrucks, Berlin, 1791.

ders.: Grundlage des Naturrechts nach den Prinzipien der Wissenschaftslehre, sämtl. Werke, hrsg. v. J.H. Fichte, Bd. III, Berlin, 1845.

Fischer, Annette: Die Entwicklung des postmortalen Persönlichkeitsschutzes: Von Bismarck bis Marlene Dietrich, Frankfurt am Main, 2004 (zit.: *Fischer,* Die Entwicklung des postmortalen Persönlichkeitsschutzes).

Forster, Wolfgang: Die Person und ihr Ansehen – acceptio personae bei Domingo de Soto, in: Festschrift für Jan Schröder zum 70. Geburtstag, 2013, S. 335–349 (zit. *Forster,* Die Person und ihr Ansehen).

Franck, Georg: Ökonomie der Aufmerksamkeit, München, 1998.

Freitag, Andreas: Die Kommerzialisierung von Darbietung und Persönlichkeit des ausübenden Künstlers, Baden-Baden, 1993.

Frey, Miriam: Die Romanfigur wider Willen, Frankfurt am Main, 2007.

Frommeyer, Ingo: Persönlichkeitsschutz nach dem Tode und Schadensersatz, JuS 2002, S. 13–18.

Gardner, Burleigh/*Levy,* Sidney J.: The Product and the Brand, Harvard Business Review 33, 1955, S. 33–39 (zit.: *Gardner/Levy,* The Product and the Brand).

Gauß, Holger: Der Mensch als Marke, Baden-Baden, 2005.

Geiger, Willi: Die Grundrechte in der Privatrechtsordnung, Stuttgart, 1960.

Gern, Alfons: Menschenwürde und gute Sitten, NJW 1983, S. 1585–1590.

Giese, Bernhard : Das Würde-Konzept – Die normfunktionale Explikation des Begriffs Würde in Art. 1 Abs. 1 GG, Berlin, 1975 (zit.: *Giese,* Das Würde-Konzept).

Goffmann, Erving: Interaktionsrituale. Über Verhalten in der direkter Kommunikation, Berlin, 1986 (zit.: *Goffmann,* Interaktionsrituale).

Gola, Peter/*Schomerus,* Rudolf: Bundesdatenschutzgesetz Kommentar, 12. Aufl., 2015 (zit.: *Gola/Schomerus,* Bundesdatenschutzgesetz).

Götting, Horst-Peter: Die Vererblichkeit der vermögenswerten Bestandteile des Persönlichkeitsrechts – ein Meilenstein in der Rechtsprechung des BGH, NJW 2001, S. 585–587 (zit.: *Götting,* Die Vererblichkeit der vermögenswerten Bestandteile des Persönlichkeitsrechts).

ders.: Persönlichkeitsrechte als Vermögensrechte, Tübingen, 1995.

ders.: Sanktionen des postmortalen Persönlichkeitsrechts, GRUR 2004, S. 801–808.

ders.: Verwendung des Namens einer verstorbenen Persönlichkeit als Internetadresse, GRUR 2007, S. 168–171.

Gounalakis, Georgios: Geldentschädigung bei zu eigen gemachten ehrverletzenden Äußerungen Dritter im Internet, NJW 2014, S. 2000–2003.

ders.: Persönlichkeitsschutz und Geldersatz, AfP 1998, S. 10–25.

Gregoritza, Anna: Die Kommerzialisierung von Persönlichkeitsrechten Verstorbener. Eine Untersuchung der Rechtsfortbildung durch den Bundesgerichtshof in den Marlene-Dietrich-Urteilen vom 1. Dezember 1999, Berlin, 2003 (zit.: *Gregoritza,* Die Kommerzialisierung von Persönlichkeitsrechten Verstorbener).

Haas, Stefanie: Kein Selbst ohne Geschichten, Hildesheim, 2002.

Haines, Hartmut: Bereicherungsanspruch bei Warenzeichenverletzungen und unlauterem Wettbewerb – Zugleich ein Beitrag zur Dogmatik der Eingriffskondiktion, Köln, 1970 (zit.: *Haines,* Bereicherungsanspruch bei Warenzeichenverletzungen und unlauterem Wettbewerb).

Hartl, Michael: Persönlichkeitsrechte als verkehrsfähige Vermögensgüter, Konstanz, 2004.

Hattenhauer, Hans: „Person" – Zur Geschichte eines Begriffs, JuS 1982, S. 405–411 (zit.: *Hattenhauer,* Person).

Hegel, Georg Wilhelm Friedrich: Grundlinien der Philosophie des Rechts oder Naturrechts und Staatswissenschaft im Grundriss, Werksausgabe Band. 7, hrsg. v. E. Modlenhauer, K.M. Michel, Berlin, 1921 (zit.: *Hegel,* Grundlinien der Philosophie des Rechts).

Heitmann, Lutz: Der Schutz der materiellen Interessen an der eigenen Persönlichkeitssphäre durch subjektive Rechte, Hamburg, 1963.

Helle, Jürgen: Besondere Persönlichkeitsrechte im Privatrecht: Das Recht am eigenen Bild, das Recht am gesprochenen Wort und der Schutz des geschriebenen Wortes, Hamburg, 1991 (zit.: *Helle,* Besondere Persönlichkeitsrechte im Privatrecht).

ders.: Die Einwilligung beim Recht am eigenen Bild, AfP 1985, S. 93–101.

ders.: Persönlichkeitsschutz durch Persönlichkeitsgüterrechte: Erlösherausgabe statt nur billige Entschädigung in Geld, MMR 1999, Heft 11, S. XIX (zit.: *Helle,* Persönlichkeitsschutz durch Persönlichkeitsgüterrechte).

Henning-Bodewig, Frauke: Wettbewerbsrechtliche Probleme der Werbung mit Prominenten, BB 1983, S. 605–610.

Herdegen, Matthias: Die Menschenwürde im Fluß des bioethischen Diskurses, JZ 2001, S. 773–779.

Heuchemer, Michael O./*Paul,* Thomas: Die Strafbarkeit unbefugter Bildaufnahmen – Tatbestandliche Probleme des § 201a StGB (zit.: *Heuchemer/Paul,* Die Strafbarkeit unbefugter Bildaufnahmen).

Hinrichs, Ulrike: „Big Brother" und die Menschenwürde, NJW 2000, S. 2173–2176.

Höch, Dominik: Weißer Rauch aus Straßburg – keine Lizenzgebühr für Werbung mit Prominenten-Namen, K&R 2015, S. 230–232 (zit.: *Höch,* Weißer Rauch aus Straßburg).

Hoerster, Norbert: Zur Bedeutung des Prinzips der Menschenwürde, JuS 1983, S. 93–96.

Hoffmann, Jan Felix: Zum vermögensrechtlichen Schutz absoluter und relativer Rechtspositionen an der Schnittstelle zum Immaterialgüterrecht, Jura 2014, S. 71–80.

Höfling, Wolfram: Die Unantastbarkeit der Menschenwürde – Annäherung an einen schwierigen Verfassungsrechtssatz, JuS 1995, S. 857–862 (zit.: *Höfling,* Die Unantastbarkeit der Menschenwürde).

Hofmann, Hasso: Die versprochene Menschenwürde, AöR 1993, S. 353–377.

Hoppe, Tilman: Bildaufnahmen aus dem höchstpersönlichen Lebensbereich – der neue § 201a StGB, GRUR 2004, S. 990–995 (zit.: *Hoppe,* Bildaufnahmen aus dem höchstpersönlichen Lebensbereich).

ders.: Gewinnorientierte Persönlichkeitsverletzung in der europäischen Regenbogenpresse, ZEuP 2000, S. 29–50.

Hruschka, Joachim: Die Person als ein Zweck an sich selbst – Zur Grundlegung von Recht und Ethik bei August Friedrich Müller (1733) und Immanuel Kant (1785) – , JZ 1990, S. 1–15 (zit.: *Hruschka,* Die Person als Zweck an sich selbst).

Hubmann, Heinrich: Das Persönlichkeitsrecht, 2. Aufl., Köln, 1967.

ders.: Die Personendarstellung im Film und der Gesetzentwurf des BJM über den Persönlichkeitsschutz, UFITA 26, Band 1958, S. 19–34 (zit. *Hubmann,* Die Personendarstellung im Film).

ders.: Die Zwangsvollstreckung in Persönlichkeits- und Immaterialgüterrechte, in: Das Deutsche Privatrecht in der Mitte des 20. Jahrhunderts, Festschrift für Heinrich Lehmann, II. Band, 1956 (zit.: *Hubmann,* Die Zwangsvollstreckung).

Hufen, Friedhelm: Erosion der Menschenwürde?, JZ 2004, S. 313–318.

Huntington, Samuel P.: Kampf der Kulturen: Die Neugestaltung der Weltpolitik im 21. Jahrhundert, Hamburg, 2007 (zit.: *Huntington,* Kampf der Kulturen).

Huster, Stefan: Individuelle Menschenwürde oder öffentliche Ordnung?, NJW 2000, S. 3477–3479.

Huth, Juliane: Persönlichkeitsverletzung durch psychologische Darstellung und Beurteilung des Lebens- und Charakterbildes in der Presse, AfP 1977, S. 212–214.

Jaber, Dunja: Über den mehrfachen Sinn von Menschenwürdegarantien: Mit besonderer Berücksichtigung von Art. 1 Abs. 1 Grundgesetz, Berlin, 2003 (zit.: *Jaber,* Über den mehrfachen Sinn von Menschenwürdegarantien).

Jellinek, Georg: System der subjektiven öffentlichen Rechte, Tübingen, 2. Aufl., 1905.

Jung, Alexander: Die Vererblichkeit des Allgemeinen Persönlichkeitsrechts, Remscheid, 2005.

Kaiser, Thomas: Gemeinsamer Ehename und Pseudonym, FuR 1990, S. 366–368.

Kant, Immanuel: Grundlegung zur Metaphysik der Sitten, Meiner Philosophische Bibliothek, Band 519, Hamburg, 1999.

ders.: Kritik der reinen Vernunft, Reclam, Vorrede zur zweiten Auflage, S. 34–35, Ditzingen, 1966.

ders.: Metaphysische Anfangsgründe der Rechtslehre, hrsg. v. d. Preußischen Akademie der Wissenschaften, Band VI, Berlin, 1907.

Kautt, York: Image. Zur Genealogie eines Kommunikationscodes der Massenmedien, Bielefeld, 2006 (zit.: *Kautt,* Image).

Kleinheyer, Gerd: Rechtsgutsverwendung und Bereicherungsausgleich, JZ 1970, S. 471–477.

Kleining, Gerhard: Über soziale Images, Kölner Zeitschrift für Soziologie und Sozialpsychologie, Sonderheft 5, S. 145–170, 1961 (zit.: *Kleining,* Über soziale Images).

Klippel, Diethelm: Der zivilrechtliche Schutz des Namens: eine historische und dogmatische Untersuchung, Paderborn, 1985 (zit.: *Klippel,* Der zivilrechtliche Schutz des Namens).

Kohler, Josef: Das Autorrecht, Jena, 1880.

ders.: Das Eigenbild im Recht, Berlin, 1903.

ders.: Lehrbuch der Rechtsphilosophie, 2.Aufl., Berlin, 1917.

Koppensteiner, Hans G./*Kramer,* Ernst A.: Ungerechtfertigte Bereicherung, 2. Aufl., Berlin, 1988.

Kriele, Martin: Zwischenruf – Die Macht der Medien, ZRP 2012, S. 53–55 (zit. *Kriele,* Zwischenruf).

Krüger, Hildegard: Der Name der Frau nach bürgerlichem Recht, AcP Band 156 (1957), S. 232–264.

Kübler, Friedrich: Perspektiven des Persönlichkeitsschutzes, AfP Sonderheft, 2007, S. 7–12.

Kühl, Kristian: Zur Strafbarkeit unbefugter Bildaufnahmen, AfP 2004, S. 190–197.

Ladeur, Karl-Heinz: Persönlichkeitsschutz und „Comedy“, NJW 2000, S. 1977–1982.

Lammek, Marc/*Ellenberg,* Stefan: Zur Rechtmäßigkeit der Herstellung und Veröffentlichung von Sachaufnahmen, ZUM 2004, S. 715–723.

Larenz, Karl: Allgemeiner Teil des deutschen Bürgerlichen Rechts, 7. Aufl., München, 1989 (zit.: *Larenz,* Allgemeiner Teil).

ders.: Wegweiser zur richterlichen Rechtsschöpfung, in: Festschrift für Arthur Nikisch, Tübingen, 1959.

Larenz, Karl/Canaris, Claus-Wilhelm: Lehrbuch des Schuldrechts, Zweiter Band, Besonderer Teil, 2. Halbband, 13. Aufl., München, 1994 (zit.: *Larenz/Canaris,* Schuldrecht II/2).

Lettl, Tobias: Allgemeines Persönlichkeitsrecht und Medienberichterstattung, WRP 2005, S. 1045–1086.

Leuze, Dieter: Die Entwicklung des Persönlichkeitsrechts im 19. Jahrhundert, Schriften zum deutschen und europäischen Zivil-, Handels- und Prozeßrecht, Bd. 19, 1962 (zit. *Leuze,* Die Entwicklung des Persönlichkeitsrechts).

Libertus, Michael: Determinanten der Störerhaftung für Inhalte in Onlinearchiven, MMR 2007, S. 143–149.

Lichtenstein, Falk: Der Idealwert und der Geldwert des zivilrechtlichen Persönlichkeitsrechts vor und nach dem Tode, Baden-Baden, 2005 (zit. *Lichtenstein,* Der Idealwert und der Geldwert).

Lipp, Martin: Examens-Repetitorium Erbrecht, 3. Aufl., Heidelberg, 2013.

Lorenz, Dieter: Allgemeines Persönlichkeitsrecht und Gentechnologie, JZ 2005, S. 1121–1129.

Loschelder, Michael: Verfälschungen des Persönlichkeitsbildes in der Kunst, GRUR 2014, S. 14–21.

Ludyga, Hannes: Widerruf einer Einwilligung zur Verbreitung und Veröffentlichung von eigenen Bildnissen durch Dritte, MMR 2017, S. 158–162.

Magold, Hanns Arno: Personenmerchandising: Der Schutz der Persona im Recht der USA und Deutschlands, Frankfurt am Main, 1994 (zit.: *Magold,* Personenmerchandising).

Marquard, Odo: Die Philosophie der Geschichten und die Zukunft des Erzählens, in: Geschichte und Geschichten. Studien zur Geschichtenphänomenologie Wilhelm Schapps, Würzburg, 2004, S. 45–56 (zit.: *Marquard,* Die Philosophie der Geschichten und die Zukunft des Erzählens).

Martin, Marc-Oliver: Publizistische Freiheit und Persönlichkeitsschutz. Zu den Grenzen der Verwertbarkeit realer Biografien, Göttingen, 2008 (zit.: *Martin,* Publizistische Freiheit und Persönlichkeitsschutz).

Medicus, Dieter/*Petersen,* Jens: Bürgerliches Recht. Eine nach Anspruchsgrundlagen geordnete Darstellung zur Examensvorbereitung, 25. Aufl., Köln, 2015 (zit.: *Medicus/Petersen,* Bürgerliches Recht).

Mestmäcker, Ernst-Joachim: Eingriffserwerb und Rechtsverletzung in der ungerechtfertigten Bereicherung, JZ 1958, S. 521–526.

Michaelis, Robert: Persönlichkeitsrechtliche Befugnisse im deutschen Urheberrecht und droit moral des französischen Rechts, Leipzig, 1926 (zit.: *Michaelis,* Persönlichkeitsrechtliche Befugnisse im deutschen Urheberrecht).

Mitsch, Wolfgang: Saddam Hussein in Unterhose – Strafbares Fotografieren, Jura 2006, S. 117–120 (zit.: *Mitsch,* Saddam Hussein in Unterhose).

Münchener Kommentar zum Bürgerlichen Gesetzbuch: Band 1, Allgemeiner Teil (§§ 1–240), 7. Aufl., München, 2015 (zit.: MüKo-*Bearbeiter*).

Neben, Gerald: Triviale Personenberichterstattung als Rechtsproblem, Berlin, 2001.

Newen, Albert: Selbstbild, Wer bin ich?, Spektrum der Wissenschaft, 2015, S. 6–10 (zit.: *Newen,* Selbstbild).

Olsson, Peter: Die Vermarktung von Prominenten, S. 318–327, in: Der Mensch als Marke, Dieter Herbst, 2003.

Palandt, Otto: Bürgerliches Gesetzbuch, 76. Aufl., München, 2017 (zit.: *Palandt-Bearbeiter*).

Park, Sang-Yong: Das Problem der Individualität, Würzburg, 1994.

Petersen, Jens: Medienrecht, 5. Aufl., München, 2010.

Peukert, Alexander: Persönlichkeitsbezogene Immaterialgüterrechte?, ZUM 2000, S. 710–721.

Pfeifer, Karl-Nikolaus: Eigenheit oder Eigentum – Was schützt das Persönlichkeitsrecht?, GRUR 2002, S. 495–500 (zit.: *Pfeifer,* Eigenheit oder Eigentum?).

ders.: Individualität im Zivilrecht: Der Schutz persönlicher, gegenständlicher und wettbewerbsrechtlicher Individualität im Persönlichkeitsrecht, Immaterialgüterrecht und Recht am Unternehmen, Tübingen, 2001 (zit.: *Pfeifer,* Individualität im Zivilrecht).

ders.: Persönlichkeitsbezogene Immaterialgüterrechte?, ZUM 2000, S. 710–721.

Plaikner, Dietmar, Das Image der Notare in der Öffentlichkeit, MittBayNot 2002, S. 485–488.

Pleister, Wolfgang: Persönlichkeit, Wille und Freiheit im Werke Jehrings, Ebelsbach, 1982.

Popper, Karl R.: Alles Leben ist Problemlösen, München, 2010.

Prinz, Matthias: Der Schutz der Persönlichkeitsrechte vor Verletzung durch die Medien, NJW 1995, S. 817–821.

Prinz, Matthias/*Peters,* Butz: Medienrecht: Die zivilrechtlichen Ansprüche, München, 1999 (zit.: *Prinz/Peters,* Medienrecht).

Raiser, Ludwig: Der Stand der Lehre vom subjektiven Recht im Deutschen Zivilrecht, JZ 1961, S. 465–473.

Ramelow, Michael: Der Lebensbildschutz im Rahmen des allgemeinen Persönlichkeitsrechts, Hamburg, 1963 (zit.: *Ramelow,* Der Lebensbildschutz).

Reber, Nikolaus: Die Schutzdauer des postmortalen Persönlichkeitsrechts in Deutschland und den USA (von Marlene Dietrich über Klaus Kinski zu Marilyn Monroe) – ein Irrweg des Bundesgerichtshofs, GRUR 2007, S. 492–498 (zit.: *Reber,* Die Schutzdauer des postmortalen Persönlichkeitsrechts).

Riedel, Eibe H.: Gentechnologie und Embryonenschutz als Verfassungs- und Regelungsproblem, EuGRZ 1986, S. 469–478.

Scanzoni, Gustav: Zur Entwicklung und Theorie des Rechts am eigenen Bild, Rosenheim, 1908.

Schack, Haimo: Zur Frage, ob bei postmortaler Verletzung des allgemeines Persönlichkeitsrechts ein Schadensersatzanspruch des Erben in Betracht kommt, JZ 2000, S. 1060–1062.

Schapp, Jan/*Schur,* Wolfgang: Einführung in das Bürgerliche Recht, 4. Aufl., München, 2006 (zit.: *Schapp/Schur,* Einführung in das Bürgerliche Recht).

Schapp, Wilhelm: In Geschichten verstrickt. Zum Sein von Mensch und Ding, 4. Aufl., Frankfurt am Main, 2004 (zit.: *Schapp,* In Geschichten verstrickt).

Scherner, Karl Otto: BGB – Allgemeiner Teil, München, 1995.

Schertz, Christian: Die Verfilmung tatsächlicher Ereignisse, ZUM 1998, S. 757–765

ders.: Merchandising – Rechtsgrundlagen und Rechtspraxis, München, 1997 (zit.: *Schertz,* Merchandising)

ders.: Der Schutz des Individuums in der modernen Mediengesellschaft, NJW 2014, S. 721–728.

Schierholz, Anke: Der Schutz der menschlichen Stimme vor Übernahme und Nachahmung, Baden-Baden, 1998.

Schneider, Angie: Umfang und Grenzen des Rechts auf Nichtwissen der eigenen genetischen Veranlagung, NJW 2014, S. 3133–3155.

Schopenhauer, Arthur: Die Welt als Wille und Vorstellung, Bd. 1, Hrsg. Hübscher, 3. Aufl., Wiesbaden, 1972 (zit.: *Schopenhauer,* Die Welt als Wille und Vorstellung).

Schulz, Fritz: System der Rechte auf den Eingriffserwerb, AcP 105, S. 1–485.

Schulze-Wessel, Lambert: Die Vermarktung Verstorbener, Berlin, 2001.

Seemann, Bruno: Prominenz als Eigentum: parallele Rechtsentwicklungen einer Vermarktung der Persönlichkeit im amerikanischen, deutschen und schweizerischen Persönlichkeitsschutz, Baden-Baden, 1996 (zit.: *Seeman,* Prominenz als Eigentum).

Seitz, Walter: Persönlichkeitsschutz durch Persönlichkeitsgüterrechte, NJW 2000, S. 3699.

Seifert, Fedor: Postmortaler Schutz des Persönlichkeitsrechts und Schadensersatz – Zugleich ein Streifzug durch die Geschichte des allgemeinen

Persönlichkeitsrechts, NJW 1999, S. 1889–1897 (zit.: *Seifert,* Postmortaler Schutz des Persönlichkeitsrechts und Schadensersatz).

Siebrecht, Ingrid: Der Schutz der Ehre im Zivilrecht, JuS 2001, S. 337–341.

Siemes, Christiane: Gewinnabschöpfung bei Zwangskommerzialisierung der Persönlichlichkeit durch die Presse, AcP 201, 2001, S. 202–230 (zit.: *Siemes,* Gewinnabschöpfung).

Simon, Jürgen: Das allgemeine Persönlichkeitsrecht und seine gewerblichen Erscheinungsformen, Berlin, 1981.

Skinner, Burrhus Frederic.: Jenseits von Freiheit und Würde, Hamburg, 1973.

Smoschewer, Fritz: Das Persönlichkeitsrecht im allgemeinen und im Urheberrecht, UFITA 1930, S. 119–192.

Sosnitza, Olaf: Die Zwangsvollstreckung in Persönlichkeitsrechte – Plädoyer für eine Neuorientierung, JZ 2004, S. 992–1002 (zit.: *Sosnitza,* Die Zwangsvollstreckung in Persönlichkeitsrechte).

Stahl, Julius: Die Philosophie des Rechts, eine Auswahl, hrsg. v. J. C. Mohr, Heidelberg, 5. Aufl., 1926.

Staudinger, Julius v.: Kommentar zum Bürgerlichen Gesetzbuch mit Einführungsgesetz und Nebengesetzen, Erstes Buch, Allgemeiner Teil, 13. Aufl., Berlin, 2011 (zit.: *Staudinger-Bearbeiter*).

Steffen, Erich: Schmerzensgeld bei Persönlichkeitsverletzungen durch Medien, Ein Plädoyer gegen die formelhafte Berechnungsmethode bei der Geldentschädigung, NJW 1997, S. 10–14 (zit.: *Steffen,* Schmerzensgeld bei Persönlichkeitsverletzungen durch Medien).

Steindorff, Ernst: Zivilrechtliche Grundfragen von Bankgeheimnis, Bankauskunft und Persönlichkeitsschutz, ZHR 149, 1995, S. 151–164.

Stender-Vorwachs, Jutta: Vererblichkeit eines Geldentschädigungsanspruchs wegen Persönlichkeitsrechtsverletzung, NJW 2014, S. 2831–2833.

Tarnas, Richard: Idee und Leidenschaft, München, 1999.

Tinnefeld, Marie-Therese: Sapere aude! Über Informationsfreiheit, Privatheit und Raster, NJW 2007, S. 625–629 (zit.: *Tinnefeld,* Sapere aude!).

Ulmer, Eugen: Urheber- und Verlagsrecht, Berlin, 3. Aufl., 1980.

v. Bar, Christian: Schmerzensgeld und gesellschaftliche Stellung des Opfers bei Verletzungen des allgemeinen Persönlichkeitsrechts, NJW 1980, Heft 32, S. 1724–1729.

v. Gareis, Karl: Das Recht am menschlichen Körper, in Festgabe für Schirner, S. 82 ff., Königsberg, 1900 (zit. *v. Gareis,* Das Recht am menschlichen Körper).

v. Gierke, Otto: Deutsches Privatrecht, Systematisches Handbuch der deutschen Rechtswissenschaft, 1. Bd., Leipzig, 1895 (zit.: *v. Gierke,* Deutsches Privatrecht).

v. Humboldt, Wilhelm: Ideen zu einem Versuch, die Grenzen der Wirksamkeit des Staates zu bestimmen, Nürnberg, Ausgabe v. 1946.

v. Jhering, Rudolf: Geist des römischen Rechts, Band III, 4. Aufl., Leipzig, 1888.

v. Savigny, Friedrich Carl: System des heutigen Römischen Rechts, Band I, Berlin, 1840.

Vacca, Thomas: „Im Namen der Medien ergeht folgendes Urteil – Pressefreiheit vs. Persönlichkeitsrecht“, Jura 2013, S. 594–607 (zit.: *Vacca,* Im Namen der Medien ergeht folgendes Urteil).

ders.: Die verhängnisvolle Freizeitveranstaltung, Jura 2010, S. 393–400.

Wagner, Gerhard: Geldersatz für Persönlichkeitsrechtsverletzungen, ZEuP 2000, S. 200–228.

Walzer, Michael: Sphären der Gerechtigkeit, Frankfurt am Main, 1992.

Wandtke, Artur-Axel: Ökonomischer Wert von persönlichen Daten, MMR 2017, S. 6–12.

Weischedel, Wilhelm: Recht und Ethik, Zur Anwendung ethischer Prinzipien in der Rechtsprechung des Bundesgerichtshofs, 2. Aufl., Karlsruhe, 1959 (zit.: *Weischedel,* Recht und Ethik).

Wendt, Rudolf : Eigentum und Gesetzgebung, Heidelberg, 1985.

Weyers, Hans-Leo: Der Begriff des Vermögensschadens im deutschen Recht, Hefte der Vereinigung für den Gedankenaustausch zwischen deutschen und italienischen Juristen e.V. Heft 8/9, 1973, S. 37–56.

Wiese, Günther: Der Persönlichkeitsschutz des Arbeitnehmers gegenüber dem Arbeitgeber, ZfA 1971, S. 273–317.

Willems, Herbert/*Kautt,* York: Theatralität der Werbung, Theorie und Analyse massenmedialer Wirklichkeit: Zur kulturellen Konstruktion von Identitäten, Berlin, 2003 (zit.: *Willems/Kautt,* Theatralität der Werbung).

Wolf, Manfred/*Neuner,* Jörg: Allgemeiner Teil des Bürgerlichen Rechts, 11. Aufl.; München, 2016 (zit.: *Wolf/Neuner,* Allgemeiner Teil des Bürgerlichen Rechts).

Zeuner, Albrecht: Historische Linien in der Entwicklung des Rechts am Gewerbetrieb, des allgemeinen Persönlichkeitsrechts und der Verkehrssicherungspflichten, Beiträge zum Haftungs- und Versicherungsrecht, 25 Jahre Karlsruher Forum, Karlsruhe 1983, S. 196–199 (zit. *Zeuner,* 25 Jahre Karlsruher Forum).

Zitelmann, Ernst: Internationales Privatrecht I, Leipzig, 1897.

Kolibri 360 GmbH
Ferdinand-Jühlke-Straße 7
99095 Erfurt, Deutschland
produktsicherheit@kolibri360.de